城市管理技术与方法

孙　轩　编著

天津出版传媒集团
天津科学技术出版社

图书在版编目（CIP）数据

城市管理技术与方法 / 孙轩编著. -- 天津 : 天津科学技术出版社, 2022.10

ISBN 978-7-5742-0622-9

Ⅰ. ①城… Ⅱ. ①孙… Ⅲ. ①城市管理－高等学校－教材 Ⅳ. ①C912.81

中国版本图书馆CIP数据核字(2022)第196893号

城市管理技术与方法
CHENGSHI GUANLI JISHU YU FANGFA
责任编辑：张　婧

出　版：天津出版传媒集团 / 天津科学技术出版社
地　址：天津市西康路35号
邮　编：300051
电　话：（022）23332400
网　址：www.tjkjcbs.com.cn
发　行：新华书店经销
印　刷：天津印艺通制版印刷股份有限公司

开本 787×1092　1/16　印张 17　字数 400 000
2022年10月第1版第1次印刷
定价：60.00元

前　言

21世纪,世界各国,尤其是亚洲和非洲地区,正经历着前所未有的快速城市化进程。根据联合国发布的《2022世界城市状况报告》,全世界已有超过56%的人居住在城市地区,而到2050年,这个数字将增加到68%。城镇化发展让人才、资源、产业在空间上不断聚集,给工业生产和技术革新注入了强劲动力,创造了更多的就业机会、交往机会和学习机会,带来了地区的经济增长和文化繁荣,使人民的生活品质得到极大提升;但与此同时,它也给公共服务供给和生态环境保护带来了巨大压力,拥堵、污染、破坏成为阻碍城市可持续发展的"绊脚石"。而社会的变迁、流动和人们不断增长的物质、文化需求,更使得城市运行发展面临资源不平衡、人口老龄化、基础设施不足等一系列问题。在此背景下,城市秩序的建立与维护、城市关系的协调与优化、城市功能的调整与控制、城市问题的应对与处置都变得尤为重要。

面对新时期的城镇化建设发展需求和挑战,城市管理专业应运而生,并于2012年被正式纳入教育部普通高等学校本科专业目录。此后,越来越多的高校陆续开设了城市管理相关本科专业,并设立城市发展与管理硕士点和博士点,旨在培养一批掌握城市管理专业理论知识,能够熟练运用现代城市管理技术与方法的复合型专门人才。这是国家面向未来的人才布局,也是高等教育系统对国家推进新型城镇化战略的积极回应。

城市管理既不同于城市规划,也有别于传统的公共管理。它是一门集政治学、经济学、社会学、地理学、管理学和城市研究于一体的综合学科,具较强的实践性和技术性。除了一般意义上的计划、组织、领导、控制等管理活动外,它还涉及城市中人、地、物的综合治理。面对错综复杂的现实状况和问题,相关技术方法的有效应用在很大程度上决定城市管理的效率和效果。然而,截至目前,市场上却还没有一本系统讲述城市管理技术与方法的课程教材和参考书籍。全国各大高校在技术方法类课程的讲授过程中,大多借用城市规划、人文地理和其他公共管理专业的教材,比如《城市规划原理》《地理信息系统》《数据库原理与应用》《电子政务》《智慧治理》等。虽然这些教材所介绍的很多技术方法对于城市管理工作具有一定的借鉴意义,但其相关知识内容的组织和讲解却缺乏系统性、针对性和适应性。

本书作为城市管理专业领域系统讲解相关技术和方法的教学书籍,将实践需求与前沿探索相结合,对城市管理工作、研究所涉及的主要方法和关键技术进行全面、深入的阐释。书籍的每一个章节并不是孤立的理论单元，而是相互衔接的知识体系。它对城市管理核心议题、基本原理、经典理论进行了系统梳理，并在此基础上，从“城市管理方法”“城市管理技术”“城市管理实践”三个方面详细展开。一方面，针对城市管理实践中的6类普遍性工作，即：战略分析、决策制定、计划实施、发展预测、运行控制、综合评价，详细介绍各部分相关概念、常用方法和发展趋势；另一方面，聚焦城市管理技术的应用研究，分专题对城市观测、城市计算、城市建模、城市仿真、城市GIS相关的技术内涵、技术手段和前沿领域进行细致讲解；最后，以智慧城市为主题，对现代信息技术在城市管理中的应用发展情况和实践需求进行探讨和说明。

作为南开大学城市管理专业教师，作者自2013年起负责进行“城市管理技术与方法”本科专业必修课的讲授，在相关领域已有超过10年的教学和科研经历，得到同行的广泛认可。本书是作者多年教学经验的总结，在教学实践中得到检验和完善，内容已趋于成熟。其撰写和出版，满足了城市管理和公共管理相关专业的教育、教学需要。无论是对于具有一定技术基础的理工科学生，还是对于综合素质较强的文科学生，甚至是已经参加工作的城市管理从业者来说，本书都是一本很好的学习材料。通过相关知识点的系统学习，读者可以详细了解和掌握城市管理所涉及的常用方法和前沿技术，为从事相关实践工作或进行相应理论研究打下坚实基础。

目　录

【城市管理方法】篇章

【城市管理技术】篇章

【城市管理实践】篇章

第一章　城市科学管理引论

现代城市是一个复杂系统，它包含住房、产业、交通、教育、医疗、公安、消防等多方面内容，涉及人口、经济、文化、政治、环境等一系列因素。在有限的物理空间和特定的虚拟场景中，其运行和发展过程既表现出某些规律性特点，也具有一定的随机性变化。面对错综复杂的社会现象和不断改变的物质条件与精神需求，要实现城市的科学管理，必须抓住核心问题、把握基本原理、借鉴经典理论，并在此基础上对相关方法和技术进行合理、有效应用。

1. 城市管理的核心问题

目标是一切管理行为的出发点和落脚点。以目标为导向，针对各方面矛盾、冲突和不足，我们需要采取特定的管理手段，透过不同阶段的管理活动，对城市要素的流通和变化进行引导和干预。而城市管理目标的制定、城市管理手段的运用和城市管理活动的组织，其背后都离不开城市管理关键议题的深入探讨。

1.1　城市管理目标

城市管理目标是所有城市管理工作所要达到的目的和效果。它决定了城市管理的任务内容和衡量标准，并最终影响着城市建设、发展的方向和进程。通过在可接受性和挑战性之间寻求最佳平衡，城市管理目标的科学制定，不仅有助于城市管理工作的有效开展，而且能够进一步凝聚社会力量、激发组织活力、优化管理决策。

但不同于企业管理目标和工程管理目标，城市管理目标有着显著的多层次性、多元性和复杂性特征。

● 多层次性

城市管理目标包括总体目标、综合目标、部门目标等多层次内容。每个城市在其运行和发展过程中都会有一个整体战略，它在宏观层面界定了城市管理的总体目标，例如：在过去，城市的核心功能是经济贸易，城市管理以市场管理为主，市场繁荣是其总体目标；随着城市经济的转型和人居需求的提升，城市管理又以社会秩序维护、环境污染治理和公共服务供给为主，社会和谐则成为城市管理的总体目标。抽象、简单的总体目标在实际工作中会被进一步细化为具体、详细的综合目标，例如：交通出行改善、环境品质提升、公共服务优化等。这些综合目标从结果层面定义了城市管理所要达到实际效果。然而，现代城市管理离不开多部门、多组织和多方平台企业的协同参与，综合目标最后还要被分解为一系列更加明确的部门目标，以推动相关管理工作的执行，例如：交通出行改善涉及公交、地铁、共享单车和路口的红绿灯设置等内容，分别对应到公交公司、地铁集团、互联网企业、交管局等不同部门和机构。

● **多元性**

城市管理目标是不同群体及个体多元需求和利益的共同体现。人民是城市的主人，城市管理必须满足其居民工作、生活的合理需求。按照年龄来分，城市居民包括老年、中年、青年和儿童群体；按照受教育程度来分，城市居民包括高学历、中等学历和低学历群体；按照职业来分，城市居民包括公务员、工人、商人、教师和自由从业者群体；而按照工作收入来分，城市居民则包括高收入、中等收入、低收入和贫困人群。不同人群有着差异化的日常行为模式和利益诉求。城市管理需要综合考虑不同人群的实际需求，在兼顾效率和公平的基础上，推动公共事业的良性发展。例如：城市公共服务供给需要兼顾不同人群的生活服务需求，以社区为单位实现公共服务的均等化与特色化；城市住房管理需要关注不同人群的起居特点和居住需求，通过城市物业体系的不断完善，建设安全、宜居、绿色的住宅空间；而城市教育、医疗改革则需要顾及不同人群的支付能力和需求，通过市场调节和政策引导促进全社会的健康及可持续发展。

● **复杂性**

城市管理目标的制定需要协调不同城市功能间的复杂关系。随着生产力水平的提升，社会分工变得越来越精细，城市功能也日益多样化，不仅包括居住、生产、贸易、交通等传统功能，也涵盖教育、医疗、文化、娱乐、金融、创新等新兴功能。面对相互交织的功能要素，城市管理的目标不再局限于独立、分散的指标要求，而是更多地表现为多方面相互关联、协调统一的综合计划。从宏观层面的整体性治理到微观层面的网格化管理，现代城市管理正逐渐转向以综合组织、综合管控、综合服务和综合发展为核心的系统性工程。例如：城市居住品质的改善，不仅仅是住房舒适度的提高，也需要教育、医疗、交通、文化、娱乐等一系列功能服务的升级；城市经济贸易水平的提升，离不开生产、交通、金融、创新等相关功能体系的有力支撑；而城市经济、社会生活的有序运行，则有赖于各方面功能应用和管理机制的有机整合与协调控制。

虽然不同城市在不同时期有着差异化的城市管理目标，但从发展的眼光来看，所有城市管理工作都有一个共同目的，即：满足居民的物质与精神需求，维持生态平衡。一方面，

"以人为本"是其核心宗旨;另一方面,随着城市间经济、社会联系的增强和全球化进程的推进,城市管理致力于市民、国民乃至全人类的工作和生活品质改善。

1.2　城市管理手段

为了实现城市管理的目标,在城市运行、发展过程中,我们可以采取一系列管理手段,对市场和社会行为进行适度干预、调控和引导。其中,作为公共管理的常用手段,行政手段、经济手段、法律手段、宣传手段被广泛应用于各领域的城市管理实践中。

- **行政手段**

行政手段是依靠行政组织,运用决议、命令、规章、制度、纪律、指示等措施,以权威和服从为前提,直接指挥、监督城市内各部门开展相应社会经济活动的管理方法。它通常运用于上下级之间和管理与被管理单位之间,具有权威性、强制性、垂直性、具体性、非经济利益性和封闭性特点。行政手段目标明确、应用灵活、执行力强,但不利于发挥被管理者的积极性、主动性和创造性。在现实生活中,各地方开展的教育改革、市场整治、交通限行都是行政手段的典型应用。

- **经济手段**

经济手段是依靠经济组织,运用各种经济杠杆、经济政策和经济计划,按照市场的客观规律来调节和管理城市,将管理对象引导到预先设想的轨道上来的有效措施。在国家层面,财政政策和货币政策是最常用的宏观经济手段;而在城市层面,投资、税收、信贷则是影响和调节社会经济活动的有效措施。经济手段具有平等性、相关性、有偿性、非直接性等特点,以刺激、推动、诱导的方式来影响被管理者的意志和行动。其实质和核心是物质利益原则。典型的应用包括:企业税收减免、土地供应调整、基础设施投资等。

- **法律手段**

法律手段是利用城市规划、建设和管理中的各种法律、法规,通过司法、仲裁和行政程序来管理城市的有效手段。作为城市管理现代化的基础、前提和保障,法律手段的应用具有权威性、强制性、规范性和稳定性,为管理活动的有序开展提供了明确标准和规范流程。从生态环境的保护、交通拥堵的缓解到民生保障的落实,它体现了城市管理民主化、社会化、科学化、长效化的工作原则,是依法治市和协同治理的重要工具。但与此同时,法律手段在特殊问题处理方面缺少弹性和灵活性,容易产生合理与合法的矛盾。

- **宣传手段**

宣传手段是通过内容传播和思想教育来提高居民在城市管理活动中的积极性和主动性的管理手段。它主要基于网络、电视、报刊、杂志、墙报、宣传栏等各种媒体和展示平台,对城市管理工作的相关精神进行传播和表达。根据城市管理的不同情况和特点,宣传手段的应用也因人、因地而异,常见的宣传方式包括:口号、图标、新闻、音乐、影视、曲艺和理论文章等。相比于其他管理手段,它具有间接性、滞后性、疏导性和辅助性的特点,因而在实践工作中往往需要结合其他管理手段一起运用,例如:对于城市经济政策的报刊解读、对于生活垃圾分类的社区宣传、对于交通违章处罚的电视报道等。

1.3 城市管理活动

在实际工作中,城市管理手段的有效运用涉及一系列城市管理活动。而根据城市管理阶段的不同,其相关活动主要包含城市规划、城市建设、城市运行和城市更新4个方面。

● **城市规划**

城市规划是根据城市发展目标和发展规律指导城市建设的管理活动。它是研究城市未来、确定城市布局、安排城市工程、规范城市建设的综合部署,是一定时期内城市发展的系统蓝图。从公安、市政、消防、通讯到住房、医疗、教育、养老,再到能源、环境、生态,城市规划涵盖了城市经济、社会生活的方方面面。面对复杂的经济关系和多样的社会需求,其相应工作兼具技术性、艺术性、政策性、法制性、民主性、综合性、地方性和实践性。通过不同层面的总体规划、分区规划、详细规划和专项规划,它为土地空间的合理利用和社会资源的有效配置提供了明确路径。

● **城市建设**

城市建设是依据城市规划方案推动并实现相应城市功能的管理活动。整体而言,它包括精神文明建设和物质环境建设。前者以城市居民的思想道德和科学文化发展为核心,后者则聚焦于城市物理空间的开发和利用,两者相辅相成,互为补充。物质环境为精神文明的发展提供外在条件和实践基础,而精神文明又为物质环境的改善提供内在动力和智力支持。作为一项过程性和周期性很强的管理活动,城市建设既需要合理安排资源、优化作业流程,也需要在实践中不断反馈和调整其工作方式。此外,为了保障其工作的效率和效益,规章制度的确立、行业标准的制定和市场潜力的激活也逐渐成为城市建设的重要内容。

● **城市运行**

城市运行是在城市建设的基础上维持各项功能正常、有序运转的管理活动。它主要涉及城市公共设施、公共服务和公共秩序的维护与管理。相比于前期的城市规划和城市建设,城市运行是一个长期持续的管理过程。在政府、市场、社会的相互影响和共同作用下,可靠、高效、完善的运行管理体系和机制是保障城市功能有效发挥、城市问题及时处置和城市品质不断提升的关键。然而,城市中人流、物流、资金流、能量流、信息流的高度汇聚和各部门专业分工的细化也使得城市运行管理变得十分复杂。在此背景下,综合性、协同性、动态性成为现代城市运行的典型特征。

● **城市更新**

城市更新是对城市中老旧地区进行必要和有计划改建的管理活动。它通过对城市中某些衰落区域进行拆迁、改造、投资和建设,用全新的城市形态替换老旧的物质空间,进而使之重新发展和繁荣。在实践方式上，城市更新包括再开发、整治改善和保护三种类型，分别对应于不同程度的更新措施。一方面，它可以对各类实体建筑和硬件设施进行拆除、改造、修缮，以满足社会当前和未来一定时期内的应用和发展需求；另一方面，它还可以对各种城市空间进行重塑、调整、延续，使得其相应生活环境和人文景观得到提升和继承。伴随着城镇化进程的推进，城市更新在城市管理过程中扮演着越来越重要的作用。

1.4　城市管理关键议题

面对千差万别的现实状况，城市管理目标的科学制定、城市管理手段的合理运用和城市管理活动的有效组织，关键在于各方面信息、知识的获取和功能、应用的协调，即：城市状态认知、城市过程理解、城市问题发现和城市系统完善。

- **城市状态认知**

城市状态认知是所有城市管理工作的基础。整体而言，城市状态包括物理状态和非物理状态。其中，物理状态主要是指城市的客观形态，它在宏观层面表现为聚集和分散两种基本形式；不同的聚集、分散状态最后形成了不同的空间分布模式，例如：建筑物、人口、车辆和公共服务设施等客观对象在任何时刻都有其自身的分布特点和规律。相比之下，非物理状态主要是指城市的经济、社会、文化属性；通过各方面属性差异的分类描述，其相关阶层、产业、精神和习俗等非物理要素的数量和质量能够得到有效区分。城市状态认知就是在综合考虑其物理状态与非物理状态的基础上，对城市的现实状况和特征、结构进行调查与分析的过程。

- **城市过程理解**

城市过程理解是所有城市管理工作的出发点。在内容上，它涉及城市产生、发展和动态变化整个流程的剖析和探讨。复杂性和不确定性是城市过程理解的关键。面对多种因素的共同作用，其相关工作主要聚焦于影响城市发展的三个核心要素，即：城市发展规律、城市个性因素和城市规划控制理论。首先，在宏观层面，城市经济、社会、政治、文化、技术、环境等因素相互影响，并最终反映为一系列固有的演变规律；其次，在微观层面，每个城市在其发展和变化过程中都受到自身人文、地理环境的制约，表现出某些独特的品质和风格；此外，从不同学科视角出发，越来越多的理论、方法被提出，用于引导和干预城市的发展过程。

- **城市问题发现**

城市问题发现是所有城市管理工作的依据。根据探讨的层次不同，城市问题可分为直接问题、间接问题和根本问题。其中，直接问题是人们能够直接观察和感受到的现实问题，例如：环境污染、就业困难、交通拥堵、贫富差距等；间接问题是现象和事件背后影响并导致负面效应产生的内在问题，例如：产业结构不协调、城市布局不合理、环境资源过度开发等；而根本问题则是城市管理主体在其行为、决策过程中面临的基本矛盾和本质问题，例如:人口膨胀的自然环境挑战、管理失效的社会体制挑战。处于不同发展阶段的城市会面临一些共性问题;而在同一时期,多个直接问题也可能同时出现,并由一个或多个间接问题共同导致。城市问题的发现需要注意其阶段性和复杂性。

- **城市系统完善**

城市系统完善是所有城市管理工作的最终目的。从不同角度,它包括城市功能系统的完善和城市生态系统的完善。根据国际现代建筑协会 1933 年发布的《雅典宪章》,城市具有四大基本功能:居住、工作、游憩、交通。但随着各地城镇化进程的推进、人民生活水平的提升和经济、社会环境的变化,城市功能系统不断拓展和增强,许多全新的内容被逐渐纳入,包括:经济生产、社会服务、应急响应、文化创新等。而面对经济开发与环境污染、物质建设与文化破坏、发展差异与地区平衡之间的一系列矛盾,城市生态系统的完善也至关重要。相比于单纯的功能提升,它更加强调各方面功能影响的协调统一,包括:人与自然的协调,社会、经济、环境的协调以及城市与区域的协调。

2. 城市管理的基本原理

以工程实践为基础,借鉴理论物理、应用数学和计算机领域最新的研究成果,现代管理学从 19 世纪末至今发展出了许多影响深远的理论。而作为现代管理学的重要分支,城市管理在很大程度上也遵循其相关理论框架和模型。在此,参考系统科学中最为经典的系统论、控制论、信息论和耗散结构论、协同论、突变论,从城市管理体系、管理过程、管理方式角度,对系统原理、整分合原理、动力原理、反馈原理、弹性原理等基本原理进行重点介绍。

2.1 系统原理

系统原理是现代管理学的最基本原理之一。它是指人们在从事城市管理工作时,能够运用系统论方法来认识和处理所面对的各种问题,进而达到优化管理体系、提升管理效果的目的。

每个系统都是由两个或两个以上相互作用、相互依赖的组合要素所构成的,处于一定环境中、具有特定功能的有机整体。它在本质上是一个相对概念:许多系统可以组成一个大系统,一个系统本身又可以由许多子系统构成。系统的所有组合要素按照一定规则、有秩序地组织在一起,其组织方式反映了系统的结构、功能和状态,并决定着系统的特征属性。

根据系统原理,所有城市都具有整体性、动态性、开放性和综合性的特点。

● **整体性**

系统的整体性强调了系统与要素的原则性区别，即：不能把系统整体的属性、功能、行为还原或归结为各系统要素属性、功能、行为的机械累加。亚里士多德曾经提出“整体大于它各部分总和”的观点是该特性的直接表述，而一般系统论的创始人贝塔朗菲也曾明确指出：整体或系统的秩序和组织超越于整体中孤立的各部分。在城市管理过程中，我们不仅要注意管理活动前期、中期、后期的协调，也需要实现不同部门、不同项目和不同目标间的协调。

● **动态性**

运动是系统的生命。系统作为一个运动的有机体，其稳定状态是相对的，运动状态则是绝对的。在现实世界中，它不仅作为一个功能实体存在，也作为一种运动形式而存在。系统内部的联系是一种运动，系统与环境的相互作用也是一种运动。系统功能本身就是时间的函数，不论是环境的状态，还是系统要素的状态和联系都随时间不断变化。对于城市而言，人流、物流、能量流、信息流和价值流是城市子系统交互的主要方式。需求增长、产业升级、结构调整是城市系统运转的基本规律。

● **开放性**

系统的开放性是指系统与环境发生物质、能量和信息交换的特性。输入与输出是表征系统开放性的两个方面。有输入和输出，就有造成开放的相互作用；有相互作用，就有形成开放系统的条件。开放与相互作用是互为因果的。基于特定的物理和非物理边界，当系统开放程度高时，其与外界环境的相互作用更为密切；而当系统开放程度低时，其与外界环境的相互作用则较为微弱、缓慢。城市管理工作的开展需要把握好城市与所在区域之间的核心与基础关系，理清不同区域城市之间的合作与竞争关系。

● **综合性**

所谓综合性就是把系统的各部分、各方面和各种因素联系起来，所表现出的共同特性和规律。任何一个系统都可以看作是由许多要素共同组成的综合体，它是各要素数量、质量、状态、过程、关系、功能、效用的综合。在系统综合过程中，有些要素起主要作用，有些要素起次要作用，还有些要素起到辅助作用。一个系统的综合性越好，它自身的生存能力越强，对人类的价值也越高。在宏观层面，每个城市都是住房、交通、经济、社会、文化等多领域交叉关联、多种功能兼收并蓄的综合体；在微观层面，每个社区都涉及居住、教育、医疗、购物、交通等多方面的综合服务需求。

2.2 整分合原理

整分合原理是现代管理学的另一基本原理。基于协同论思想，它强调整体规划下的合理分工以及分工后各要素、各部分、各环节、各活动的有效综合。相比于“大而全”或“小而精”的管理，整分合原理提倡有分有合，先分后合的管理模式。

“整体把握、科学分解、有效综合”是整分合原理的核心原则。在这个原则中,整体是前提,分工是关键,综合是保证。没有整体目标的指导,分工就会盲目而混乱;离开分工,整体目标就难以高效实现;只有分工,而无综合与协作,那么也就无法避免和解决分工带来的各环节脱节、部门利益冲突、横向协作困难、缺乏凝聚力等问题。

基于整分合原理开展城市管理活动,涉及三个主要步骤,即:整体规划、系统分解、组织综合。

- **整体规划**

整体规划是从整体角度设计系统的功能结构,明确系统的总体目标。一方面,对系统的外部环境进行分析,了解环境的影响和制约作用,尽可能满足和适应环境的客观要求;另一方面,对系统本身的内在属性进行分析,把握其构成要素间的结构关系及相互作用状况,提出整体解决方案。

- **系统分解**

系统分解是将管理工作划分为各个不同部分,并确定各部分之间的联系。它既包括组织成员的活动分工,也包括目标、计划的内容分解。为了实现管理工作的科学划分,必须满足分割适度、分割完全、分割合理、分割配套等多方面要求。而根据分割所带来的系统效益变化,其分解过程需要寻求最佳的分割界限,不能出现“空白”或“断口”,不能出现“多余”部分和环节,不能出现某些部分过重、过大或不足,并根据分解结果配套相应权力和条件。

- **组织综合**

组织综合是在系统内部把分解得到的各部门、各环节有效结合起来。通过协调其组织关系,使各部分相互支持,相互配合,将力量集中到整体目标的实现上来。在工作内容上,组织综合主要包括:协作方式的确定、利益关系的调节、指挥控制的沟通和思想行为的统一等。一方面,它通过减少各部分间不必要的隔绝、脱节和牵制,使系统的整体管理效率得到提升;另一方面,它通过协调局部、个人与整体间的利益关系,实现系统的可靠运行和可持续发展。

2.3 动力原理

动力原理是指管理必须要有强大的动力,促使各种管理要素有效发挥其作用,进而推动管理活动持续、有效地进行。动力不仅仅是管理的动因和源泉,也是管理活动有序开展的基础。根据耗散结构理论,管理作为一类特殊的运动,其作用过程离不开外部力量的驱使。

在现代管理过程中,其各方面动力主要包括三种类型,即:物质动力、精神动力和信息动力。物质动力包括物质报酬、物质奖励和工作所产生的经济效益;精神动力包括信仰、思想和各种精神刺激;而信息动力则是通过信息传递和反馈对组织发展所起的推动作用。

其中,物质动力更加强调实际效果,精神动力在特定情况下具有决定性作用,信息动力通常以间接方式对管理工作产生影响。

运用动力原理开展城市管理活动,需要把物质、精神和信息三方面动力有机结合起来,根据时间、地点、环境、条件的不同而有所侧重。一方面,其相关工作需要处理好个体动力与整体动力、局部动力与全局动力间的关系;另一方面,管理者必须把握好动力刺激的尺度,刺激量过大或不足,都不利于管理活动的有效开展。

无论是物质动力、精神动力,还是信息动力,现代管理最终都需要激发人的积极性和创造性。如何发挥和保持人的行为动力,并合理地加以利用,对于管理活动的开展至关重要。

首先,管理活动需要重视人的心理和行为需求。在现实生活中,各种客观刺激作用于个人,都会使其产生一系列心理需求。其中,最强烈、最重要的核心需求决定着人们的行为动机,并驱使其朝着满足需求的目标而努力。无论目标最终是否达成,它们都将作为一种刺激反馈回来,形成新的需求结构。这种"需求－努力"的动态过程体现了管理的动力作用机制。

其次,管理活动需要积极创造有利的动力环境。从体制目标、激励机制、责任机制、权力结构到文化理念,现代管理是一个复杂的动力系统。为了使管理活动具有创新惯性和质量持续改进的自我更新能力,其背后的管理系统在价值层面、在组织层面、在操作层面都必须满足动力产生的环境条件。

2.4　反馈原理

反馈原理是指管理工作要善于捕捉信息反馈,并根据反馈内容及时纠正偏差,以达到预期管理目的。根据控制论和信息论,反馈的本质就是由控制系统把信息输送出去,又把其作用结果返送回来,并对信息的再次输出产生影响的循环调控过程。

一般而言,自然系统都存在着开始端对中间端和末端的功能作用,不存在末端对开始端的反向影响。反馈原理则是在管理活动的开始端和末端之间搭建起通信桥梁,通过设置特定的反馈环节,实现末端对开始端的信息引导和行为控制,进而改善管理系统的整体功能。根据系统目标的不同,其管理控制策略也有所差异:如果系统所定的目标是一个常量,这样的控制叫"简单控制";系统所给的目标是一个随时间而变的函数,那么,这样的控制称为"程序控制";系统给的目标是一个随其他变量而变的函数,这样的控制称为"跟踪控制";如果系统给的目标是达到某一函数的极值,这样的控制就是"最佳控制"。

而面对着不断变化的客观情况,管理是否有效,关键在于其是否具有灵敏、准确、有力的反馈机制。"灵敏"就是要有敏锐的感受器,及时发现管理过程中出现的问题;"准确"就是要有高效能的分析系统,对感受到的多种信息进行过滤和加工;而"有力"则是要把分析加工后的信息变为指挥中心或决策机构的实际行动,影响新决策的制定。

为了使反馈原理充分发挥其效用,避免信息来源匮乏、信息感受失灵、信息传递损失、信息利用无力等问题,其相关管理活动必须秉持多信源、多信道、不失真原则,构建完善的信息反馈体制和机制。

首先,需要建立灵敏的信息接收部门。与传统的管理活动相比,现代管理活动在信息工作方面有着根本区别:第一,信息量急剧增长,既涉及众多复杂的内、外部因素,也需要跟踪监测各因素的动态变化;第二,信息收集在质、量和时间上有着更高要求;第三,信息对于管理目标实现的作用日益增强,能否及时、准确、充分地获取与管理活动有关的信息,常常是导致其成败的关键。

其次,需要加强对于原始信息的分析与处理。原始信息是某一方面情况及其原因的客观说明及建议。在利用该信息进行控制决策之前,管理者必须对其进行科学分析和处理,包括:去伪存真、对照比较、分类整理等。在原始信息处理的基础上,明确当前的"计划出入"和"行动偏差",把握其背后的原因,为决策参考提供有效的信息资料。

再次,需要建立可靠的信息反馈制度。欲使反馈有效,在管理过程中必须及时发出反馈信息,给反馈人员以相应的权力和条件,让全体有关人员理解反馈的意图和必要性,同时确定有效的反馈方法、途径和步骤等。

在现代城市管理过程中,管理者要善于捕捉城市系统运行的各方面、各层次信息,并及时反馈,做出相应的管理变革,调整管理目标、管理组织、管理途径或管理方法,努力把城市管理的各种矛盾和问题解决于萌芽之中。通过决策、执行、反馈,再决策、再执行、再反馈的工作模式,使城市管理工作不断进步和完善。

2.5 弹性原理

弹性原理是指管理必须要有很强的灵活性,用以适应系统外部环境和内部条件的动态变化,实现灵活管理。根据突变理论,现实世界各方面因素间有着复杂联系,存在很多事先无法精确估计的变化。

弹性,一般指物体在外界力的作用下,能作出反应并维持自身稳定性的能力与特性。这种特性必须是一方面能够有所变化(如:弹簧通过伸缩变形),而另一方面又能不被破坏(如伸缩后的弹簧,仍然是原来的弹簧,一旦外力撤走即恢复原本形态)。对于现代组织系统而言,弹性就表现为能够对外部环境变化做出能动反应并最终达成预期目标的能力。一遇到麻烦就马上降低要求甚至放弃目标,那是一种不可逆的"塑性变形"而绝不是"弹性适应"。组织系统的弹性必须通过富有弹性的管理来实现,所以我们称之为"管理弹性"。

根据产生弹性的主体,可将管理弹性分为局部弹性和整体弹性。局部弹性指的是局部自身的应变能力,主要表现为某部门在变化中为实现整体目标而完成自身局部任务的能力。整体弹性指整个系统对外部环境的应变、适应能力。局部弹性,尤其是关键环节的局部弹性,是系统整体弹性的基础,但正如系统理论指出的,整体弹性具有整体性质,并非全部局部弹性的机械相加。

卓有成效的管理追求的是积极弹性,它是在对变化的未来做出科学预测的基础上,留有灵活余地。积极弹性,也就是"多一手"或"多几手",组织系统应当备有多种方案和预防措施,它的目的在于一旦态势有重大变故,能够不乱方寸、有备无患地做出灵活的应变反应,从而能保证系统的可靠性。消极弹性,则是降低可能实现的目标,做什么都"留一手",闲置部分资源,准备用不图上进或巨大浪费为代价,来增强所谓的"弹性"。例如,在城市的经营管理过程中,要考虑到未来可能出现的多种情况和风险因素,多准备几套备用方案,不要等到真的发生不利的局面时措手不及,只能被动地适应环境变化,失去经营管理活动的主动性。

城市管理需要追求积极弹性,避免消极弹性,在对未来做出科学预测的基础上,留有灵活余地。一方面,备有多种方案和预防措施,在态势有重大变故时,能够有备无患地做出灵活反应,从而能保证系统的可靠性;另一方面,不能为了增强"弹性",而降低可能实现的目标或闲置部分资源。

3. 城市管理的重要理论

城市管理是一个多学科交叉的系统工程,它涉及公共管理、政治学、社会学、地理学、经济学、生态学等诸多领域。各领域学者从不同视角出发,对城市管理系统的理想状态、建设目标和运行方式进行了一系列理论概括与描述。其中,生态城市理论、数字城市理论、宜居城市理论、城市竞争理论、城市营销理论和城市治理理论得到了社会的广泛认可和大范围应用。

3.1　生态城市理论

生态城市理论是将城市作为一个生态系统,探讨其结构、功能和调节机制的生态学机理与方法,通过维持经济、社会、自然这三个子系统内部及相互之间的稳定状态,支持整个城市生态系统的发展。

生态城市,从广义上讲,是建立在人类对人与自然关系更深刻认识基础上新的文化观,是按照生态学原则建立起来的社会、经济、自然协调发展的新型社会关系,是有效利用环境资源实现可持续发展的新生产和生活方式。它是社会、经济、文化和自然高度协同和谐的复合生态系统,其内部的物质循环、能量流动和信息传递构成环环相扣、协同共生的网络,具有实现物质循环再生、能力充分利用、信息反馈调节、经济高效、社会和谐、人与自然协同共生的机能。

生态城市具有和谐性、高效性、持续性、整体性、区域性等特点。

● **和谐性**

生态城市的和谐性,不仅仅反映在人与自然的关系上,人与自然共生共荣,人回归自然,贴近自然,自然融于城市,更重要的是在人与人关系上。人类活动促进了经济增长,却没能实现人类自身的同步发展。生态城市是营造满足人类自身进化需求的环境,充满人情味,文化气息浓郁,拥有强有力的互帮互助的群体,富有生机与活力。生态城市不是一个用自然绿色点缀而僵死的人居环境,而是关心人、陶冶人的“爱的器官”。文化是生态城市重要的功能,文化个性和文化魅力是生态城市的灵魂。这种和谐乃是生态城市的核心内容。

● **高效性**

生态城市一改现代工业城市“高能耗”“非循环”的运行机制,提高一切资源的利用率,物尽其用,地尽其利,人尽其才,各施其能,各得其所,优化配置,物质、能量得到多层次分级利用,物流畅通有序、交通快速便捷,废弃物循环再生,各行业各部门之间协调共生。

● **持续性**

生态城市是以可持续发展思想为指导,兼顾不同时期、空间的需求合理配置资源,公平地满足现代人及后代人在发展和环境方面的需要,不因眼前的利益而以“掠夺”的方式促进城市暂时“繁荣”,保证城市社会经济健康、持续、协调发展。

● **整体性**

生态城市不是单单追求环境优美或自身繁荣,而是兼顾社会、经济和环境三者的效益,不仅仅重视经济发展与生态环境协调,更重视人类生活质量的提高,是在整体协调的新秩序下寻求发展。

● **区域性**

生态城市作为城乡的统一体,其本身即为一个区域概念,是建立在区域平衡基础上的复合空间单元,城乡之间相互联系、相互制约。只有平衡协调的区域,才有平衡协调的生态城市。生态城市以“人－自然”和谐为基本价值取向,而就广义而言,要实现这个目标,全球必须加强合作,共享技术与资源,形成互惠的网络系统,实现全球生态平衡。

根据生态城市理论,城市管理必须遵循生态位原理、多样性导致稳定性原理、食物链(网)原理、环境承载能力原理等。

生态位原理:生态位是指城市满足人类生存发展所提供的各种条件的完备程度;人们趋向生态位较高的城市地区,这种心理和行为是城市发展的动力。

多样性导致稳定性原理:生物群落与环境之间保持动态平衡的稳定状态的能力,是同生态系统物种的多样性、复杂性呈正相关的。

食物链(网)原理:人类居于食物链的顶端,通过食物链的作用承担对生存环境污染造成的后果;城市的资源利用、产业结构调整和产业延伸等方面也都可以运用这一原理。

环境承载能力原理:在不对人类生存发展带来有害变化的前提下,所能承受的人类社会作用强度,具体体现在规模、程度和速度上。

3.2 数字城市理论

城市系统是一个人地(地理环境)关系系统,它体现了人与人、地与地、人与地之间的相互关系。系统由政府、企业、市民、地理环境等既相对独立又密切相关的子系统构成。政府管理、企业的商业活动、市民的生产生活无不体现出城市的这种人地关系。而城市人地关系系统的数字过程,本质上也是城市的信息化发展过程,它表现为地球表面测绘与统计的信息化(数字调查与地图),政府管理与决策的信息化(数字政府),企业管理、决策与服务的信息化(数字企业),市民生活的信息化(数字城市生活)。通过城市信息化,我们能够更好地把握城市系统的运动状态和规律,对城市人地关系进行调控,实现系统优化,使城市成为有利于人类生存与可持续发展的空间。

“数字城市”是“数字地球”的组成部分,它可以看作是一个系统工程或发展战略,但不能简单看作为是一个项目或一个系统。虽然我们难以给“数字城市”下一个确切的定义,也难以界定什么样的信息化水平可以看作是实现了“数字城市”,但它并不是一个虚拟的东西,也不是一个可望而不可即的东西,而是一个在未来城市建设和城市生活中随处可见、随时可用、无处不在的系统。“数字城市”是一个城市发展的战略目标,它有一个逐渐发展的过程,并在发展过程中对城市建设、市民生活、经济发展带来诸多效益和方便。

“数字城市”的基础要素主要有三项:信息基础设施、数据、人。

- **信息基础设施**

“数字城市”的第一项任务是解决“修路”的问题,即要有高速宽带网络、计算机服务系统和网络交换系统作为支撑。以5G、光纤宽带、数据中心等为代表的数字信息基础设施建设,能够有效打通各项城市服务,整合并提升资源运用效率,推动数字应用创新。

- **数据**

衡量“数字城市”发展水平的指标,除了“宽带网里程”等信息基础设施建设参数外,另一个重要指标是数据量的大小,特别是各类基础空间数据的数据量。“数字城市”的基本概念是定义在地理空间框架上各种数据、数字地图和数字影像的集成与应用。

- **人**

与“现实城市”的管理相对应,“数字城市”的管理也要逐步建立起相应的机构和规范,要不断更新、升级和维护,协调用户的使用。只有成千上万的机构、企业、市民真正使用“数字城市”的相关应用,才可以产生经济、社会价值,促进城市的高质量发展。

3.3 宜居城市理论

宜居城市建设是城市发展到后工业化阶段的产物,是指“宜居性”比较强的城市,是具有良好的居住空间环境、人文社会环境、生态与自然环境和清洁高效的生产环境的居住地。1996 年,联合国第二次人居大会提出了“城市应当是适宜居住的人类居住地”的概念。此概念一经提出就在国际社会形成了广泛共识,成为 21 世纪的城市观。2005 年,在国务院批复的《北京城市总体规划》中首次出现“宜居城市”概念。中国城市竞争力研究会连续多年发布“中国十大宜居城市”排行榜。

宜居城市是一个由自然物质环境和社会人文环境构成的复杂巨大系统。

● **自然物质环境**

宜居城市的自然物质环境主要包括城市自然环境、城市人工环境、城市设施环境三个子系统。其中,城市自然环境主要包括美丽的河流、湖泊,大公园,一般树丛,富有魅力的景观,洁净的空气,非常适宜的气温条件等;城市人工环境主要包括高楼林立的建筑物,清晰的城市平面,宽广的林荫道系统,美丽的广场,艺术的街道,喷泉群等;城市设施环境涵盖城市基础设施和城市公共设施,主要包括便捷的交通,完善的公共卫生和医疗设施,众多的高等院校,宏伟的博物馆,重要的历史遗迹,多种图书馆及美好的音乐厅,琳琅满目的商店橱窗,街道的艺术,满足多种内容游憩要求的大游乐场,多样化的邻里环境等。

● **社会人文环境**

宜居城市的社会人文环境主要包括城市社会环境、城市经济环境和城市文化环境三个子系统。其中,城市社会环境主要包括和谐的社会交往环境,完善的社会保障网络,牢固的公共安全防线,亲和的社区邻里关系,良好的城市治安环境等;城市经济环境主要包括充足的就业职位,较高的收入水平,雄厚的财政实力,巨大的发展潜力等;城市的文化环境主要包括完善的文化设施(如:博物馆、音乐厅、图书馆、体育馆、科技馆、歌剧院等),浓郁的文化氛围,充足的教育资源(如:大专院校、中小学、职业技术学校、继续教育机构等)及丰富多彩的文化活动(如:艺术节、运动会、各种展览等)。

宜居城市的自然物质环境为人们提供了舒适、方便、有序的物质生活基础,而社会人文环境则为居民提供了充分的就业机会、浓郁的文化艺术氛围以及良好的公共安全环境等。当然,城市自然物质环境和社会人文环境的界限不是绝对的,两者相互融合,构成一个有机的整体。城市自然物质环境是宜居城市建设的基础,城市社会人文环境是宜居城市发展的深化。城市社会人文环境的营造需要以城市自然物质环境为载体,而城市自然物质环境的设计则需要体现城市的社会人文内容。

3.4 城市竞争理论

像一个生命体一样,任何城市在众多城市构成的生态圈中既相互依赖又相互竞争,都会不断经历从充满青春活力转向衰老甚至死亡，成为废都，除非它抓住创新的要素而更新自我，获得新生命力。各个城市，在生命周期的不同阶段，其生命力不同，因而其竞争力也不同。分析影响各个城市内在竞争力的因子，描述处于勃勃生机、具有旺盛生命力和强大竞争力的城市形态，这就是城市竞争。

随着经济全球化和世界分工体系的不断深入，国家间的竞争越来越体现在城市之间的竞争之上。城市竞争力管理，是现代城市管理的高级阶段，对城市管理者的眼光、知识、水平和能力提出了更高要求。它将提升城市竞争力作为管理工作的核心任务，对要素资源、市场、人才进行竞争。

尽管各研究机构从特定角度提出各种评价指标体系，目前关于城市竞争力的研究仍处于起步和探索阶段，目前还没有一个权威统一的定义。整体而言，它是在社会经济结构、价值观念、文化、制度、政策等多个因素综合作用下创造和维持城市发展的能力，是城市为其自身发展而在区域内进行资源优化配置的能力。

城市竞争力具有五大特征：系统性、动态性、相对性、开放性、差异性。

● **系统性**

城市竞争力是由各种因素组成的有机整体，它的强弱取决于各个要素综合作用的结果。因此营造城市竞争力将是一项系统工程，必须从整体出发，全面考虑，始终把握系统的整体特性和功能，从而达到在整体上增强城市竞争力的目的。

● **动态性**

由于在经济运行过程中，各种因素总是处于不断发展变化之中，导致城市竞争力的内涵也会不断发生变化，因此城市竞争力是一个动态平衡的开放系统，这就决定了提高城市竞争力将是一项长期性的任务。

● **相对性**

城市竞争力是一个相对的概念，强调与其他城市的横向比较，因为只有进行比较才能体现出竞争力的大小。另一方面，随着作用因素的不断改变，同一城市在不同的发展阶段其竞争力水平也各不相同。

● **开放性**

城市是一个开放系统，在与外界的交流中摄入能量和物质，并通过转化过程输出能量和物质，从而获得自身的发展。而城市竞争力的测度指标随着时间阶段的不同，其作用因素也在不断地改变。因此，城市竞争力是一个开放性的系统。

● **差异性**

城市的竞争力表现方式多种多样，更强的引资能力、更好的人居环境、更多的发展创业机会、更优秀的人才聚集都有可能发展成为城市的竞争优势。因此培育城市竞争力可以从一定区域内城市的差别优势出发，权衡自身在区域的角色定位，把城市间的纯竞争关系转变为“竞争—合作”关系，形成优势互补、相互促进、共同发展的“双赢”局面。

城市竞争力这一系统概念为管理工作提供了引导性作用。其较为明确的内涵和构成要素也提高了管理工作的针对性和可实施性。例如:上海社会科学院从经济角度提出的城市与竞争力指标体系包括“总量”“质量”“流量”3 大指标;而北京国际城市发展研究院提出的城市竞争力评价系统则包括“城市实力”“城市能力”“城市活力”“城市潜力”“城市魅力”5 个层次。

3.5 城市营销理论

城市营销是运用市场营销的方法论,对城市的政治、经济和社会资源进行系统策划与整合,以寻求符合市场经济规律的发展路线。它将城市的土地、基础设施、旅游资源以及依附于城市本身的某种品质、意象、文化视为“产品”,并对这些“产品”进行形象和服务组合设计。面对市民、来访者、现有和潜在的投资者以及外部竞争的都市,它通过树立城市品牌,提高城市综合竞争力,广泛吸引更多的可用社会资源,来推动城市良性发展,满足城市人民的物质文化生活需求。

该概念最早来源于西方的“国家营销”理念。菲利普·科特勒在《国家营销》中认为,一个国家,也可以像一个企业那样用心经营。在他看来,国家其实是由消费者、制造商、供应商和分销商的实际行为结合而成的一个整体。因此国家营销应当突出自己的特点,发现自己的优势所在,提高自己的竞争力。由“国家营销”衍生而来的“城市营销”,发展到今天,已经具备比较明显的内涵。城市营销力求将城市视为一个企业,将某城市的各种资源以及所提供的公共产业或者服务以现代市场营销的方式向购买者兜售。它包括一个城市内产品、企业、品牌、文化氛围、贸易环境、投资环境乃至城市形象和人居环境等全方位的营销,其营销市场既包括本地市场、国内市场以及海外市场,也囊括了互联网络上的虚拟市场。

整体而言,城市营销活动具有以下特点:

- 营销活动要从树立城市品牌出发,具备一定的长期性;
- 营销活动要有创新性,能够吸引相关人员的积极参与;
- 营销活动要蕴涵一定的经济价值,起到招商引资和产业促进作用;
- 营销活动要能够驾驭城市的有形和无形资产,使现有资源发挥最大效应;
- 营销活动要充分考虑前期、中期和后期效益,努力创造长期的消费机遇。

根据生态营销理论,城市管理必须遵循品牌通吃原理、城市定位原理、差异化营销原理、“两划”原理、“两态”原理、大系统复合策划原理等。

品牌通吃原理:城市品牌是城市营销的产物,也是城市风貌的综合展现。同时,其一经形成,对城市的发展也将产生巨大的反作用,这种作用具有隐蔽性、长期性、延续性等特点。

城市定位原理:定位是城市营销和城市品牌建立的灵魂,城市品牌存在的价值是它在市场上的定位和不可替代的个性。

差异化营销原理：在城市的现有资源优势上，认清城市品牌的核心价值，并使城市的建设和发展与竞争者有明显区别，形成与众不同的特点。

"两划"原理：在对建筑、交通等硬件设施进行整体规划的同时，也要围绕城市的主题，对精神、产业、人口等软件要素进行系统策划。

"两态"原理：城市的静态、有形物质空间要用动态、无形的活动和软件来进行营销。

大系统复合策划原理：要用大系统多层次、多功能、多结构、多目标的手段，对城市元素、结构、产业、功能、投资、布局、人口、生态等资源进行整合。

3.6　城市治理理论

城市治理，从广义角度上是指城市为了谋求经济、社会、生态等方面的可持续发展，对其辖区范围内的资本、土地、劳动力、技术、信息、知识等生产要素进行整合，从而实现地域整体协调发展的过程。它是政府、社会、企业和非营利组织多主体相互依赖、共同参与，通过沟通、协商、合作，在解决城市公共问题、提供城市公共服务、增进城市公共利益的过程中形成的网络组织体系和利益整合机制。

城市具有高度的复杂性，对大城市进行有效治理是一项异常艰巨的任务。因此，预先设定一个行之有效的治理框架，将有助于维护城市的正常运转，提高城市的管理效能。

良好的城市治理框架，需要满足城市可持续发展、城市高效有序运行、政府工作和责任透明、政府权力和资源下放、市民公平享有城市资源、市民平等参与城市决策等一系列要求。

城市可持续发展：城市治理必须平衡、兼顾当代人和后代人的社会经济发展需要。领导者需要在可持续发展方面有长远的战略眼光，并有能力为共同的福利而协调各方面不同利益。

城市高效有序运行：城市必须有完善的管理体系和制度规则。政府机构、私营企业和社会各界能够按照法律、法规约束开展经济、社会活动，以正式或非正式方式为地方发展做出贡献。

政府工作和责任透明：政府的行政管理流程和内容公开透明。城市管理各部门责任明确，相关法律和公共政策的实施具有可预测性，最大限度地减少政府与民众之间的信息不对称。

政府权力和资源下放：政府应在最低的适宜级别上，按照成本效益最大化原则承担公共服务供给的职责，通过权力下放和地方民主制度，使各项政策和举措更好地符合地方发展需要。

市民公平享有城市资源：市民能够公平地使用城市资源。每个人都可以获得适宜的教育、就业机会，享受到生计、保健、住房、养老福利和医疗、卫生等基本公共服务。

市民平等参与城市决策:市民能够平等地选派代表参与城市决策。每个人的需要和优先事项都应得到充分尊重和平等解决,最大限度地发挥市民参与城市治理的能力。

现如今,政府主导的传统城市管理模式正在逐渐被政企合作主导的“城市企业主义”治理模式所取代。相比于垄断供给背景下的政策方式,“城市企业主义”治理模式将市场精神和企业经营手段引入城市治理过程中,通过市场机制、竞争、创新、风险承担等企业经营方略和企业营销手段优化城市环境开发,形成政府与企业强力推动地方发展的增长联盟或结盟合作机制。而在区域层面,越来越多的超越单一政府权限的跨域事务也使得传统地方治理模式不断发展,形成了“多中心-多层次”的区域治理格局。

【城市管理方法】
篇章

城市管理涉及诸多领域。虽然不同部门具有不同的任务、职责，但其工作实践却都面临一些共性问题，包括：战略分析、决策制定、计划实施、发展预测、运行控制、综合评价等。为了寻求最优的发展路径、做出合理的方案选择、拟定周全的工作安排、把握可能的变化趋势、维持高效的功能运转、建立系统的评估框架，进而实现城市的科学管理，其相应方法的有效运用至关重要。

第二章　城市战略分析

城市是自然和人工系统相结合的产物，它未来如何发展，需要依靠人类来规划、建设。无论是经济生产还是社会治理，人们的行为活动一般都遵循理性经济人的理论假设，即寻求约束条件下的最大效用或最大产值。宏观层面的城市战略规划尤为如此，它以理性分析为基础，追求城市总体利益的最大化。在此过程中，人们需要正确认知城市发展的各种限制条件和有利因素，并综合考虑其自身优势与不足。

1. 城市战略与战略分析

1.1　城市战略

“战略”一词最早源于军事科学，随后被逐渐推广运用到其他领域，是指为了现实某种目标而制定的大规模、全方位的长期行动计划。而城市战略则是以城市为目标对象，对其经济、社会发展所作的全局性、长期性、决定性的谋划和对策。它是关于城市发展目标和实现目标的方针、政策、途径、措施和步骤的高度概括，是从宏观层面对城市发展进行的定性、定位和定向，是城市各项工作的指南和纲领。

城市战略关注于城市的整体和长远发展，它不以局部利益或短期利益为目的，是在科学发展观指导下对城市各方面建设所做的统筹安排。在特定的历史背景和政治制度环境下，城市战略是影响城市发展道路和发展模式的重要因素。它不同于区域规划，主要为本城市的经济社会发展服务；它也不同于城市总体规划，不拘泥于法定的规划技术要求，具有更大的深度、广度和自由度。

城市战略不仅要考虑城市自身发展的适宜性，也要考虑区域中各城市的竞争协作关系。因此，城市战略规划的关键在于战略分析，即：准确认知城市发展的环境和机遇，并在此基础上选择合理的建设发展道路。

1.2 战略分析

战略分析是城市战略规划的基础,也是城市科学管理的首要内容。面对有限的资源条件,城市管理者需要根据机会成本最小化的要求,充分发掘和权衡各种发展机会,并不断寻求使城市能够更好生存和发展的优势领域和方向。然而,其相应工作离不开各方面资料的收集、整理和城市内外部环境的分析、探讨。

● **内部环境**

内部环境是城市发展的主导因素。《矛盾论》中指出“内因是变化的根据,外因是变化的条件,外因通过内因而起作用”,而城市的内部环境则主要包括其自身的区位条件、自然条件、社会历史条件、经济条件和建设条件等内容。

● **外部环境**

外部环境是城市发展的关键因素。城市并不是孤立存在的,而是时刻受到外部环境影响和制约的。城市战略分析必须有广阔的视野,要把城市放到国际、国内的大环境中去考察和比较,只有这样,才能在城市竞争中求得生存,得到发展。

基于不同的理论视角,战略分析方法可分为定位学派、行业结构学派、资源学派、核心能力学派等多种类型。在实践工作中,根据应用需求和条件的不同,城市战略分析既可以采用 PEST 分析、SWOT 分析等定性分析方法,也可以采用 EFE/IEF 矩阵分析或 BCG 矩阵分析等定量分析方法,还可以通过价值链分析寻求战略活动的系统优化。

2. 城市战略分析常用方法

2.1 PEST 分析

PEST 分析是城市战略分析的常用方法,它通过政治(Politics)、经济(Economics)、社会(Society)、技术(Technology)四个方面的因素分析,从总体上把握宏观环境,并评价这些因素对于城市发展的长期影响。

进行 PEST 分析需要掌握大量的相关资料,并且对所分析的城市有着全面、深刻的认识。

政治因素(Political Factors),主要包括:

- 国际局势以及国家间的竞争、合作关系;
- 国家法律法规以及相关经济、产业和地区发展政策;
- 区域发展规划以及各种改革和功能区试点建设;
- 城市行政等级以及其在国家和区域中的政治地位。

经济因素(Economical Factors),主要包括:

- 国际和国内的经济环境、发展趋势、市场需求和行业竞争状况;
- 地区的经济结构、经济规模、经济发展水平、经济增长速度;
- 城市的产业结构、产业布局、产业地位、资源禀赋;
- 政府的财政税收、建设规划和产业扶持政策。

社会因素(Social Factors),主要包括:

- 地区的宗教信仰、文化传统、风俗习惯;
- 城市的人口规模、人口结构、人口分布和就业人群特点;
- 社会的价值观念、文化素养、阶层关系;
- 居民的行为特征、生活方式、服务需求。

技术因素(Technological Factors),主要包括:

- 国际和国内的新技术、新工艺、新材料发展以及所引起革命性变化;
- 地区的高校和科研院所、高新技术企业、科技创新人才;
- 行业的技术标准、知识产权和科技转化情况;
- 城市的基础设施建设、科技园区建设、技术研发投入、科技应用水平。

在使用方式上,PEST 分析作为相对简单的定性分析方法,通常可通过头脑风暴法完成。

2.2　EFE / IFE 矩阵分析

外部因素评价矩阵(External Factor Evaluation Matrix)和内部因素评价矩阵(Internal Factor Evaluation Matrix)是一种对城市发展的外部环境和内部环境进行量化分析的工具。它们来源于美国通用电气公司(General Electric, GE)提出的多因素业务经营组合矩阵。其做法是从优势与劣势、机会与威胁两个不同角度找出影响城市未来发展的内外部关键因素,根据各个因素影响程度的大小确定权数,再按城市对各关键因素的有效反应程度对各关键因素进行评分,最后算出城市的总加权分数。

建立 EFE / IFE 矩阵,其过程主要包括 5 个步骤。

(1)列出矩阵分析的所有内、外部因素:

- 因素总数在 10 ~ 20 个之间;
- 因素包括影响城市发展的各种机会与威胁;
- 通常先列举机会,后列举威胁;
- 尽量具体化,可以采用百分比、比率和对比数字。

(2)依据重要程度,赋予每个因素特定的权重:

- 权重数值由 0.0(不重要)到 1.0(非常重要);
- 权重反映了该因素对于城市战略取得成功的影响程度;
- 机会一般比威胁得到更高的权重,但当威胁因素特别严重时也可得到高权重;

-权重的确定,可通过对成功和不成功的竞争者进行比较,或者通过集体讨论达成共识;

-所有因素的权重总和必须等于1。

(3)按照当前战略对各个关键因素的有效反应程度打分:

-分值范围一般为1-4;

-4代表很好,3代表超过平均水平,2代表低于平均水平,1代表很差;

-评分反映了当前战略的有效性。

(4)用每个因素的权重乘以它的评分,即得到每个因素的加权分数。

(5)将所有因素的加权分数相加,即可得到当前战略的总加权分数。

对于内外部因素而言:加权分数为4.0,说明城市战略对现有机会与威胁做出了最优反应或城市的内部状况处于强势,能够有效利用现有的机会和自身优势,并将外部威胁的不利影响和自身劣势降低到最小;加权分数为1.0,说明城市的发展战略不能很好地利用外部机会和自身优势,或无法回避外部威胁和自身劣势;而当加权分数高于平均分2.5,则说明城市对外部影响因素能做出反应,自身优势也能有所体现。

其中,影响城市发展的常见外部因素有:政策导向、国家战略等政治环境因素,地区产业分工等经济环境因素,对外交通条件等地理环境因素。影响城市发展的常见内部因素有:自然条件、劳动力资源、城市交通、城市文化、科技水平、政府执政水平等。

例如:基于上述因素对某城市的内外部环境进行评价,通过各因素分数的加权求和,可得到其综合分数为2.75。

表2-2-1 某城市EFE/IFE矩阵分析结果

内外部因素	权重	分数	加权分数
外部因素			
政治环境	0.2	3	0.6
经济环境	0.2	3	0.6
地理环境	0.1	3	0.3
内部因素			
自然条件	0.05	3	0.15
水资源	0.02	2	0.04
劳动力资源	0.1	2	0.2
城市交通	0.1	3	0.3
城市文化	0.05	2	0.1
科技水平	0.08	2	0.16
政府执政水平	0.1	3	0.3
合计:	1.0		2.75

2.3　SWOT 分析

SWOT 分析是基于内外部资源环境和目标对象有限能力条件下的整体态势分析。它将研究对象相关的各种内部优势、劣势和外部机会、威胁列举出来，按照矩阵形式进行规则排列，并在此基础上采用系统分析方法，对各种因素的相互匹配关系及其发展变化趋势进行深入探讨，从而得出一系列宏观结论。

城市战略是一个城市“能够做的”（自身的强项和弱项）和“可能做的”（环境的机会和威胁）之间的有机组合。S（Strengths）是优势，W（Weaknesses）是劣势，O（Opportunities）是机会，T（Threats）是威胁。采用 SWOT 分析，我们可以对研究对象所处的情境进行全面、系统、准确的研究，并根据研究结果制定相应的发展战略、计划及对策。

与其他的分析方法相比较，SWOT 分析从一开始就具有显著的结构化和系统性特征。首先在形式上，SWOT 分析工具表现为一个由各方面因素组成的结构化矩阵，矩阵的不同区域具有不同的分析意义；其次在内容上，SWOT 分析方法强调从结构分析入手对城市的外部环境和内部资源进行系统分析。

从整体上看，SWOT 分析可以分为两部分：第一部分为 SW，主要着眼于城市自身的实力及其与竞争对手的比较，用来分析内部条件；第二部分为 OT，主要聚焦于外部环境的变化及对城市的可能影响上，用来分析外部条件。利用该分析框架，我们可以从中找出对自身有利的、值得发扬的因素，以及对自身不利的、要避开的因素，发现存在的问题，找出有效解决办法并明确未来发展方向。基于 SWOT 分析方法，我们还可以将问题按轻重缓急分类，明确哪些是急需解决的问题，哪些是可以稍微拖后一些的事情，哪些属于战略目标上的障碍，哪些属于战术上的问题，并将这些研究对象列举出来，为城市的宏观战略规划提供支撑。

SWOT 分析是说明性的，每一象限反映出不同的特性，并对应多种不同的城市战略。

- **杠杆性（优势＋机会）**

当内部优势与外部机会相结合时，机会与优势都能够得到充分发挥，然而，机会往往是稍瞬即逝的，优势也是相对的，因此必须敏锐地捕捉机会，把握时机，采用增长型策略，以寻求更大的发展。

- **抑制性（劣势＋机会）**

当内部劣势与外部机会相对应时，机会再大也把握不住，在这种情形下，需要采用扭转型战略，通过提供和追加某种资源，促进自身劣势向优势方面转化，从而迎合或适应当前的外部机会。

- **脆弱性（优势＋威胁）**

当内部优势与外部威胁相冲突时，其优势就得不到充分发挥，优势程度和效果都会大大减弱，出现优势不优的脆弱局面，此时需要采用多种经营战略，利用自身优势，减轻外部威胁所造成的影响。

● **问题性(劣势+威胁)**

当内部劣势与外部威胁相叠加时,其经营发展面临严峻挑战,在这种情形下,如果处理不当,可能直接威胁到自身的生死存亡,因此需要采用防御型战略,尽可能减少弱点、回避威胁。

表2-2-2 SWOT分析结构化矩阵

内部 外部	优势(S)	劣势(W)
机会(O)	SO战略(增长型):依靠内部优势,利用外部机会	WO战略(扭转型):克服内部劣势,利用外部机会
威胁(T)	ST战略(多种经营型):依靠内部优势,减轻外部威胁	WT战略(防御型):减少内部劣势,回避外部威胁

SWOT分析方法具有分析直观、使用简单的优点,通常可以得出有说服力的结论。然而,由于没有精确的数据支持,其本身存在一定程度的主观臆断。

2.4 BCG矩阵分析

BCG矩阵是由美国大型商业咨询公司——波士顿咨询集团(Boston Consulting Group,BCG)首创的一种规划产品组合方法,又称"增长率-相对份额"矩阵。其核心在于解决如何将有限的资源有效分配到合理的产业结构中去,使发展和管理适合市场需求的变化。

BCG矩阵认为影响一般战略的基本因素有两个:市场引力和组织实力。

● **市场引力**

市场引力的相关指标包括:销售增长率、目标市场容量、竞争对手强弱及利润高低等。其中,销售增长率是反映市场引力最主要的外在因素。

● **组织实力**

组织实力的相关指标包括:市场份额、技术、设备、资金利用能力等。其中,市场份额是反映组织实力最主要的内在因素。

销售增长率与市场份额既相互影响,又互为条件:市场引力大,销售增长率高,可以显示出战略实施的良好前景;但如果仅有市场引力,而没有相应的高市场份额,说明组织尚无足够实力,战略开展将面临巨大的竞争压力;反过来,组织实力强而市场引力小,则预示了该战略的发展前景不佳。

BCG矩阵将组织的每一个战略业务单位(Strategic Business Unit, SBU)标识在一种二维的矩阵图上,从而显示出哪个SBU能提供高额的潜在利益,以及哪个SBU是组织资源的漏斗。

一般而言,组织战略有 4 种业务组合:

- **问题型业务(Question Marks)**

问题型业务是指高增长、低份额的战略业务单元。高增长说明市场机会大、前景好,而低份额则说明在运营管理上存在问题。其特点是战略利润率较低,所需资源不足,负债比率高。对于问题型业务,应采取选择性投资战略,重点投资该象限中那些经过改进可能会成为明星业务的内容,对其他业务则在一段时期内采取扶持的对策。

- **明星型业务(Stars)**

明星型业务是指高增长、高份额的战略业务单元。这类战略业务未来可能成为组织的现金牛业务,需要加大投资以支持其迅速发展。对于明星型业务,应积极扩大规模和市场机会,以长远利益为目标,提高市场占有率,加强其市场竞争地位。

- **金牛型业务(Cash Cows)**

金牛型业务是指低增长、高份额的战略业务单元。这类战略业务已进入成熟期。其特点是市场认可度高、战略发展好、负债比率低,可以为组织提供良好的资金来源,但由于增长率低,无须继续增大投资。因而金牛型业务也成为组织回收资源,支持其他战略业务,尤其是明星型业务发展投资的后盾。

- **瘦狗型业务(Dogs)**

瘦狗型业务是指低增长、低份额的战略业务单元。这类战略业务也称衰退类业务。其特点是战略利润率低、处于保本或亏损状态,负债比率高,无法为组织带来收益。对于瘦狗型业务,应减少批量,逐渐撤退,淘汰那些销售增长率和市场占有率都极低的业务,将剩余资源向其他战略业务转移。

在分析方法的运用上,BCG 矩阵由二乘二方格及其对应的横轴、纵轴组成:

- 纵轴表示销售增长率;
- 横轴表示市场份额;
- 每项业务在二维坐标上标识为一个圆圈,圆圈的大小用来表示该业务的当前规模;
- 以 10%(或 20%)作为区分业务发展速率和竞争力高、低的中点,将坐标图划分为四个象限,依次对应“问题型业务(?)”“明星型业务(★)”“金牛型业务(￥)”“瘦狗型业务(×)”。

例如:某城市有 *A*、*B*、*C* 三个战略业务单位,其中,*A* 为明星型业务,*B*、*C* 为问题型业务。随着外部环境的变化,*A* 最终会因为销售增长率降低而逐渐转变为金牛型业务;而 B、C 则会因为销售增长率和市场份额的差异性变化最终分别转变为瘦狗型业务和明星型业务。

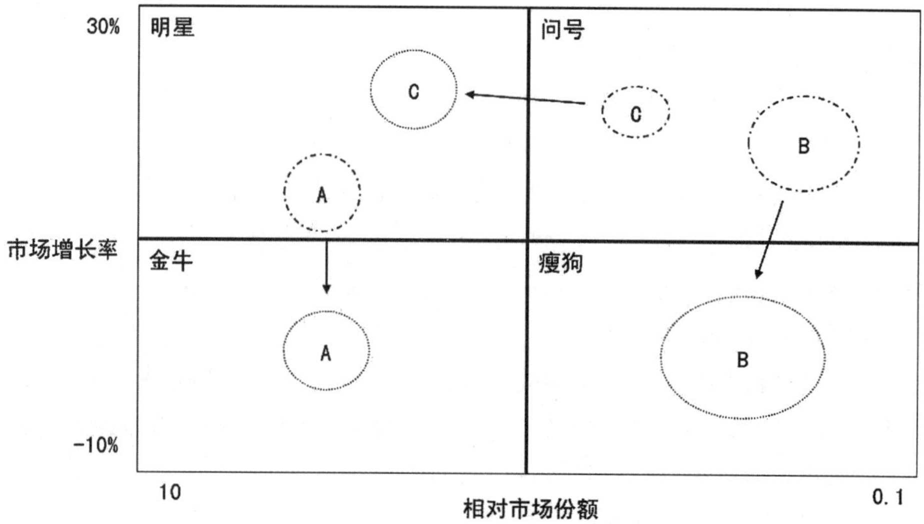

图 2-2-1　BCG 城市战略分析

2.5　价值链分析

价值链分析最早是由美国哈佛商学院教授迈克尔·波特(Michael Porter)提出来的一种确定组织竞争优势的分析工具,它运用系统化方法考察组织各项战略活动间的相互关系,并从中寻找具有关键意义的战略发展方向。对于城市而言,价值链分析方法将城市产业经济看作一系列输入、转换和输出活动序列的集合,每个活动都有可能成为最终产业发展的增值行为,进而强化城市的竞争地位。

价值链思想认为:组织的价值增值过程可以划分为多个独立而又相互关联的价值活动,这些价值活动在物质和技术层面形成了独特的价值链关系。不同组织的价值活动划分与构成有所不同,其形成的价值链关系也各具特点。

在概念上,价值链主要包括三方面内容:第一,组织的各项活动之间有着密切联系,比如,原材料供应的计划性、及时性、协调性以及生产制造各环节的紧密衔接;第二,每项活动都能给组织带来有形或无形的价值,比如,具有有形价值的基础设施建设以及具有无形价值的后期运营服务;第三,价值链不仅包括与业务直接相关的生产经营活动,也还包括组织业务以外的管理活动,比如,技术能力培训与行业协会建设。

价值链分析的基础是价值,重点是价值活动分析。而价值活动可分为两种类型:基本活动和辅助活动。基本活动是涉及物质创造、价值实现的各种业务活动;辅助活动则是提供外购投入、技术、人力资源以及各种服务职能支持的业务活动。城市有许多资源、能力和竞争优势,如果整体来考虑,则无法识别这些优势,必须对城市活动进行分解,通过考虑这些单个的活动本身及其相互之间的关系来确定城市的发展战略。

城市价值活动体现于不同城市间的广泛价值系统中。在进行价值链分析时,我们可以从内部、纵向和横向三个角度展开：

- **内部价值链分析**

内部价值链分析是城市价值链分析的起点。城市内部存在着许多价值链单元，业务活动在不同价值链单元上的转移实现了价值的积累与转换。每个价值链单元都要消耗成本并产生价值，而不同价值链单元之间也有着千丝万缕的联系，比如，生产作业和后勤工作的联系、质量控制与运营维护的联系、产业发展与基础设施建设的联系等。通过深入分析这些价值链关系，可以减少那些不增加价值的业务，协调和优化业务资源配置，提高系统运行效率、降低成本，同时也为纵向和横向价值链分析奠定基础。

- **纵向价值链分析**

纵向价值链分析是确定城市间价值共生和依存关系的分析工具。它通过对不同城市的价值链关联关系进行分析，计算各项业务活动在更广阔市场中的成本、收益及资产报酬率，从而看出哪一种活动更具竞争力、哪一种活动的综合价值更高，并据此决定城市的上下游发展策略。此外，从业务结构角度进行纵向价值链分析，其分析结果对于城市战略的市场入口选择、市场价值定位和市场未来发展规划都具有重大的指导作用。

- **横向价值链分析**

横向价值链分析是确定城市间价值竞争和激励关系的分析工具。具有不同资源条件的城市可采用不同的竞争方式。面对成本较高但实力雄厚的竞争对手，可采用低成本策略，扬长避短，争取成本优势，使得规模小、资金实力相对较弱的城市在主流业务体系的压力下能够求得生存与发展；而相对于成本较低的竞争对手，可运用差异性战略，注重提高质量，以优质服务吸引资源，而非盲目地进行价格战，使自身在面临成本挑战时，仍能保持自己的竞争优势。

3. 城市战略分析应用趋势

3.1 动态竞争研究

随着需求和竞争的快速演化以及环境可预测性的下降，静态战略分析方法的有效性正在逐步减弱。在此背景下，动态竞争理论得到了快速发展和广泛应用。该理论认为：所有组织都存在于一个动态的竞争环境中，其竞争优势都是暂时的，我们不能只专注于当前的优势条件，而要与时俱进，不断创造新的优势来源。

结合不同领域的概念、知识，动态竞争研究发展出了一系列关于战略“行动”的描述变量和策略，并衍生出许多新的理论体系，如：先动优势、不可逆转性、多点竞争、竞合网络、超强竞争等。而在战略分析方面，对策论、实证研究、模拟仿真等方法则被广泛应用于动态竞争的实践探索工作中。

- **对策论方法**

当我们对竞争对手和市场参与者的行为规律非常清楚时，可以根据特定的理论模型，如：伯特兰德模型（Bertrand Model）、古诺模型（Cournot Model）、斯塔克尔伯格模型（Stackelberg Leadership Model）等，选择有效的战略发展对策，充分利用市场力量来获取竞争优势，从而提高自身的盈利能力。在此过程中，战略主体也可以通过发出战略信号的方式来影响竞争对手的行为，比如，掠夺性定价、限制性定价、承诺与信誉等。

- **实证研究方法**

面对特定环境中的特定竞争对手，为了制定更加合理、有效的竞争战略，我们需要详细了解其个性化特征和动态变化模式，而不仅仅是基于通用理论模型的状态推断。一方面，可以通过田野调查方式，对竞争对手的行为和环境变化过程进行细致观测，掌握其市场动态竞争的规律；另一方面，也可以从各方面文本和数据资料中获得竞争对手和环境的相关信息，通过信息的归纳、整理和概括，把握其市场动态竞争的特点。

- **模拟仿真方法**

影响竞争对手行为选择的因素众多，而外部市场环境变化也远比我们想象的复杂。为了实现复杂环境下的城市战略分析，我们可以采用模拟仿真方法，利用数字化技术手段，以较低的成本，对不同情景下的动态竞争过程进行细致推演，考察不同战略方案的系统影响、长期收益和综合价值。而为了保证分析结果的有效性，其模拟仿真的情景和规则需要尽可能贴近现实，模型计算的粒度和参数需要符合特定的精度要求。

3.2 互动关系探讨

无论是传统战略理论，还是现代战略理论，其战略分析过程大多以“竞争”为出发点。在竞争导向的战略思想指导下，其战略分析方法主要关注目标对象的竞争优势，即如何比竞争对手做得更好。它通过构建区别于竞争对手的行业地位，获取具有稀缺性、盈利性的战略资源，培育具有难以模仿、难以替代的核心能力，使目标对象取得相对于竞争对手更好的发展机会。但发展不是“零和博弈”，当我们将目光聚焦于竞争和竞争对手之上时，往往容易忽视经济社会发展的现实需求以及多主体协同创新所带来的增值效应。

现如今，随着信息技术的广泛应用，组织与组织之间的联系日益紧密，城市管理者开始更多地关注其各方面业务主体与内、外部利益相关者之间的互动关系，认为：所有经济活动都处于社会系统之中，其经济行为受到社会系统的约束和影响；社会系统的关系结构决定了社会成员的行为模式，而各成员的行为又会对其他成员目标达成的措施和行动路径产生作用。以互动关系为基础，准确理解和把握市场需求是战略分析的起点和首要内容，业务主体与利益相关者之间的沟通协作则成为决定战略成败的关键。

在此观点下，城市战略分析逐渐从竞争态势分析转变为互动关系探讨，其战略目标也从“比竞争对手做得更好”转变为“建立更加完善的价值互动体系”。以长期信任关系为基础的互动过程,有助于业务主体获取更丰富的市场信息、行业知识和其他稀缺资源,使其能够更好地把握当前机会。在所有业务活动中,只有那些能与内外部影响因素形成良性互动且其产品或服务具有较高市场接受度的项目才更有可能得到生存、发展和较高盈利。比如,中心城市建设的关键在于提升其与周边城市间的经济、社会联系及产业互动效果,城市群、都市圈的产业集群发展需要加强各地方产业经济的规划协同能力和政策互动水平,城市的高端服务业发展与其区域经济地位和各领域开放互动程度密切相关。

第三章　城市决策制定

现代管理科学认为管理是由一连串决策组成的。决策是管理工作的基本要素,也是最重要、最困难、最具风险的工作。城市的生存发展、兴衰存亡在很大程度上取决于城市管理者的决策。重大决策做错了,其影响将非常深远。管理学上有一句名言:“一个错误的决策,100个行动也无法挽救”。城市管理涉及包括人的管理、财的管理、物的管理、信息的管理、生态的管理、文化的管理、法制的管理、形象的管理等,其决策涉及经济、社会生活的方方面面。

1. 城市决策的定义与分类

1.1　城市决策

城市决策是各类城市活动的基础,它是在目的明确的情况下,对实施方案进行选择的过程,如:规划决策、建设决策、服务决策等。与宏观层面的城市战略相比,城市决策一般周期更短、视角更微观、内容更具体。合理决策是城市科学管理的关键。

决策有两层含义:第一,决策是一种自觉的、有目标的行为活动;第二,决策必然伴随着决策者与内外部资源环境的某种互动。它既涉及行动路径的定性选择,也涉及配置方案的定量计算。在决策制定过程中,我们需要重点关注其5大核心要素,即:决策者、决策目标、决策环境、决策方案和决策结果。

决策的一般过程包括:问题识别、问题诊断、行动选择。问题识别,即认清事件的全过程,确立问题所在,提出决策目标;问题诊断,即根据一般原则,分析和拟定各种可能采取的行动方案,预测可能发生的问题并提出对策;行动选择,即从各种方案中筛选出最优方案,并建立相应的反馈系统。合理的决策需要满足问题明确、目标确定、备选方案及结果有限、偏好稳定、标准明确、信息畅通、效益最大化等一系列要求。然而,在实际工作中,上述要求往往难以全部满足。

按照决策条件的不同，城市决策整体上可以分为3类，即：确定型决策、不确定型决策、风险型决策。

1.2　确定型决策

确定型决策，也称为“标准决策”或“结构化决策”，它是指决策者对未来可能发生的情况十分确定，而基于完全确定的情况，决策者可以根据预期收益的大小选择最满意的行动方案。其决策结果完全由决策者所采取的行动所决定。

确定型决策具备以下4个基本条件：

- 决策人具有一个希望达到的明确目标（收益较大或损失较小）；
- 存在两个或两个以上可供选择的行动方案；
- 只存在一个确定的自然状态；
- 不同行动方案在确定自然状态下的损益值可以计算出来。

例如：某城市需要大力扶持第三产业发展，其中“酒店服务业”的区位商为2，“IT业”的区位商为1.5，“物流业”的区位商为3。当第三产业发展趋势普遍较好时，在确定的自然状态下，该城市发展“物流业”更能发挥其地方产业优势。

1.3　不确定型决策

不确定型决策，又称“非标准决策”或“非结构化决策”，它是在无法预先估计或预测各种可能状态概率的情况下，根据决策者的经验和态度所进行的决策。由于决策是针对未来事件的，在不稳定条件下只要可供选择的方案不止一个，其决策结果就存在不确定性。

不确定型决策具备以下4个基本条件：

- 决策者具有一个希望达到的明确目标；
- 存在两个或两个以上可供选择的行动方案；
- 存在两个或两个以上的不以决策者主观意志为转移的自然状态；
- 不同的行动方案在不同自然状态下的损益值可以计算出来。

由于不确定型决策是在决策者对未来状态一无所知的情况下进行的决策，因此决策者主要是根据个人的主观倾向进行方案选择。不同的决策者具有不同的主观倾向，所采用的决策准则也有所不同；而不同的决策准则，最终又必然会对某些问题表现出不同程度的不适应性或决策错误。

例如：某城市虽然发展“物流业”能够更好地发挥地方产业优势，但其所在区域的市场行情却不受决策者控制，竞争者的加入、经济政策的调整、相关产业的波动都会对其未来发展产生影响。因此，地方产业规划很多时候是一个不确定型决策。

1.4 风险型决策

风险型决策,又称为“统计型决策”,它是决策者根据各种自然状态可能发生的概率,冒着一定风险所进行的决策。所谓风险,是指那些决策者可以估计某一结果或方案的概率情形。这种估计结果概率的能力来自于个人经验或历史数据分析。相比于确定型决策和不确定型决策,风险型决策在实践中应用更为广泛。

风险型决策具备以下5个基本条件:

- 决策者具有一个希望达到的明确目标;
- 存在两个以上的行动方案可供决策者选择;
- 存在两个或两个以上的不以决策者主观意志为转移的自然状态;
- 不同的行动方案在不同自然状态下的益损值可以计算出来;
- 在几种不同的自然状态中,未来究竟会出现哪种自然状态,决策者不能肯定,但是各种自然状态出现的概率,决策者可以大致估计或计算出来。

例如:某城市所在区域的“酒店服务业”市场行情较好的可能性为90%,“IT业”市场行情较好的可能性为95%,“物流业”市场行情较好的可能性为50%。虽然城市的“物流业”产业优势最大,但承担的收益风险也最大;城市在“酒店服务业”和“IT业”方面的产业优势较小,但承担的收益风险也较小。此时,所进行的城市决策即为风险型决策。

2. 城市决策制定常用方法

2.1 不确定型决策方法

不确定型决策方法通常使用特定的评价准则来对各方案的优劣进行评定,并在此基础上选出最终的决策方案。根据实际情况的不同,选择的方式和标准会有所差异。一般而言,其常用方法包括:悲观法、乐观法、系数法、均等法、最小后悔值法等。

2.1.1 悲观法

悲观法,又称为“小中取大法”或“最大最小值收益决策法”。它是一种保守决策方法,追求亏损最少。

由于不确定因素较多,往往期望利润最大的方案同时也可能是损失最大的方案,因此为了避免较大风险,该方法放弃对最大利润的追求,而选择在最差自然状态下具有最大收益值(或最小损失值)的方案为最佳方案。具体而言,它从每一种方案中找出最小的收益值,然后比较这些最小值,在其中选择一个收益值最大的方案作为决策方案。

例如:某城市根据历年经验,未来的经济走向可能有"实业振兴""网络经济振兴""经济衰退"三种情况,在不同情况下发展"酒店服务业""IT 业"和"物流业"的产业收益大致如下表(矩阵)所示。

表 3-2-1　不同情况下的产业发展收益

	实业振兴	网络经济振兴	经济衰退
酒店服务业	60 亿/年	40 亿/年	40 亿/年
IT 业	80 亿/年	120 亿/年	20 亿/年
物流业	100 亿/年	80 亿/年	30 亿/年

基于上述信息,在不确定未来经济走向的情况下,该城市应如何制定决策?

很明显,根据最小收益最大原则,较为保守的决策是发展"酒店服务业"。无论是"实业振兴""网络经济振兴",还是"经济衰退",发展"酒店服务业"最差也能获得 40 亿/年的收益,而发展"酒店服务业"和"物流业"最差却只有 20 亿/年和 30 亿/年的收益。

2.1.2　乐观法

乐观法,又称"大中取大法""冒险法""最大的最大收益法"等。它是一种激进决策方法,追求收益最大化。

采用这种方法的管理者对未来持乐观态度,认为未来会出现最好的自然状态,不论采取哪种方案,都能获取该方案的最大收益。因此,为了抓住发展机会,追求最大利润,该方法选择在最好自然状态下最大收益值(或最小损失值)的方案为最佳方案。具体而言,它从每一种方案中找出最大的收益值,然后比较这些最大值,再在其中选择一个收益值最大的方案作为决策方案。

同样是上述例题。采用乐观法,根据最大收益最大原则,较为激进的决策方案则是发展"IT 业"。发展"IT 业",在"网络经济振兴"背景下,城市能够获得 120 亿/年的收益,而发展"酒店服务"和"物流业",最好的情况也只能获得 60 亿/年和 100 亿/年的收益。

2.1.3　系数法

系数法是一种折中决策方法。它介于悲观法和乐观法之间,既不像乐观法那样在所有的方案中选择收益最大的方案,也不像悲观法那样从每一个方案的最坏处着眼进行决策,而是在极端乐观和极端悲观之间,通过系数确定一个适当的收益估计值作为决策依据。

这种决策方法的客观基础是形势既不太乐观也不太悲观。因此,需要对乐观程度有一个基本估计,这个估计值称乐观系数。若以 α 表示乐观系数(0~1 之间),则 $1-\alpha$ 就是悲观系数。以 α 和 $1-\alpha$ 为权数对每一个方案的最大效益值和最小效益值进行加权平均,便得到所有方案可能的主观收益估计值,然后取各方案之中可能效益值最大者作为最终决策方案。

同样是上述例题。当认为最乐观状态和最悲观状态发生的概率相同,即都为50%时,那么应该如何决策?

“酒店服务业”主观收益估计:60亿/年×0.5+40亿/年×0.5=50亿/年

“IT业”主观收益估计:120亿/年×0.5+20亿/年×0.5=70亿/年

“物流业”主观收益估计:100亿/年×0.5+30亿/年×0.5=65亿/年

因此,根据系数法,较为合理的决策方案是发展“IT业”。综合考虑最乐观和最悲观状态的收益值,发展“IT业”的主观收益估计值为70亿/年,而发展“酒店服务业”和“物流业”的主观收益估计值仅为50亿/年和65亿/年。

2.1.4 均等法

均等法,又称为“拉普拉斯方法”。它是当决策者在决策过程中,不能肯定哪种状态容易出现,哪种状态不容易出现时,可以一视同仁,认为各种状态出现的可能性是相等的。如果有n个自然状态,那么每个自然状态出现的概率即为$1/n$,按照均等概率计算各方案的收益期望值,期望收益最大(或期望损失最小)的方案即为最终的决策方案。与系数法类似,这种方法也带有明显的主观性。

同样是上述例题。在所有情况的发生概率相等时,可计算得到不同决策的期望收益值。

“酒店服务业”期望收益:60亿/年×1/3+40亿/年×1/3+40亿/年×1/3=46.67亿/年

“IT业”期望收益:80亿/年×1/3+120亿/年×1/3+20亿/年×1/3=73.33亿/年

“物流业”期望收益:100亿/年×1/3+80亿/年×1/3+30亿/年×1/3=70亿/年

因此,采用均等法进行决策,发展“IT业”较为合理。发展“IT业”的期望收益值为73.33亿/年,而发展“酒店服务业”和“物流业”的期望收益值则为46.67亿/年和70亿/年。

2.1.5 最小后悔值法

最小后悔值法,又称为“最小遗憾值法”。它是假设未来任意状态出现后,使决策者为没有采用此状态下的最优方案而感到后悔的程度最小的决策方法。该方法以各方案的机会损失大小来判断其优劣程度,即:首先计算各方案在不同自然状态下的后悔值,并找出各方案的最大后悔值,然后进行比较,选择最大后悔值最小的方案作为决策方案的一种理性保守决策方法。

在特定自然状态下,某方案的后悔值可通过下列公式计算:

方案后悔值=所有方案最大收益 − 该方案收益

同样是上述例题。在不确定未来状态的情况下,可计算得到不同决策方案的最大后悔值。

“酒店服务业” 在实业振兴时,其后悔值为:100亿/年−60亿/年=40亿/年

在网络经济振兴时,其后悔值为:120 亿/年 - 40 亿/年 = 80 亿/年
在经济衰退时,其后悔值为:40 亿/年 - 40 亿/年 = 0 亿/年
其最大后悔值为:80 亿/年

"IT 业" 在实业振兴时,其后悔值为:100 亿/年 - 80 亿/年 = 20 亿/年
在网络经济振兴时,其后悔值为:120 亿/年 - 120 亿/年 = 0 亿/年
在经济衰退时,其后悔值为:40 亿/年 - 20 亿/年 = 20 亿/年
其最大后悔值为:20 亿/年

"物流业" 在实业振兴时,其后悔值为:100 亿/年 - 100 亿/年 = 0 亿/年
在网络经济振兴时,其后悔值为:120 亿/年 - 80 亿/年 = 40 亿/年
在经济衰退时,其后悔值为:40 亿/年 - 30 亿/年 = 10 亿/年
其最大后悔值为:40 亿/年

因此,为避免决策失误,选择发展"IT 业"比较有保障。无论未来是什么状态,发展"IT 业"的最大后悔值为 20 亿/年,而发展"酒店服务业"和"物流业",其最大后悔值则为 80 亿/年和 40 亿/年,相比之下发展"IT 业"的最大后悔值最小。

2.2 风险型决策方法

风险型决策方法通常采用特定的计算模型,根据不同自然状态可能发生的概率,对各方案的期望收益进行综合分析,并在此基础上做出最优抉择。一般而言,其常用方法包括:损益矩阵分析法、决策树法等。

2.2.1 损益矩阵分析法

损益矩阵分析法是风险型决策的基本方法之一。它通过构建损益矩阵表,对决策问题进行集中描述,并以此为基础对不同决策方案进行分析、比较,进而从若干个可行方案中选出最优方案。

损益矩阵表,简称损益表,是根据所有可行方案在不同自然状态及其概率下计算出来的收益值(或损失值)所构成的矩阵。矩阵中包含有"状态变量""决策变量""概率""损益值"4 类要素。

状态变量:可能影响决策后果的各种外界客观情况或自然状态,是不可控因素。

决策变量:决策者所采取的各种行动方案,是可控因素。

概率:各种状态变量出现的概率(可以是先验概率,也可以是后验概率)。

损益值:在特定自然状态下选取某种方案所得结果的收益值(或损失值)。

例如,在章节 2.1.1 例题的基础上,加入各种状态发生的概率,则可以构建产业发展决策的损益矩阵表:

表 3-2-2　产业发展决策的损益矩阵表

	实业振兴	网络经济振兴	经济衰退
概率	60%	20%	20%
酒店服务业	60 亿/年	40 亿/年	40 亿/年
IT 业	80 亿/年	120 亿/年	20 亿/年
物流业	100 亿/年	80 亿/年	30 亿/年

根据上述损益矩阵表，可计算得到不同决策方案的期望收益值。

“酒店服务业”期望收益：60 亿/年 ×60% +40 亿/年 ×20% +40 亿/年 ×20% =52 亿/年

“IT 业”期望收益：80 亿/年 ×60% +120 亿/年 ×20% +20 亿/年 ×20% =76 亿/年

“物流业”期望收益：100 亿/年 ×60% +80 亿/年 ×20% +30 亿/年 ×20% =82 亿/年

因此，按照期望值最大原则，发展“物流业”较为合理。“物流业”的期望收益为 82 亿/年，而“酒店服务业”和“IT 业”的期望收益仅为 52 亿/年和 76 亿/年（注意，期望收益只是一个统计学概念，指概率上可能达到的预期收益，并不是真实的收益值）。

2.2.2　决策树法

决策树法（Decision Tree）是一种运用图论中的树结构对不同决策方案进行分析、比较，从而获得最优方案的风险型决策方法。每个决策或自然状态都可能引出两个或多个事件，并导致不同的结果，这种决策分支在形态上像一棵树的枝干，因此称为决策树。

图论中的树结构是连通且无回路的有向图。在有向图中，所有连接都是有方向的，从一个结点指向另一个结点。这样一来，每个结点被指向的连接数，就是它的“入度”；而从这个结点指出去的连接数，就是它的“出度”。“入度”为 0 的结点称为根节点，“出度”为 0 的结点称为叶子节点，叶子结点以外的结点称为内部节点。决策树由根节点（决策节点）、其他内部节点（方案节点、状态节点）、叶子节点（终节点）、树枝（方案枝、概率枝）、概率值、损益值组成。

决策树法是管理人员和决策分析人员经常采用的一种行之有效的决策工具。它适用于包含多个影响因素、情况特别复杂的决策问题。其优点包括：列出了决策问题的全部可行方案和可能出现的各种自然状态，以及每个可行方案在不同状态下的期望收益；展示了决策问题在时间顺序上不同阶段的决策过程；便于决策机构集体研究、周密思考、综合分析。

同样是上述例题，在“损益矩阵分析”例题基础上，进一步考虑区域内的产业协调政策：

- 如果产业协调政策效果明显，则产业发展效益根据其区位商呈倍增关系；
  （区位商，酒店服务业 2，IT 业 1.5，物流业 3）
- 倘若产业协调政策失效，则其产业发展将受到竞争威胁，效益值仅为经验值的 70%；

– 根据国家政策走向，产业协调政策有效的可能性为 80%。

根据上述条件，城市的产业发展决策过程可以描述为一个多层次决策树。

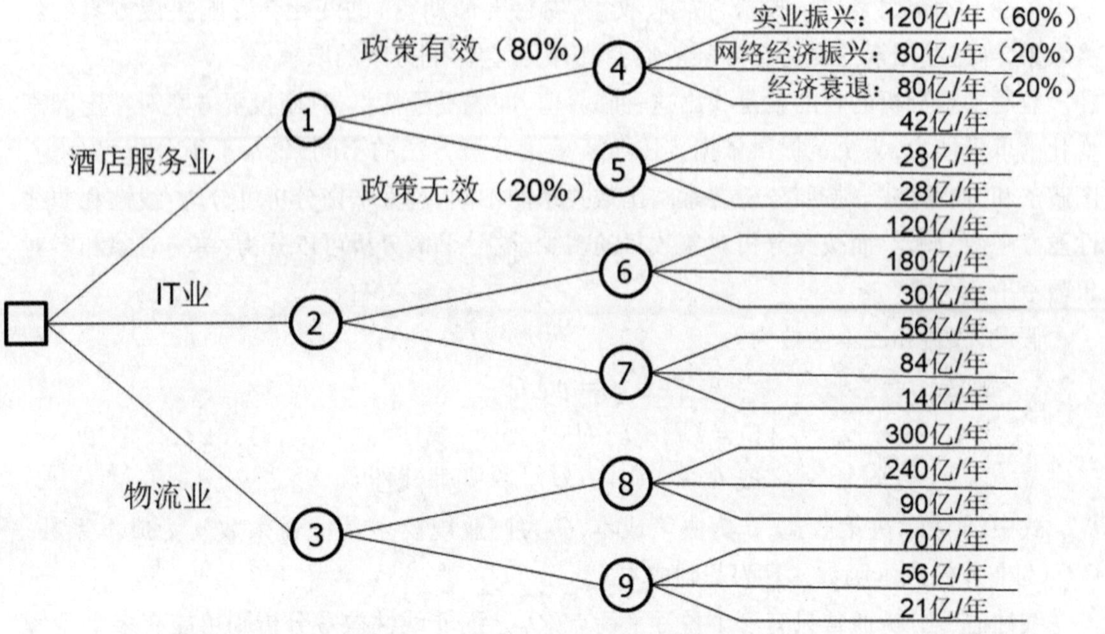

图 3－2－1　城市产业发展决策树

2.3　确定型决策方法

确定型决策方法是为处理只存在一种未来客观状态和一种最优方案的决策问题所采用的一种决策方法。通常这种方法可分为两类：静态确定性决策方法和动态确定性决策方法。

● **静态确定性决策方法**

静态确定性决策方法，是在不考虑各参数随时间变化的情况下，根据所掌握的信息资料和专业知识进行决策判断。这类决策问题的求解，关键在于从一系列可行解集中设法找到其最优解，比如，生产资料分配、服务设施选址、公共资源调度等方面的决策问题，都可采用此方法进行处理。

● **动态确定性决策方法**

动态确定性决策方法，除了涉及静态因素外，还涉及与时间相关的动态因素，比如：资源总量、产业规模、发展水平等。这些因素都会随时间而变化，但因为它们的前后阶段状态之间存在一定约束，所以仍然属于确定性决策的范围。由于动态确定性决策问题涉及的因素更为复杂，因而问题求解也相对困难。

一般而言，确定型决策的常用方法包括：盈亏平衡分析法、线性规划法等。

2.3.1 盈亏平衡分析法

盈亏平衡分析(Break-Even Analysis),又称为“保本点分析法”或“本量利分析法”。它是通过盈亏平衡点(Break-Even Point, BEP)分析项目成本与收益的平衡关系的一种方法。各种不确定因素(如:投资、成本、收益、项目寿命期等)的变化会影响决策方案的经济效果,当这些因素的变化达到某一临界值时,就会影响方案的取舍。

盈亏平衡分析的目的就是找出这种临界值,即盈亏平衡点,判断投资方案对特定因素变化的承受能力,为决策提供依据。按照所采用分析方法的不同,盈亏平衡分析可分为:图解法和方程式法。按照分析要素间函数关系的不同,盈亏平衡分析可分为:线性和非线性盈亏平衡分析。而按照分析对象数目的多少,盈亏平衡分析可以分为:单一对象和多对象盈亏平衡分析。

假设,收益和成本函数为:

$$S = p \cdot Q$$

$$C = CF + t \cdot Q \qquad \cdots\cdots \text{线性}$$

$$\text{或}\ C = CF + f(Q) \quad \cdots\cdots \text{非线性}$$

式中,S 表示决策收益,C 为决策成本,Q 为产业规模,p 为收益系数,t 为成本系数,$f(Q)$ 为非线性成本函数,CF 为基础成本。

线性盈亏分析通常只有一个盈亏平衡点(Q_0),而非线性盈亏分析则可能有多个盈亏平衡点(Q_{01} 和 Q_{02})。

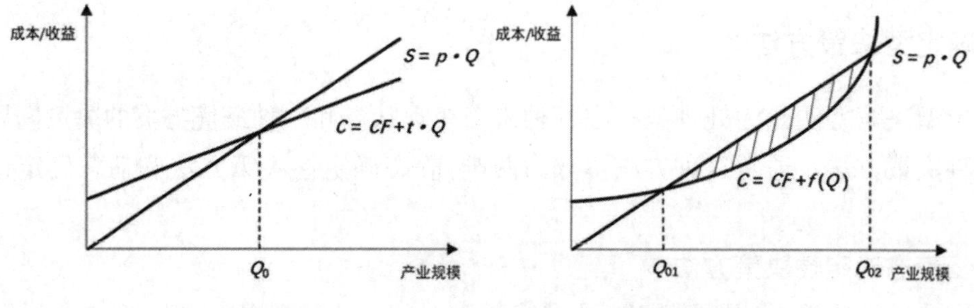

线性盈亏分析　　　　非线性盈亏分析

图 3-2-2　盈亏平衡分析的不同函数关系

2.3.2 线性规划法

线性规划(Linear Planning,LP),是研究线性约束条件下线性目标函数极值问题的数学理论和方法。它是运筹学中研究较早、发展较快、应用较广、方法较成熟的一个重要理论分支,也是辅助人们进行科学管理的一种数学方法。

对于城市决策而言,该方法是在一定条件下,合理安排人力、物力、财力等资源,使决策方案的经济社会效果达到最优的数学建模方法。

线性规划法的一般过程包括 3 步:

(1)根据影响决策目标的因素,找到决策变量;

(2)由决策变量和决策目标之间的数学关系,确定目标函数(线性);

(3)由决策变量所受的限制条件,确定决策变量的约束方程。

其基本数学公式可表述为:

$$Max f(x_1,x_2,\cdots,x_n) = p_0 + p_1 x_1 + p_2 x_2 + \cdots + p_n x_n \quad \cdots\cdots\text{目标函数}$$

$$\begin{cases} a_{10} + a_{11} x_1 + a_{12} x_2 + \cdots + a_{1n} x_n \geqslant 0 \\ a_{20} + a_{21} x_1 + a_{22} x_2 + \cdots + a_{2n} x_n \geqslant 0 \\ \vdots \\ a_{m0} + a_{m1} x_1 + a_{m2} x_2 + \cdots + a_{mn} x_n \geqslant 0 \end{cases} \quad \cdots\cdots\text{约束方程}$$

在实践中,线性规划的常用求解方法包括:图解法、单纯形法。

例如:某城市准备最高投入 6000 万元资金,以扶持"物流业"发展,其中一部分用于仓储体系完善,一部分用于配送机制完善。根据经验,配送机制是整个物流环节的关键,是评价"物流业"发展现状的直接标准;但与此同时,若仓储投入小于配送投入的 2 倍,则配送机制的功能发挥会受到制约。请问在决策制定过程中,应当如何进行项目资金分配?

假设,仓储体系投入为 x_1,配送机制投入为 x_2,则线性规划公式为:

$$Max\ f(x_1,x_2) = x_2$$

$$\begin{cases} 6000 - x_1 - x_2 \geqslant 0 \\ x_1 - 2x_2 \geqslant 0 \\ x_1 \geqslant 0 \\ x_2 \geqslant 0 \end{cases}$$

采用图解法,可知:$x_1 = 4000$,$x_2 = 2000$。

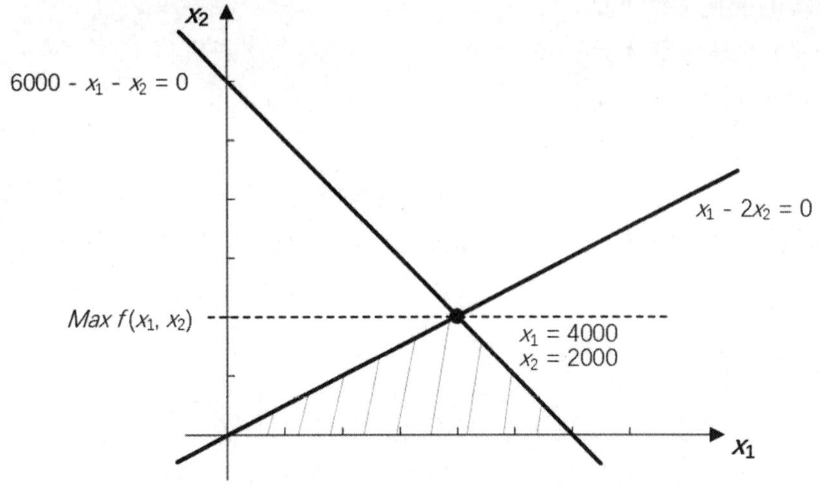

图 3－2－3　某城市"物流业"发展线性规划图解

3. 城市决策制定应用趋势

3.1 信息化

信息化作为一项普遍适用的科学技术和方法,在各领域得到人们的广泛关注和应用。随着知识经济的发展,信息技术在管理决策中发挥的作用越来越明显。传统的决策过程往往依靠决策者的个人经验,凭借直观感觉进行分析、判断,因此经常被认为是一种能力和技巧。而现如今,决策的性质和环境都发生了巨大变化,事物的组织结构更加复杂,要素的关联关系更加紧密,环境的外部影响更加综合,人们的现实需求也更为多样,传统的决策手段已难以满足当前的现实需要。尤其是对于城市这个复杂巨系统而言,其各方面的科学决策离不开信息化的有效支持。

心理学家的研究表明,在进行决策时,若要求决策者本人同时考虑10个以上的变动因素或相互矛盾的因素,或者20~80个以上的单项因素,决策者就已经感到十分困难。而在实际的城市管理活动中,决策者经常需要根据几百个,甚至几千个因素和相互关系进行决策,显然领导的个人能力、洞察力、理智和经验已远远不能满足日益复杂的管理决策需要。那种“拍脑袋”决策,“先决策后论证”以及违背客观现实的主观判断只能使城市管理决策失误频频。

今天的城市管理者如果脱离了信息化而去制定城市决策,将会产生一系列问题,包括:

- 对外部环境的变化估计不足;
- 对城市居民的需求认识不足;
- 对城市运行的状况了解不足;
- 对资源协调的能力把握不足。

与此同时,信息时代的市场是“无疆界”的市场,随时都会有新的竞争者加入;信息时代的民众也不再孤陋寡闻,他们对新政策有更高的敏感度,可以在更大的范围内选择产品和服务。

3.2 专家化

专家决策,是指专门从事某一领域工作、具有专门经验、知识和技能并达到一定专业水平的人员,为了制定新的社会政策与法规,以解决某个或某类社会问题所进行的决策。而由专家组成的、多学科顾问机构和研究团体,也称为“智库”或“智囊团”,它能够为决策者处理社会、经济、科技、军事、外交等各方面问题出谋划策,提供最佳理论、策略、方法、思想等智力支持，是影响政府决策和推动社会发展的一支重要力量。

中国现有的智库大体上可分为三类，即：官方智库、学院智库、民间智库。

官方智库：官方直属机构，比如，中央政策研究室、国务院发展研究中心、军事科学院等。

学院智库：各类高校系统，比如，北京大学、清华大学、南开大学的各类研究中心等。

民间智库：学者自发组织的研究机构，比如，布鲁金斯学会、兰德公司等，其研究成果及报告亦开始出现在政府决策高层及广大民众的面前。

当前，北京、上海、天津、深圳、武汉、杭州、哈尔滨等城市都在积极开展城市智库建设，为城市科学决策提供支撑。

此外，为了解决日益复杂的不确定型决策和风险型决策问题，由业界专家参与建设并结合数据分析技术构建的专家系统，近年来在实践中也得到广泛应用。作为支持管理人员进行决策活动的一种信息系统，它通常包括三个子系统，即信息资源系统、模拟分析系统、专家评断系统。

3.3　大众化

随着科学技术的普及和公民参与意识的提升，城市决策的主体正从个别管理者逐渐转向普通大众。无论是决策方案的提出，还是决策方案的选择，公众都在其中扮演着越来越重要的角色。

为了更好地推行大众决策理念，国内外开展了一系列社会实践探索和改革，包括：美国的 Fab Lab、欧盟的 Living Lab、中国的政务维基等。

Fab Lab(Fabrication Laboratory)：是指由美国 MIT“比特与原子研究中心”发起的一项新颖实验，通过使用户具有各类工具和相关基础知识，他们就可以自己发现科学，并成为一个几乎可以制造任何产品的小型工厂。

Living Lab：欧盟发起的，立足于本地区的工作和生活环境，以科研机构为纽带，建立开放创新社会(Open Innovation Community)，它提供了一个用户可以方便参与并积极投入设计和创新解决方案的条件与环境。

政务维基：由北京城管执法局发起，市民可将自己对城市管理的所思、所想及对身边问题的看法通过网络平台进行交流，并可主动发起城市城管政策、方案的制定和编辑，使市民真正成为城市的主人。

在全新的技术条件和社会环境下，以用户为中心、以社会实践为舞台、以共同创新和开放创新为特点的“创新 2.0”模式在城市管理决策中得到广泛认同和应用。它通过各种技术手段，让知识和创新得到共享和扩散，让所有人都参与到决策过程中来，比如，城市规划部门可以通过网络平台向公众公开征求城市规划方案，实现道路网、绿地、停车场、驿站等公共服务设施的“众规”布局。

第四章　城市计划实施

在管理学中,计划具有两重含义,其一是计划内容,是指根据组织外部环境与内部条件的分析,提出在未来一定时期内要达到的组织目标以及实现目标的方案途径。其二是计划形式,是指用文字和指标等形式所表述的,组织以及组织内不同部门和不同成员在未来一定时期内对其行动方向、内容和方式进行安排的管理文件。对于城市管理而言,无论是创新现有管理机制、改善城市面貌,还是提升城市品质,都需要我们提前做好管理计划,并按照计划推动相关工作的落地实施。

1. 城市计划实施与管理

1.1　城市计划

城市计划,是在城市决策的基础上,对未来工作的详细安排。它是城市活动有序开展的基础,也是城市管理的关键职能。在概念上,城市计划与城市规划相似,很多时候不做明确区分;但整体而言,城市计划的内涵更为广泛,更加强调计划的执行过程,如资源组织和进度安排等。

根据时间跨度的不同,城市计划可分为:长期计划(> 5 年)、中期计划(1 ~ 5 年)、短期计划(< 1 年)和临时计划。

● **长期计划**

长期计划的内容包括:科学技术发展,经济社会转型升级,能源、运输、通讯等基础设施建设,基本生产资料、工农业产品和主要消费品的生产规模扩大,产业经济结构和空间布局优化,城乡居民收入及生活水平改善,人口、人才、就业和其他城市综合要素提升等。

● **中期计划**

中期计划的内容包括:计划期经济增长速度和结构比例关系调整,固定资产投资规模、方向和主要产品产能协调,科学技术攻关项目开展,重大科技成果的推广应用和国外先进技术的引进,大中型建设项目和技术改造项目实施,重要的经济、技术政策和措施出台等。

● **短期计划**

短期计划的内容包括:工农业产品和产量变动,固定资产投资额变动,在建工程项目投入使用的具体期限变动,工资基金和主要经济效益指标变动,消费品供应与社会购买力的平衡状况变动,生产资料的供求平衡状况变动,财政、信贷、物资和劳动力的平衡状况变动等。

● **临时计划**

临时计划的内容包括:能源、电力供应的协调保障,社会公共安全的风险防范,自然和人为灾害的应急响应,人流、车流的紧急疏散,弱势群体的紧急救助等。

无论是长期、中期、短期还是临时计划,城市计划的作用主要在于:明确工作内容,保证经济效益,降低实践风险等。

1.2　计划实施

计划实施是指按照计划安排完成项目工作的一系列行为活动。影响计划实施的因素有很多,比如,项目成本、项目时间、项目期望、项目准备的完善程度、项目组的专业能力、项目组的工作态度、项目的内外部环境变化等。在多方面因素的综合影响下,为了保证项目执行的效率和效果,项目组需要充分利用现有资源和组织要素,对计划实施各环节的工作进行科学安排、统一协调和有效控制。

总体而言,计划实施需要把握好项目的工作内容、工序时间和工程质量。

● **工作内容**

作为计划实施的具体任务,它包含项目开展的各项实质性工作,具有明确的工作目的、工作范围、工作主体、工作职责、工作强度等。

● **工序时间**

作为计划实施的系统流程,它反映了项目执行过程的时间顺序,包括每一项工作的开工时间、完工时间、作业时长和不同工作间的次序关系。

● **工程质量**

作为计划实施的综合要求,它定义了项目所要达到的作业标准,涉及项目执行规范、项目落实情况、项目功能成效、项目价值体现等。

1.3　计划管理

项目内容越复杂、时间越紧凑、质量要求越高,就越需要系统、全面的计划管理。按照所涉及的领域不同,它可分为工业、农业、运输业、固定资产、物资、商业、人口、劳动、财政、信贷、科学技术、对外经贸等不同项目的计划管理;而按照关注的内容层次不同,则有宏观计划管理和微观计划管理。

计划管理的4要素,包括:目标、措施、步骤、制约因素。

计划管理目标:作为计划管理的方向,它明确了管理活动的使命和追求,并对管理活动的最终结果产生影响。没有目标的计划管理是盲目的。

计划管理措施:作为计划管理的工具,它给出了特定技术条件下管理活动开展的方式和方法。管理措施是否适当直接关系到计划实施的效力。

计划管理步骤:作为计划管理的途径,它定义了管理活动的具体操作程序,并对不同阶段的管理行为进行规定。科学、合理的步骤安排是计划管理目标实现的关键。

计划管理制约因素:作为计划管理的要求,它给出了管理活动执行过程中的各种限制性条件,包括组织行为、完成时间等。各方面制约因素决定了计划实施的风险程度。

城市计划实施不仅要建立工作计划管理制度,确保项目工作得到相关管理部门的认可与配合,而且要做好工作的分类分级,将大计划分解为小计划,形成年度计划、月度计划、项目节点计划、区域计划、部门计划、小组计划。此外,其计划管理过程还要对工作流程进行规范,明确计划管理的标准和关键把控点,确保计划实施的及时性和有效性,并做好工作成效的绩效考核,确定考核办法、评分方式、评价标准。

2. 城市计划实施常用方法

2.1 内容计划方法

内容计划是城市计划实施的核心,同时也是项目运行管理的基础。它定义了项目的总体工作范围,不在内容计划中的工作都不属于城市计划实施的内容。

工作分解结构(Work Breakdown Structure,WBS)是最常用的内容计划方法和工具。它以可交付的成果为导向对项目要素进行分组,并按照一定原则将项目内容逐层分解,每下降一层代表对项目工作的更详细定义,直到分解不下去为止。

例如:**项目→任务→工作→日常活动**

任务分解通常采用树状结构,以团队为中心,通过团队成员自上而下和自下而上的沟通,或者一对一的交流与讨论,实现工作的细化分解。在此过程中,工作内容的分解需要与主体目标的细化相结合,最底层的日常活动要对应到具体的人、时间和资源投入。

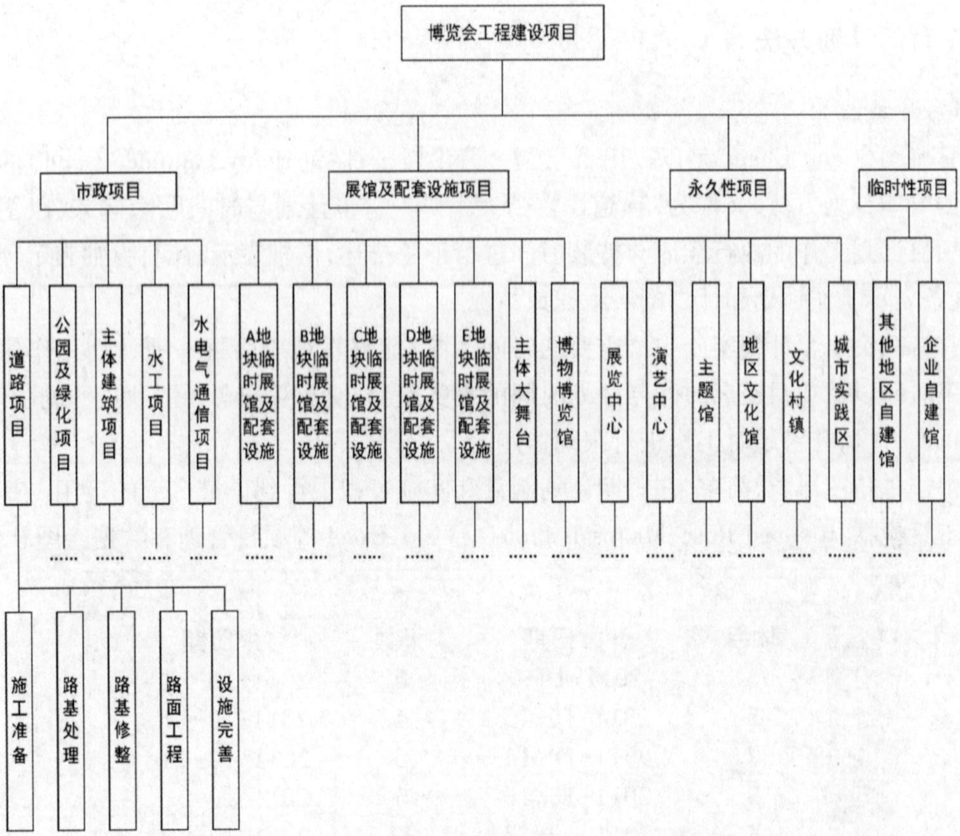

图 4－2－1　博览会工程建设项目的 WBS 工作内容分解

WBS 不仅可以对计划实施的整体思路进行有效描述，系统展现计划实施的项目全貌和工作内容，而且能够对计划实施所需完成的工作活动进行详细说明，清晰表示计划实施各项工作间的相互关系。

使用基于 WBS 的内容计划方法，可以帮助管理者：

- 理解项目目标，明确项目职责；
- 阐述项目内容，提升沟通效率；
- 估算项目工作量，分配工作任务；
- 提高成本和资源估计的准确度；
- 定义绩效测量和项目控制基准；
- 分析项目计划实施的潜在风险；
- 建立项目交付成果的可视化目录；
- 防止项目工作执行偏差和遗漏；
- 为其他项目计划实施提供参考；

……

2.2　时间计划方法

2.2.1　甘特图

甘特图(Gantt Chart)是以提出者亨利·劳伦斯·甘特(Henry Laurence Gantt)的名字命名的时间计划方法,又称为“横道图”“条状图”。它将计划与时间联系起来,以图示方式对项目计划工作的执行顺序与持续时间进行形象描述,横轴表示时间,纵轴表示项目工作,线条表示工作计划和计划的实际完成情况。

甘特图突出了计划实施中最重要的时间因素,能够直观表明每一项计划工作的进行和结束时间以及项目进展时间与计划时间的真实差异,便于管理者弄清项目的剩余任务,评估工作进度,并对超时工作进行跟踪监测。

由于甘特图形象、简单,在短期计划制订和实施过程中得到了最广泛的运用。其相关绘制工具包括:Rational Rose、Microsoft Project、Visio、Excel 等项目管理和数据绘图软件。

	A	B	C	D	E
1	项目	开始日期	天数	结束日期	
2	A	2011-10-9	5	2011-10-14	
3	B	2011-10-13	4	2011-10-17	
4	C	2011-10-14	6	2011-10-20	
5	D	2011-10-16	5	2011-10-21	
6	E	2011-10-17	11	2011-10-28	
7	F	2011-10-27	6	2011-11-2	
8	G	2011-10-31	4	2011-11-4	
9	H	2011-11-3	6	2011-11-9	

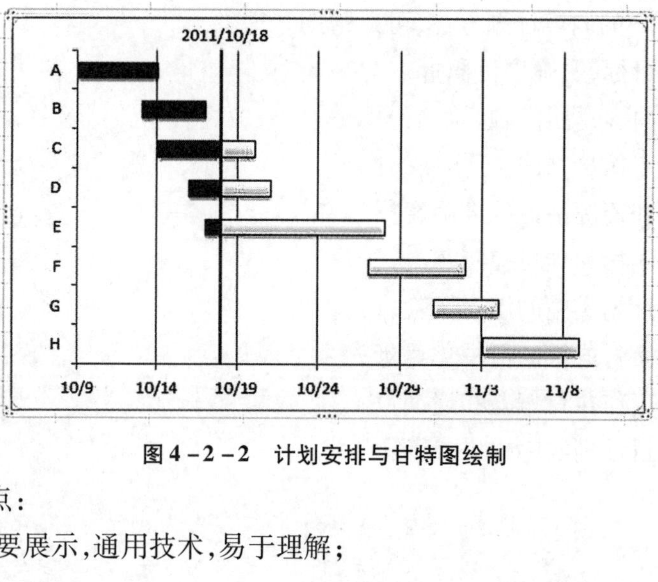

图 4-2-2　计划安排与甘特图绘制

甘特图的优点:

- 图形化概要展示,通用技术,易于理解;

- 能够很好地满足中小型项目的计划管理需要(不超过30项工作活动);
- 有专业软件支持,无须担心复杂计算和分析。

甘特图的局限:

- 主要关注计划实施的时间进程,缺乏对计划工作范围和成本的描绘;
- 如果计划实施的工作活动较多且关系复杂,甘特图难以清晰反映其内在结构。

2.2.2　网络计划法

网络计划法,又称为“计划评审技术”,是采用PERT(Program Evaluation and Review Technique)图进行项目时间计划的方法。该方法认为,计划实施所需的总时间由项目中各项活动的持续时间以及不同活动间的逻辑关系共同决定。以时间为中心,我们能够找出从开工到完工所需时间最长的关键路线;而围绕关键路线,对系统进行统筹规划、合理安排、严密控制,即可用最少的时间和资源消耗完成系统的预定计划。

其中,PERT图是一种类似于流程图的箭线图,它能够详细描绘不同项目活动的先后次序,标明每项活动的时间成本。借助PERT图,管理者可以明确各项活动之间的相互关系,确定计划实施的关键工序和关键路线。

PERT图的绘制,需要明确三个核心概念:事件、活动和关键路线。

事件(Events):表示某个项目活动的起始或结束状态,如下图中0、1、2、3等圆形节点。

活动(Activities):表示从一个事件到另一个事件之间的过程,如下图中A、B、C、D等箭头连接。

关键路线(Critical Path):关键路线表示花费时间最长的事件和活动序列,如下图中0、A、1、E、3、F、4、G、6、H、7、I、8依次连接得到的深色路线。

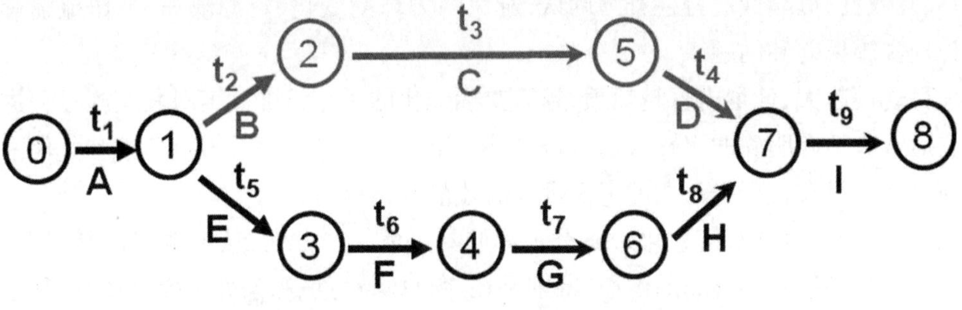

图4-2-3　时间计划PERT图示例

基于网络计划法,我们可以方便地比较不同方案在进度和成本方面的实施效果,并根据时差,改善计划实施过程,得到工期、资源与成本的综合优化方案。例如:某城市计划对中心城区进行城中村改造,通过分析可知,关键线路中“土地征收—>房屋拆迁—>住房与基础设施建设”的活动序列相对于其并行工序“建设项目招标—>住房与基础设施建设”具有明显时差,是计划实施方案改善的关注焦点。

表 4-2-1 城中村改造项目计划表

活动	期望时长	事件	前序事件
情况调查	30	1	0
控制性详细规划	40	2	1
土地征收	30	3	2
房屋拆除	30	4	3
建设项目招标	20	5	2
住房与基础设施建设	200	6	4、5
原住民迁入	30	7	6

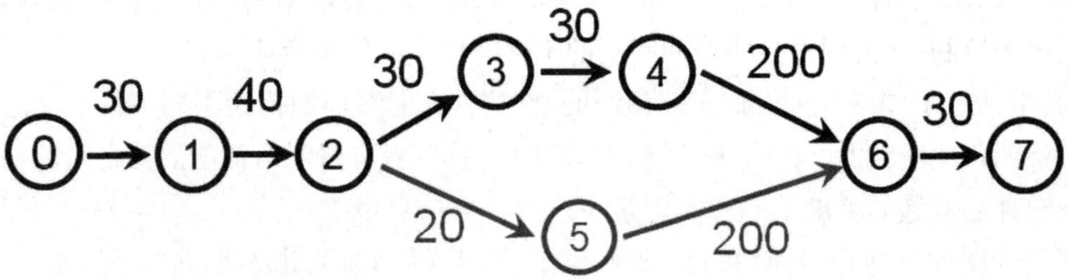

图 4-2-4 城中村改造项目 PERT 图

2.3 质量计划方法

2.3.1 工作核准

为了保证项目的各项工作按计划执行，确保计划实施的质量，我们需要建立相应工作核准制度，即：有一套事先确定的项目活动审核、批准程序，在每一项活动执行之前，对其合理性、有效性、可靠性进行检查与确认，避免因为环境变化、资源缺失、工作疏漏等原因产生计划实施偏差和问题。

项目规模越大，计划内容越烦琐，越需要标准化的工作核准制度对其实施过程进行约束。它通常包括有明确的审核人员、审核权限、审核规则以及相关审核表格和其他书面文件。项目活动只有在获得正式的书面批准后才能开始执行。

在工作核准过程中，信息化始终扮演着重要角色。一方面，从申请到审批，项目所有相关人员之间必须保持顺畅的沟通，特别是在项目执行环境和条件发生变化时，其信息交流的效率和效果将直接影响计划实施的质量；另一方面，只有基于完整、清晰、准确的项目状态信息，审核人员才能对项目的实际执行情况进行有效判断，并给出明确的审核意见。

此外，在计划实施之前，项目组还有必要投入一定的时间和精力对相关工作人员进行宣传、说服与动员，营造有利于工作核准制度施行的气氛和环境，即进行计划实施准备。管理人员需要对项目计划进行核实，确认其内容是否完整、合理、现实、可行，其所需资源是否有保证；审核人员的审核权力也需要得到项目参与者的普遍认同和支持。

2.3.2 绩效考核

绩效考核(Performance Examine),是指考核主体对照项目工作目标和绩效标准,采用科学的考核方式,对工作人员的任务完成情况、职责履行程度和能力发展水平进行综合评定,并且将评定结果反馈给工作人员的过程。它与计划工作的实际产出直接相关,是一种面向结果的计划管理手段。

在计划实施过程中,关键绩效指标(Key Performance Indicator, KPI)是最常见的绩效考核方法。它通过对输入、输出端的关键参数进行设置、取样、计算、分析,实现项目工作绩效表现的目标式量化管理。常用的考核指标则包括:质量、数量、时效、成本、他人反应等。其考核内容与项目的具体工作任务密切相关,考核结果受到外部环境和工作人员的知识、能力、经验、心态等多方面因素影响。

整体而言,计划实施的绩效考核量表通常包括 6 大维度,即:工作效率、工作质量、工作责任心、自发创新、工作能力和工作热情。

基于特定的考核量表,其绩效考核的一般程序包括以下 4 个阶段:

(1)准备阶段,对绩效考核目标进行设定,满足简洁性、挑战性、一致性条件;

(2)实施阶段,通过工作表现、工作日志、工作周志对项目计划实施状况进行考核;

(3)反馈阶段,对考核结果进行分析,形成业绩改进计划;

(4)运用阶段,对考核问题进行总结,修正考核标准、程序和内容。

3. 城市计划实施应用趋势

3.1 动态管理

由于各种原因,项目在执行过程中经常会出现偏离原有计划的情况,因此我们有必要动态跟踪计划的执行过程,及时发现问题,修正偏差。

滚动计划法是一种定期修订未来计划的方法。它不像静态计划那样,必须等计划全部执行完成后再重新编制下一时期的计划实施方案,而是在每次计划编制或调整时,均将计划按时间顺序向前推进一个周期,即向前滚动一次,按照新修订的计划方案进行工作。以“计划的变”主动适应“环境的变”,做到“以变应变”。

滚动计划的具体做法是:

- 在制订计划实施方案时,遵循“远粗近细”的原则,同时制订未来若干期计划;
- 当近期计划执行完成后,根据实际执行情况和环境变化,对计划进行修正和细化;
- 计划修正完成后,将整个计划向前移动一个阶段,对下一阶段的工作任务进行落实；

- 根据上述原则逐期向前移动，把近期的详细计划和远期的粗略计划结合在一起。

其中，滚动间隔期的选择，需要适应城市管理的具体情况。如果滚动间隔期偏短，则计划调整较频繁，虽然有助于提升计划的现实适应性，但同时也降低了计划本身的严肃性。因此，经济发展比较稳定的大城市通常宜采用较长的滚动间隔期，而经济环境不太稳定的中小型城市则可以考虑采用较短的间隔期。

图 4-3-1 年度滚动计划法

3.2 应急管理

应急管理是指面对城市突发事件（如：自然灾害、重特大事故、环境公害及人为破坏等），所开展的应急指挥、调度、救援等工作。它一般需要建立完善的应急组织管理指挥系统，强有力的应急工程救援保障体系，综合协调、应对自如的相互支持系统，充分备灾的保障供应体系，以及综合救援应急队伍等。

作为一类特殊的城市计划，城市预案是针对城市灾害事故和重大突发事件而提前制定的紧急处理方案。它包括执行主体、评判标准、资源调配、应急工序等内容。

执行主体：应急管理方案实施的具体部门。

评判标准：应急管理方案实施的分级设置，比如，一级响应、二级响应、三级响应。

资源调配：应急管理方案实施所能够调配的人力、物力。

应急工序：应急管理方案实施的具体措施和流程。

城市应急管理方案的实施，通常包括 3 方面内容，即：预测与预警、应急处置、恢复与重建。

- **预测与预警**

根据预测分析结果，相关部门需要对可能发生的突发公共事件进行及时预警。预警级别通常划分为四级，依据突发公共事件可能造成的危害程度、紧急程度和发展势态，可分别用红色、橙色、黄色和蓝色表示。预警信息包括突发公共事件的类别、预警级别、起始时间、可能影响范围、警示事项、应采取的措施和发布机关等。其信息的发布、调整和解除可通过广播、电视、报刊、通信、信息网络、警报器、宣传车或组织人员逐户通知等方式进行，对老、幼、病、残、孕等特殊人群以及学校等特殊场所和警报盲区应当采取有针对性的公告方式。我国城市管理部门针对各种可能发生的突发公共事件，正在努力完善预测预警机制，建立预测预警系统，开展风险分析，做到早发现、早报告、早处置。

- **应急处置**

首先是信息报告，突发公共事件发生后，要立即报告，通报有关地区和部门，最迟不得超过 4 小时，并在应急处置过程中及时续报有关情况；其次是先期处置，发生突发公共事件，在紧急向国家报告信息的同时，要根据职责和规定的权限启动相关应急预案，及时、有效地进行处置，控制事态发展；再次是应急响应，对于先期处置未能有效控制的特别重大突发公共事件，应急指挥机构要及时启动相关预案，负责现场的应急处置工作；最后是应急结束阶段，即突发公共事件应急处置工作结束，或相关危险因素消除后，现场应急指挥机构予以撤销。

- **恢复与重建**

一方面，积极稳妥、深入细致地做好善后处置工作，对突发公共事件中的伤亡人员、应急处置工作人员以及紧急调集、征用有关单位及个人的物资，按照规定给予抚恤、补助或补偿，并提供心理及司法援助，有关部门做好疫病防治和环境污染消除工作，保险监管机构督促有关保险机构及时做好有关单位和个人损失的理赔工作；另一方面，对特别重大突发公共事件的起因、性质、影响、责任、经验教训和恢复重建等问题进行调查评估；此外，需要根据受灾地区恢复重建计划，组织实施恢复重建工作；同时，要在突发公共事件发生的第一时间向社会发布简要信息，随后发布初步核实情况、政府应对措施和公众防范措施等，并根据事件处置情况做好后续发布工作。

信息化是应急管理的关键。首先，应急管理的评判过程涉及诸多因素，其应急响应等级的确定需要基于各项因素的实时状态信息；其次，应急管理的资源调配往往跨区域、跨部门，其相关主体间的通力协作有赖于信息化平台的底层支撑；再次，应急管理计划的有效实施对于信息的时效性有较高要求，其各方面工作的开展需要根据事态发展进行“动态管理”。

第五章　城市发展预测

城市的发展水平反映了整个社会的繁荣、文明程度。然而，不同城市具有不同的空间结构、产业结构、人口结构和文化背景，并由此产生了差异化的发展路径和结果，例如：中心城市，基于其特有的区位优势，城市规模不断扩展，常住人口日益增多；资源型城市，随着自然资源的持续开发，产业经济面临转型压力、人口外流明显；旅游城市，其地方产业发展与宏观经济环境密切相关，人口流动性较大。为了实现地区的稳定、健康、高效成长，我们有必要对各城市的发展状况进行预测判断，以指导其产业经济政策制定和生活服务配套建设。

1. 城市发展与发展预测

1.1　城市发展

发展是指事物从诞生那一刻开始的一个不断变化更新的过程。它既有“量”的变化，又有“质”的变化；既有正向的变化，也有负向的变化。而城市发展，则是在政府、企业和社会的共同作用下，其城区范围内政治、经济、社会、文化、环境的综合演变过程。

在工业化基础上，产业经济的规模集聚为城市发展注入了强劲动力。它既表现为城市数量和规模的增长，即城镇化水平的提升，也表现为城市功能和服务的改善，即现代化水平的提高。然而，当城市经济正向变化时，其社会、文化、环境也可能会呈现负向变化。因此，城市发展越来越强调健康、高效和可持续性。

在宏观层面，城市发展有一系列可供参考的经典理论。

城市经济理论：城市经济活动包括“基本经济活动”和“非基本经济活动”，前者为城市以外的地区服务，是城市发展的主要动力，后者为城市本身服务，满足本市的生产、生活需要。

城市进化理论：城市发展会经历城市化、郊区化、逆城市化和再城市化多个阶段，在此过程中,人口不断迁移,逐渐从“绝对集中”“相对集中”演变为“相对分散”和“绝对分散”。

增长极核理论:区域发展是不均衡的,城市是区域的核心,它通过支配效应、乘数效应、极化效应和扩散效应,推动整个区域的经济增长和社会发展,并最终使区域经济趋于平衡。

交通通信理论:城市发展源于人们的社会交往和商品交易活动,而交通、通信设施则能够为人类的跨空间移动和相互作用提供有效媒介,其便利程度决定了城市发展的机会大小。

人文生态学理论:“互相竞争”和“相互依靠”是促进城市社会空间关系形成和发展的重要因素,前者在追求效率的同时使社会分工得到细化,后者则使社会紧密团结并集聚在一起。

经济全球化理论:在经济全球化背景下,城市发展受到国际经济环境的影响日益显著,要素的全球流动、资源的全球配置、制度的扩展和整合,使得城市的产业结构发生巨大改变。

然而,在微观层面,每个城市、区县、街道和社区的发展都具有其自身特点。

1.2　发展预测

发展预测,是根据客观对象的已知信息对事物在未来某个时间段的特征和状态变化进行估计和测算的行为活动。具体说来,就是人们根据事物过去发展变化的客观过程和某些规律,以及事物运动和变化的实际状况,运用各种定性和定量分析方法,对其未来可能出现的趋势和可能达到的水平进行科学推测。它作为一种重要的认知活动,很早就存在于人类社会的生产实践中,并随着生产力和生产关系的改变而不断完善。

发展预测与其他学科,诸如:经济学、数学、系统工程学、统计学、电子计算机技术等,都有着密切的关系。预测分析的很多理论是这些学科理论的应用、延伸和发展,其方法也大多是借助于其他学科早已成熟的理论成果。

整体而言,发展预测的方法主要包括两种类型:定性预测、定量预测。

- **定性预测**

定性预测,又称为“主观预测”,主要依靠知识、经验的综合分析,根据已经掌握的历史资料和直观材料,对事物的未来发展趋势做出性质和程度上的判断,进而得出统一、综合的预测结论。其优点是:简单明了,不需要通过数据采集和复杂的数学公式计算得到。

- **定量预测**

定量预测,又称为“数学预测”或“统计预测”,主要根据已掌握的历史统计数据,运用一定的数学方法进行科学加工和整理,借以揭示有关变量之间的规律性联系,用于预测和推测未来发展变化情况的一类预测方法。其优点是:预测更精确,主观因素所起的作用小。

在实际工作中,可根据情况选择恰当的方法,亦可多种方法同时运用,定性与定量相结合,分析与计算相结合,互相印证和补充。

2. 城市发展预测常用方法

2.1 定性预测方法

2.1.1 对比类推法

对比类推法,又称为“类比法”,是利用事物之间的某种相似特点,把先行事物的表现过程类推到后继事物上去,从而对后继事物的前景做出预测的一种方法。其基本思想是:不同空间的同类事物,或不同时间的同一事物,具有统一的发展规律。

对比类推是一种或然性推理,当其前提条件为“真”时,结论未必一定为“真”。要提高结论的可靠性程度,就需要尽可能地确认对象间的相同点。相同点越多,二者的关联度就越大,结论的可靠性程度也越强;反之,结论的可靠性程度则越弱。此外,需要注意的是,对比类推的前提条件需要带有本质性。如果将某个对象的特有情况或偶然情况类推到另一对象上,就会出现“类比不当”或“机械类比”的错误。

与其他预测方法相比,对比类推法属于平行式分析方法,即:类比对象不是部分对整体的关系,也不是整体对部分的关系,而是平行并列的关系,两者必须在同一层次。而类比的关键在于目标对象属性特征的归纳与比较。

根据类比对象的不同,对比类推法可分为:个别性类比、特殊性类比和普遍性类比。

● **个别性类比**

作为对比类推法中最原始、最简单、最常用的方法,它是以某个别对象为前提,推出另一个别对象相关结论的推理过程,例如:某个城市餐饮服务业发展较好,我们可以推出同一类型的另一个城市的餐饮服务业也具有较好的发展前景。

● **特殊性类比**

它是从已知的某种类型的部分对象具有或不具有某情况,推出该类型另一部分对象也具有或不具有此情况的推理过程,例如:经济发展水平较高的大城市普遍存在着严重的交通拥堵问题,我们可以推出其他大城市也会随着经济社会发展逐渐面临交通拥堵的困境。

● **普遍性类比**

它是从已知的某类型所有对象都具有或不具有某种情况,推出另一类型所有对象也具有或不具有此情况的推理过程，例如：西方发达国家的城市人口增长符合S型曲线，我们可以推出中国的城市人口也将依次经历“缓慢增长”“快速增长”“平缓增长”的变化过程。

此外，从不同角度，对比类推的判定过程也可以有多种分类：

- 根据判定方式的不同，可分为肯定式类比、否定式类比、肯定否定式类比；
- 根据判定内容的不同，可分为性质类比、关系类比、条件类比；
- 根据判定方向的不同，可分为单向类比、双向类比、多向类比；
- 根据判定程度的不同，可分为完全类比、不完全类比。

对比类推法简单易行，具有一定的科学性，但缺点是：强调共性，忽略差异。

2.1.2　预兆预测法

预兆预测是通过调查预测对象前兆现象的变化情况，推断其发展前景的预测方法。

各种事物之间的相互联系，有时表现为变动时间上的先后顺序，即当一种现象发生变化后，另一种现象随之发生变化。因此，人们可凭借多年经验，由前趋现象的出现推断后继现象的发生。而使用预兆预测法，关键则在于准确地掌握后继现象和前趋现象之间的联系，并调查清楚前趋现象的变化情况。

常见的预兆预测类型有：基于理论指导的因果传递、基于经验判断的关联传递。

常见的预兆预测方式有：以形势变化为主的事件传递、以指标变化为主的质量转化。

具体而言，其后继现象与前趋现象间的联系主要表现为以下形式：

- 甲的出现是乙出现的条件；
- 甲转变为乙；
- 甲释放出乙，或乙吸收甲；
- 根据某种理论与知识，从甲可以推出乙。

在理解事物之间的这种相随关系时，要注意分析现象间的内在联系，尽可能排除各方面偶然性因素的影响。只知道不同事件相继发生，并不能分析出它们之间有何内在联系；事件相继发生的再现率和外部环境是其中的关键因素。

预兆预测法简单易行，但缺点是：只能大致预测，无法准确描述。

2.1.3　意见交换法

意见交换法是依靠专家群体的经验和智慧对事物进行分析、思考和综合判断的预测方法。它一般通过座谈讨论等方式对不同专家的意见进行收集、交换和汇总，是一种对于未来发展变化趋势的集体预测。

意见交换法的本质是以个人直接判断为基础，通过多人交流与讨论，实现预测的集思广益、相互启发和补充。该方法较好地克服了个人直观判断的局限性，能够有效提高预测结果的准确度，多用于城市发展的宏观分析和探讨，比如，城市产业生命周期预测、城市经济发展趋势预测、城市空间格局演变预测等。

具体而言，其一般步骤为：

(1)由预测主持者根据需要,向参与预测的相关人员提出预测的基本要求;

(2)参与预测的人员进行调查研究,提出各自的预测意见;

(3)由预测主持者召开会议,集中讨论,得出预测结果。

2.1.4 德尔菲法

德尔菲法(Delphi),也称为"专家调查法",是一种反馈匿名函询方法,其大致流程是在对所要预测的问题征得专家意见之后,进行整理、归纳、统计,再匿名反馈给各专家,再次征求意见,再集中,再反馈,直至得到一致的意见。

Delphi 实际是一处古希腊城市,在城中有一座阿波罗神殿,阿波罗是传说中的预测神,众神每年集会于 Delphi 城以预测未来。德尔菲法最早出现于 20 世纪 50 年代末,当时美国为了预测在其"遭受原子弹轰炸后,可能出现的结果"而发明的一种方法。1964 年美国兰德(RAND)公司发表了"长远预测研究报告",首次将德尔菲法用于技术预测,以后便迅速地应用于美国和其他国家。德尔菲法在长远规划者和决策者心目中享有很高的威望,几乎可以用于任何领域的预测,如军事预测、人口预测、医疗保健预测、经营和需求预测、教育预测等。

该方法是由管理部门组成一个专门的预测机构,其中包括若干专家和预测组织者,按照规定的程序,背靠背地征询专家对未来市场的意见或者判断,并在此基础上进行预测的方法。它有三个明显区别于其他专家预测方法的特点,即:匿名性、多轮反馈、结果统计。

- **匿名性**

匿名性是德尔菲法极其重要的特点,它可以消除权威的影响。从事预测的专家不直接见面,只是通过函件发表意见和接收信息,在完全匿名的情况下交流思想,彼此互不知道其他有哪些人参加预测。

- **多轮反馈**

德尔菲法的预测过程一般需要经过 3~4 轮的函询和信息反馈。在每一轮函询时,组织者除了向专家提出问题并获得答复外,还有责任向专家提供上一轮函询调查的结果信息,这是专家们思想交流的唯一途径。

- **结果统计**

在得到函询调查结果后,德尔菲法还需要对不同专家的意见进行汇总、综合。采用统计学方法,一方面,可以对结果的集中程度和差异大小进行计算,以判断专家意见的一致性;另一方面,还可以根据专家的权威性和对问题的熟悉程度对调查结果进行加权求和,以获得预测结果的期望值或期望范围。

2.2 定量预测方法

2.2.1 时间序列法

时间序列法,又称为"趋势外推法"或"动态序列法",它将历史数据按照时间顺序排列，并根据时间序列所反映出的发展过程、方向和趋势，将数据外推或延伸，以预测经济、社会现象未来可能达到的水平。

时间序列，也称为“时间数列”或“动态数列”，是将某种统计指标的数值，按时间先后顺序排列所形成的数列。时间序列中，每个观察值的大小是影响变化的各种因素在同一时刻发生作用的综合结果。从这些影响因素发生作用的大小和方向特性来看，时间序列的数据变化主要分为四种类型，即：水平序列、季节性序列、直线趋势型序列、曲线趋势型序列。

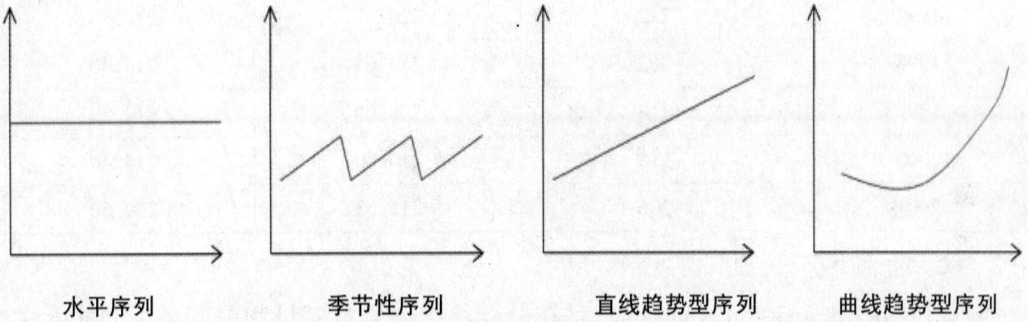

图 5－2－1　时间序列数据的变化类型

时间序列法适用于对连续变化的事物进行预测，平稳性和准平稳性是采用时间序列法进行趋势分析的基础。相比于平稳性，准平稳性是指经过某种数据处理后（如：多次差分运算），其时间序列能够变平稳的属性，比如，季节性序列可通过周期性修正转化为平稳的水平序列。

采用时间序列法进行发展预测，其一般步骤包括：

(1)收集和整理某种经济社会现象的历史数据资料；

(2)对这些数据资料进行检查鉴别，组成时间数列；

(3)对时间数列进行分析，从中寻找经济社会现象随时间变化的规律；

(4)根据时间序列的变化规律，对经济社会现象的未来情况进行预测。

该方法不仅要求有若干年的历史数据资料，而且这些数据资料的时间序列要能够表现出较强的规律性。但实际上，由于受到各方面偶然性因素影响，大多数历史数据的变化都不太规则。利用这些数据进行预测分析时，需要通过算术平均、加权平均和指数平均等方法消除时间序列中的随机误差，提高预测结果的准确性。

例如：某城市 1992—2001 年的人均粮食需求量如下表所示，假设该城市的粮食需求年度变化不大，可采用移动平均法预测 2002 年的人均粮食需求量。当移动平均数 $N=3$ 时，结果为 211.33；当移动平均数 $N=5$ 时，结果为 209.60。

表 5-2-1　某城市 1992—2001 年人均粮食需求量

年份	粮食需求	移动平均数 $N=3$	移动平均数 $N=5$
1992	206	—	—
1993	214	—	—
1994	208	209.33	—
1995	220	214.00	—
1996	230	219.33	215.60
1997	212	220.67	216.80
1998	202	214.67	214.40
1999	210	208.00	214.80
2000	218	210.00	214.40
2001	206	211.33	209.60

2.2.2　回归分析法

回归分析法(Regression Analysis),是在分析外部现象自变量和因变量之间相互关系的基础上,建立变量之间的回归方程,并将回归方程作为预测模型,根据自变量在预测期的数量变化来预测因变量变化的分析方法。

在所有回归分析模型中,必须有一个变量为时间变量。依据自变量个数的不同,回归分析方法可分为:一元回归分析法和多元回归分析法。前者的自变量只有一个,后者的自变量有两个或两个以上。而依据自变量和因变量之间相互关系的不同,回归分析方法则可分为:线性回归分析法和非线性回归分析法。

无论是采用哪种回归分析方法,其分析过程整体上包括 5 个方面内容,即:变量确定、模型建立、相关分析、模型检验、预测计算。

变量确定:明确预测的具体对象,将其作为因变量,比如,预测对象是下一年度的发展状况,那么发展指数 Y 就是因变量;然后,通过数据调查和资料查阅,寻找与预测对象相关的影响因素,并从中选取主要因素 X,作为自变量。

模型建立:对自变量 X(影响因素)和因变量 Y(预测对象)的历史数据资料进行整理,依据特定理论、经验和变量之间的数理逻辑,建立回归分析方程 $f(X)$,并将其作为预测模型。

相关分析:对历史数据资料进行分析,确定自变量 X 和因变量 Y 之间的数量关系,并通过最小二乘法(Ordinary Least Square, OLS)进行回归计算,得到预测模型的各项参数。

模型检验:回归分析方法的有效性取决于预测模型的误差大小,通过统计检验方法对回归方程 $f(X)$ 进行判别,只有当其误差在可接受范围内时,才能用于对未来状态进行预测。

预测计算：根据预测目标，利用回归预测模型计算未来特定状态 X_t 下的预测值 Y_t，并对预测值进行综合分析，从而获得最终的预测结果。

例如：某城市从 1999 年到 2008 年的税收总额（单位：亿元）如下表所示，则可用线性回归分析法预测 2009 年的税收总额（计算结果保留小数点后两位）。

表 5－2－2　某城市 1999 年到 2008 年的税收额

年份	2000	2001	2002	2003	2004	2005	2006	2007	2008
税收额	40	50	60	70	70	70	80	80	90

（1）因变量为：税收总额 y

自变量为：年份 x（假设 2000 年为零点）

（2）建立线性预测模型：$y = a \cdot x + C$

（3）对历史数据进行分析计算，得到预测模型参数：a = 5.50，C = 45.78

（4）对模型进行统计检验，可知：$R^2 = 0.93$，预测误差可接受

（5）利用模型进行预测计算，2009 年的税收总额为：95.28 亿元

2.2.3　Box-Jenkins 方法

Box-Jenkins 方法，又称为自回归整合移动平均法（Auto-regressive Integrated Moving Average，ARIMA），是时间序列分析中较为常用的一种方法。它将预测对象随时间推移而形成的数据集视为一个随机序列，用一定的数学模型来近似描述这个序列，并在此基础上对未来的发展变化进行预测。该方法认为：数据序列是依赖于时间 t 的一组随机变量，除去偶然因素引起的个别序列值变化以外，整个序列的变化呈现一定的规律性。

ARIMA 模型由三个部分组成：差分模型（Integrated）、自回归模型（Auto-regressive，AR）、移动平均模型（Moving Average，MA）。

● **差分模型**

因为时间序列分析要求数据具有平稳性，不平稳的数据序列需要通过一定的手段转化为平稳序列，一般采用的手段是"差分"。通过适当的差分，可以将数据中带有趋势的（Trend），带有季节性的（Seasonal）和带有业务场景周期性（Domain Cycle）的规律一层一层地从数据中抽取出来，使原序列成为平稳序列。差分模型有一个参数 d，表示差分的阶数。t 时刻的值减去 $t-1$ 时刻的值，得到新的时间序列称为 1 阶差分序列；1 阶差分序列进一步差分得到的序列称为 2 阶差分序列，以此类推，d 阶差分序列是经过 d 次差分得到的序列。另外，还有一种特殊的差分是季节性差分，即一些时间序列反映出一定的周期 T，即让 t 时刻的值减去 $t-T$ 时刻的值得到的差分序列。

● **自回归模型**

当前时间点的值可通过过去若干个时间点的值回归得到。因为不依赖于别的解释变量，只依赖于自己过去的历史值，故称为自回归。该模型有一个参数 p，称为阶数 p，表示

当前值依赖于过去最近的 p 个历史值，记为 AR(p)，可描述为以下通用表达式：

$$y_t = \mu + \sum_{i=1}^{p} r_i y_{t-i} + \varepsilon_t$$

式中，y_t表示 t 时刻的当前值，y_{t-i}表示过去 $t-i$ 时刻的历史值，r_i为过去 $t-i$ 时刻历史值的自相关系数，μ 为常数项，ε_t为误差值。

● **移动平均模型**

当前时间点的值可通过过去若干个时间点的预测误差回归得到。预测误差，即模型预测值与真实值的差值。该模型有一个参数 q，称为阶数 q，表示当前值依赖于过去最近的 q 个历史预测误差，记为 MA(q)模型，可描述为以下通用表达式：

$$y_t = \mu + \varepsilon_t + \sum_{i=1}^{q} \theta_i \varepsilon_{t-i}$$

式中，y_t表示 t 时刻的当前值，ε_t为 t 时刻的误差值，ε_{t-j}为过去 $t-j$ 时刻的误差值，θ_j为过去 $t-j$ 时刻误差值的权重系数，μ 为常数项。

将自回归模型和移动平均模型相结合，则可得到自回归移动平均模型（Auto-regressive Moving Average, ARMA），其一般表达式为：

$$y_t = \mu + \sum_{i=1}^{p} r_i y_{t-i} + \varepsilon_t + \sum_{j=1}^{q} \theta_j \varepsilon_{t-j}$$

使用 Box-Jenkins 方法进行发展预测，其基本流程包括 5 个步骤：

(1)根据时间序列的散点图，或通过扩展迪基－福勒（Augmented Dickey-Fuller, ADF）的单位根检验，对序列的平稳性进行判断，如果数据序列是非平稳的，并存在一定的增长或下降趋势，则对数据进行差分处理，直到处理后的数据的自相关函数值和偏相关函数值无显著地异于零，得到参数 d；

(2)根据自相关函数（Auto-correlation Function, ACF）和偏自相关函数（Partial Auto-correlation Function, PACF）图的拖尾和截尾状态，或通过赤池信息准则（Akaike Information Criterion, AIC）和贝叶斯信息准则（Bayesian Information Criterion, BIC）定阶法，确定自相关阶数 p 和移动平均阶数 q；

(3)利用最小二乘法对差分数据序列进行回归，计算各项自相关系数 r_i和误差值权重系数 θ_j，并在此基础上建立预测模型；

(4)对所得到的模型进行假设检验，判断其残差序列是否为白噪声，若残差序列不是白噪声，则需要从第(2)步开始对模型进行重新拟合；

(5)利用已通过检验的模型进行预测分析，依次得到 $t+1$, $t+2$, …时刻的预测值。

3. 城市发展预测应用趋势

3.1　大数据预测

大数据预测是大数据最核心的应用之一。它把一个困难的预测问题,转化为一个相对简单的描述问题,这是小数据集分析所无法企及的。相比于传统预测方法,其本质在于为预测分析提供更加全面、及时、相关的信息支持。

● **全覆盖**

在小数据时代,由于缺乏获取全样本数据的技术手段,人们发明了“随机调查”的方法。理论上,样本抽取越随机,其数据就越能反映整体情况。但抽样数据实际上并不等同于全体样本,其数据分析必然存在一定的系统性偏差。为了保证预测结果的准确性,我们需要尽可能地提高样本数据规模。而随着物联网、云计算和移动互联网等技术手段的广泛应用,获取足够大的样本数据乃至全体数据,都变得越来越容易。

● **高效率**

传统预测方法大多以小样本数据为基础进行分析计算。为了避免数据的抽样偏差被放大,其数据收集和判断需要满足一系列条件,计算过程耗时耗力。相比之下,在大数据时代,数据的获取和计算都更为容易。以大数据为基础,对城市发展的轮廓和脉络进行大致判断,很多时候要比严格、精确的数据分析来得重要。Google 的人工智能专家彼得诺维格(Peter Norvig)曾表示:大数据基础上的简单算法比小数据基础上的复杂算法更加有效。

● **强相关**

大数据预测不同于传统意义上的逻辑推理,它可以在不知道事物因果关系的情况下,利用统计学的搜索、比较和聚类分析算法,从巨量数据集中找出隐含的变量关系和变量取值规律,并据此对事物的未来发展进行预测。如果一件事发生了,另外一件事也大概率会发生,这称之为“强相关”,反之则称为“弱相关”。大数据预测未来的能力就在于这种相关性强弱的判定之中。利用相关关系,人们不需要找到原因,就能做出可靠预测。

影响城市未来发展的因素很多,采用大数据方法可以大幅提高预测结果的准确性。其典型案例包括:Google 利用网络搜索大数据成功预测 2009 冬季流感的城市传播;阿里集团根据电商交易信息成功预测 2008 年经济危机的到来和 2010 年外贸销售的回暖;经济学家利用社交媒体大数据分析社会大众的投资情绪,进而预测地区经济发展走势。

3.2 情景模拟预测

情景模拟预测方法，也称为“脚本法”“前景分析预测法”，它是在假定某种现象或趋势持续到未来的前提下，对预测对象可能出现的情况或引起的后果进行分析、判断的方法。该方法以推测为基础，通过一系列连续假定，对未来世界进行全面、连续的描述。这种描述是对预测对象未来发展的种种设想和预计，既可以由一些高度主观性的语句构成，也可以是复杂过程的动态模拟。

具体而言，情景模拟预测方法将研究对象分为主题和环境两部分。它通过对环境的研究，识别影响主题发展的外部因素，并在此基础上提出各种合理假设，对未来进行较为严谨、具体的描述和推断，模拟外部因素的多种交叉变化情况，进而阐述和揣度事件在不同情景下的演变过程和结果。

该方法主要用于城市的宏观预测，在城市规划、能源分析和土地利用等领域中有着广泛应用。其核心在于各方面因素相互关系和作用机理的理解与建模。然而，模型的不确定性使得准确预测的难度依然较大。一方面，预测对象本身存在诸多不确定因素；另一方面，研究人员对预测对象的了解也往往不够充分。

相比于其他方法，情景模拟预测具有以下优势：

- 使用范围广泛，不受任何假设条件的限制，只要是对未来的分析预测，均可使用；
- 考虑到将来出现的各种状况，将所有可能的前景展示出来，有利于决策者分析探讨；
- 定性与定量相结合，明确影响未来发展的各种因素，对未来前景进行细致描述；
- 通过情景模拟，及时发现未来可能出现的难题，以便采取行动消除或减轻影响。

第六章　城市运行控制

城市规划、建设最终是为了服务城市经济、社会的运行发展。各类城市设施和系统只有在投入运行后才能真正发挥其功能，提升城市居民的居住生活品质。如果说城市规划是一种专业设计及地方立法行为，城市建设是一种以质量竞争、成本竞争和技术竞争为主要手段的市场经济行为，城市运行则是政府、市场和社会围绕城市公共产品提供、公共服务供给、公共秩序维护所采取的一系列经营管理行为。在各要素的相互影响和动态作用下，城市的高效、可靠运行离不开及时、精准、科学的管控。

1. 城市运行管理与控制

1.1　城市运行管理

城市运行管理，是指维持城市功能系统正常运转的所有公共管理活动的总称。现代城市系统的复杂性决定了城市运行管理工作的复杂性。在参与角色上，它包括政府、企业和社会多元主体；在运行层次上，它涉及城市、区县、街道、社区、网格等多个层次；在专业维度上，它涵盖市政基础设施管理、环境卫生管理、园林绿化管理、公共事业管理、公共安全管理、交通管理、能源管理、经济管理等多个子系统。

市政基础设施管理，也称为市政工程管理，主要负责城市市政道路及附属路灯、排水、人行过街天桥（隧道）等市政公用基础设施的维护管理。

环境卫生管理，主要负责城市市政道路的清扫保洁，生活垃圾和建筑垃圾的收集、运输及处理，以及环卫公厕的卫生管理工作。

园林绿化管理，主要负责城市公共绿地、林地、公园、苗圃等地的建设、养护和管理，以及行政区域内古树名木的维护管理。

公共事业管理，主要负责城市教育、科技、文化、卫生、体育等关系到全体市民生活质量和公共利益的相关事务管理及服务供给。

公共安全管理，主要负责维护城市的基本公共秩序，保障市民的人身财产安全、社会的公共财产安全和社会活动的正常进行。

交通管理，主要负责城市道路环境（道路、停车场、加油站、地铁、机场等）和车辆、行人、货物运输的组织、协调与管理。

能源管理，主要负责城市能源（电力、燃气等）生产、分配、转换和消耗全过程的计划、组织、检查、调整和监督管理。

经济管理，主要负责城市生产经营各环节的计划、组织、指挥、协调以及各部门、各企业社会经济活动的监督管理。

其中，GBCP模型，作为北京市信息化城市管理系统建设的理论指导框架，很好地诠释了城市运行管理的多维度、多层次、多要素互动关系。模型以P（Public Facilities, Environment, Service）为内部核心点，以G（Government）、B（Business）、C（Citizen and Community）为外围端点，建立了一个和谐的三角结构。政府、企业、市民三方面主体，围绕公共设施、环境、服务的提供，开展处置、服务、监督等一系列城市管理工作。

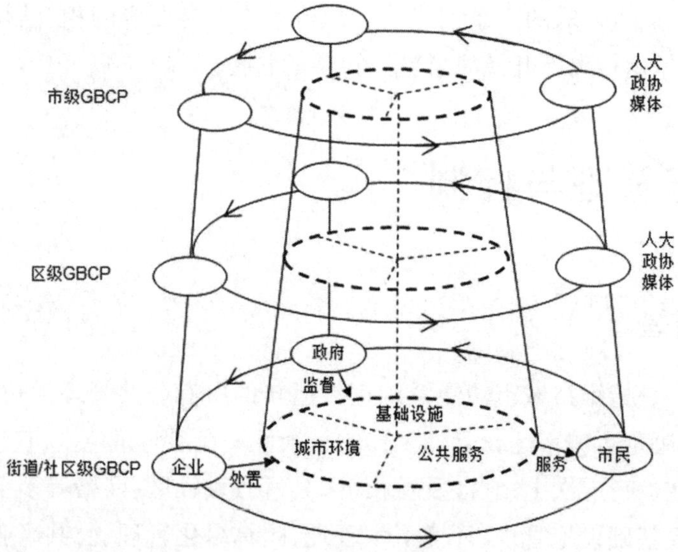

图6-1-1　城市运行管理的GBCP模型

1.2　运行控制

运行控制，是为了改善或维持某个或某些对象的功能运行及发展，而采取的信息收集和过程调整工作。其目的是设法使系统在运行过程中所产生的偏差不致超出允许的范围。运行控制的基础是信息，一切信息的传递都是为了有效控制，而任何控制操作也都有赖于信息反馈机制的实现。

运行控制的主要特征，包括：

- 要有一个预定的稳定状态或平衡状态；
- 从外部环境到系统内部有一种信息的传递；

- 系统具有一种专门设计用来校正行动的过程;
- 其控制操作是在不断变化的环境中维持自身稳定状态的动态过程。

例如:在交通控制系统中,各等级道路的车流平均速度就是预设的稳定状态,通过摄像头、地感线圈等设备捕捉道路的车流量变化,就是一种从外部到系统内部的信息传递,各个路口红绿灯时长的调整可以改变道路网中各条支路的车流量和车流速度,就是系统设计用来校正行动的过程,而智慧化的交通控制系统能够根据道路车流量变化自动调整红绿灯时长,使道路交通在不断变化的环境中维持自身的稳定状态。

对于城市管理而言,环境的动态监测、变化的动态控制、政策的动态调整都是运行控制的重要内容。

2. 城市运行控制常用方法

2.1　指标监测法

指标信息是城市运行控制的直接依据。在城市功能系统运行过程中,需要采用各类信息采集手段,动态获取城市运行的数据资料,并依据特定指标体系,对城市状态进行有效监测。其中,信息采集是基础,其数据质量决定了运行控制的精确性;实时通信是关键,其效率决定运行控制的有效性;评价指标是核心,其计算方式决定运行控制的科学性。

指标信息能够从不同角度反映城市运行的"健康"状况,而常见的城市状态信息包括:

- 要素信息,如经济、人口、产业结构等宏观情况;
- 民生信息,如物价情况、公共服务情况等;
- 环境信息,如交通状况、空气质量情况等。

为了保障城市的高效、稳定、安全运行,需要在指标监测的基础上,合理调度城市资源,优化城市功能服务。在实践工作中,其典型应用包括:网格化管理、数字监控网络。

2.1.1　网格化管理

网格化管理是一种行政管理改革,它依托统一的数字化管理平台,将城市管理辖区按照特定标准划分成为一系列单元网格,通过对单元网格内的部件和事务进行巡查、记录,建立起以人工信息采集、监督和处置为主要形式的指标监测体系。

网格化管理运用信息化和数字化手段,以街道、社区、网格为区域范围,以事件为管理内容,以处置单位为责任人,通过网格管理信息平台,实现了城市管理的多级联动、资源共享。从最早的北京东城区"万米网格"理念,到如今各地广泛开展的社区网格化管理实践,它促进了基层管理、服务的精细化与个性化发展。

具体而言,网格化管理的应用实践主要包括两方面内容,即:社区服务、社会治理。

● **社区服务**

其核心在于搭建基础数据平台,对地区人口信息和人口相关的社会事务信息进行动态管理,通过整合各级政府和社会资源,为百姓提供优质、便捷、高效的公共服务,极大地增强了相关职能部门的综合管理与服务水平。

● **社会治理**

其核心在于建立综治、信访和维稳系统,依托基础数据和百姓互动平台的网格化管理体制及时了解和掌握居民诉求、社会问题及各方面不稳定因素,并通过网格责任人及时进行登记、排查、调处整治、结案分析、反馈于民,对承担社会管理职能的部门信息资源与管理资源进行有效整合,对事关全局的重点人群和重大紧急事件进行预防控制和监督管理。

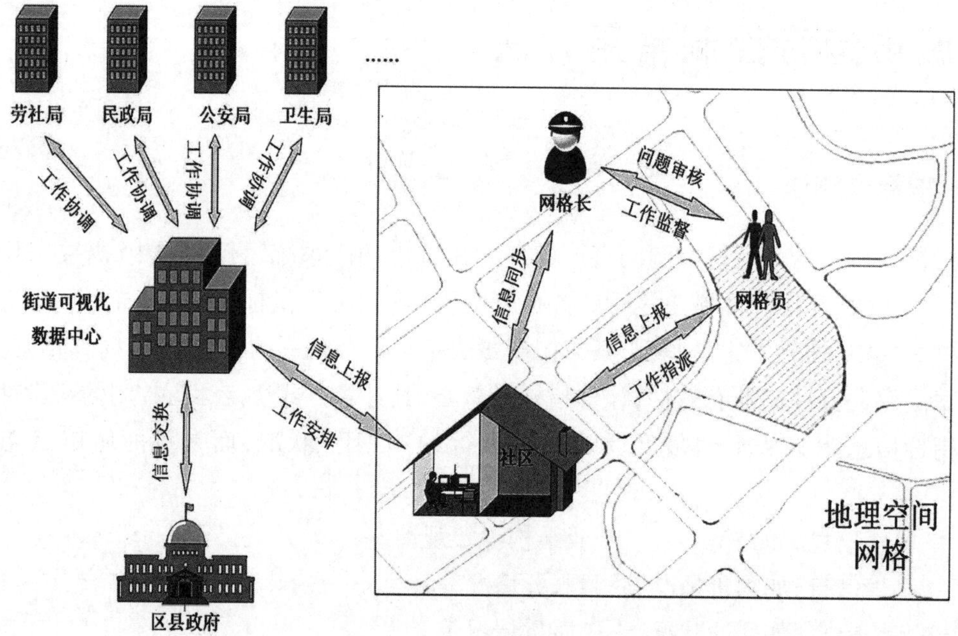

图 6-2-1　城市网格化管理

2.1.2　数字监控网络

数据,作为信息的直接载体,正在被越来越广泛的收集,并快速汇聚到某些集中管理平台,为城市治理现代化提供了重要支撑。除了各部门的业务数据和集中采集的人口密度、道路流量、空气质量等实时状态数据外,还包括从用户端获取的 GPS 轨迹数据、手机信令数据、签到数据、刷卡数据、街景图片数据和微博、微信的文本数据。高细节层次的数据集有助于城市的状态识别与问题发现;细时间粒度的数据流使得变化跟踪和精准控制成为可能;而快速的数据收集、传输更让我们能够对现实环境进行实时监测与管理。

在公共安全方面,公安系统从 2005 年开始就着手建设“天网”工程,利用图像和视频采集设备,对交通要道、公共空间、宾馆、学校、医院和复杂场所进行动态监控,并在其八大信息资源库的支撑下,实现了城市治安的综合管理和警力资源的智能化指挥与调度。

在道路交通方面,交管部门利用摄像头、地感线圈、测速仪等设备,对道路交通的实时运行情况进行动态监测,并根据各个路口和各条路段的交通状态信息,动态调整红绿灯时长,对城市交通流进行合理疏导,实现了道路空间与运行车辆的动态管理。

在生态环境方面,环保部门使用各种物联网(Internet of Things, IoT)设备,对空气、水、土壤、辐射、噪声等环境要素进行实时监测,并根据监测结果,综合分析和评估城市的生态环境状况,实现了环境污染的精准定位、动态预警和应急处置。

在能源供给方面,市政管理部门通过数字化仪表,对水、电、气、热等能源的实际使用状况进行动态监测,并根据能源需求和外部环境的变化,动态调整能源供给,实现了城市能源的智能化管理,有效保障平峰、高峰和雨、雪、冰冻等自然灾害条件下的能源供应。

在公共服务方面,地铁和公交集团通过车载 GPS 和刷卡检票设备,获取车辆位置和乘客流量数据,对公共交通服务的承载力进行有效评估,并根据运行车辆的线路分布和乘客出行需求的动态变化,调整车辆班次,实现了城市公共交通服务的稳定、可靠运行。

现如今,随着各地城市大脑的建设、推广,通过不同方式获取的数据,不断汇聚到各层级数据中心,最终形成了更加完善的全领域数字监控网络。

在城市运行控制方面,数字监控网络优势明显,包括:实时采集、客观记录、全面覆盖、动态分析、及时反馈等。但其背后也需要一系列技术支持,包括:物联网技术、网络通信技术、云计算平台技术、信息管理技术和 GIS 技术等。

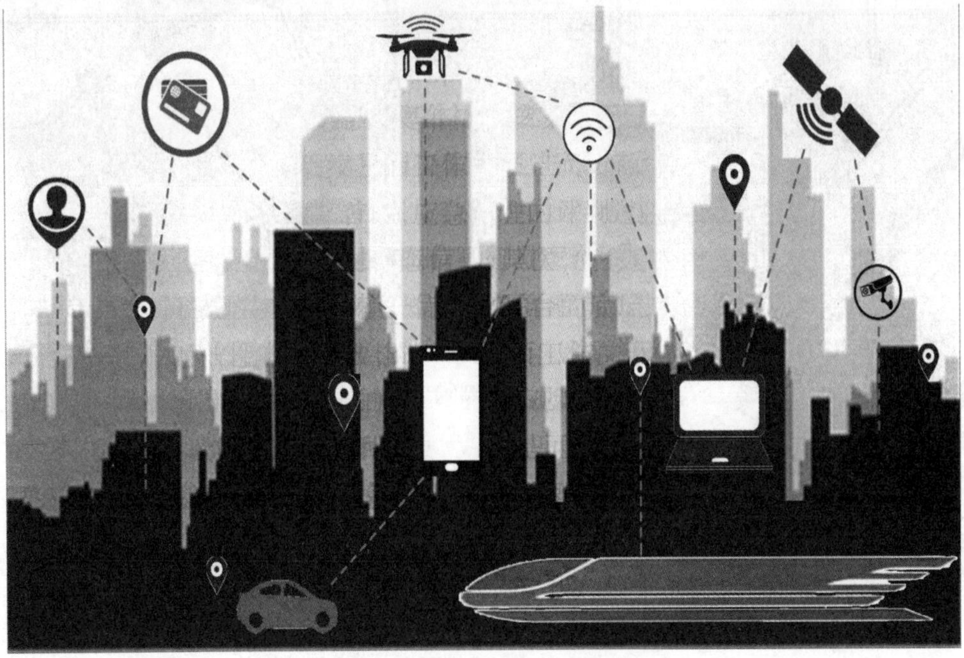

图 6-2-2　城市数字监控网络

2.2 关键点检查法

复杂的城市管理活动，其运行控制过程往往难以做到面面俱到，因而必须选出一些关键点，加以特别关注。基于这些关键点的状态信息，管理人员就可以在不详细了解每一处细节的情况下，保障整个功能系统的可靠运行。

控制关键点原理是控制工作的一条重要原理，该原理强调：

- 随时注意每个细节，通常是浪费时间精力和没有必要的；
- 越是尽可能选择关键点作为控制标准，控制工作就越有效；
- 控制住了关键点，也就控制住了全局。

实际上，关键控制点是指业务活动中的一些限定性不利因素，或者那些能够使功能系统更好地发挥其作用的有利因素。不同的组织部门，其性质、业务有其特殊性，所要计量的产品和劳务不同，所要执行的计划方案也有所差异，因而，可能有完全不同的关键控制点，比如，城市在进行公共安全管理时，其关键控制点可以是人口流动性大、人员密集的开放性公共场所；城市在进行交通管理时，其关键控制点可以是核心区域的路网交叉口；城市在进行能源管理时，其关键控制点可能为大型产业园区、核心商业区和主要居住区。

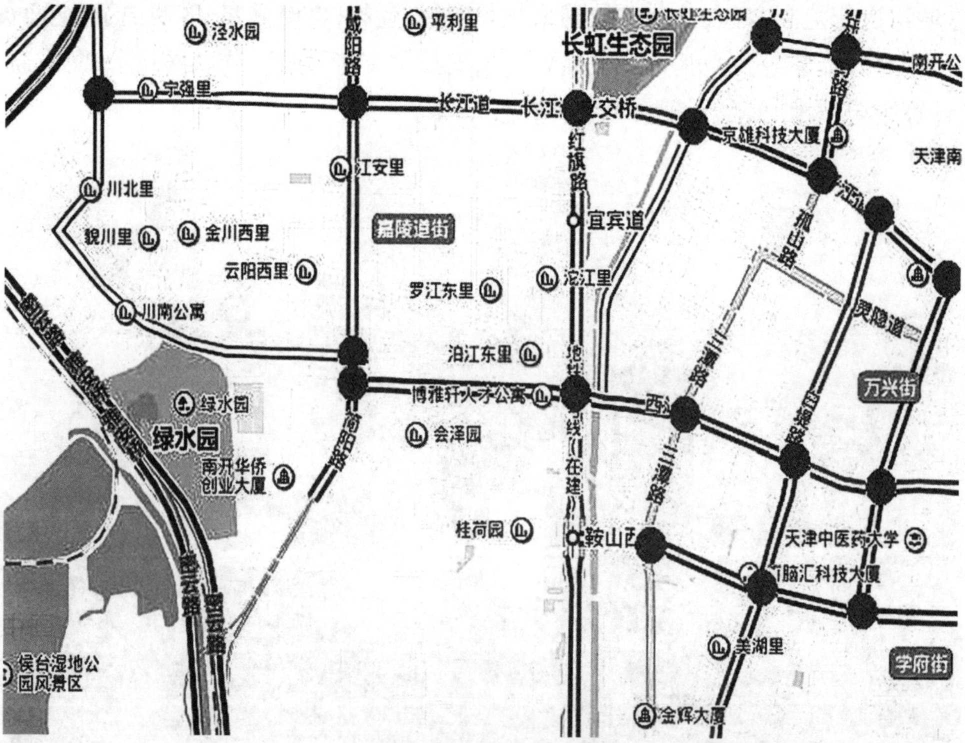

图6-2-3　城市交通管理的路网交叉口关键点

对于运行控制效率的要求，是城市运行管理工作的一个重要限定因素。控制方法如果能够以最低的费用或其他代价来探查和阐明实际偏离或可能偏离计划的偏差及其原因,那么它就是高效的,例如:公共安全管理过程中对于安全隐患的高效排查和消除;交通管理过程中对于道路拥堵点的高效识别和疏导;能源管理过程中对于电力需求的高效判别和供给等。

在特定的技术条件下,城市运行控制的效率主要取决于其关键控制点选择的能力。面对种类繁多的控制点,其选择标准主要包括:实物标准、货币标准、综合标准、目标标准。

- **实物标准**

实物标准,就是以实物单位为依托制定的标准,它反映了定量的城市运行状态,是运行控制工作的基石。实物标准一般适用于基层管理单位,比如,产量定额、时间定额、消耗定额等,又或是人口的分布密度、车辆的通行速度、地区的用电负荷等。

- **货币标准**

货币标准,就是以货币单位为依托制定的标准,它可用于控制城市运行过程中所消耗的各种资源以及所获得的经济效益。货币标准多适用于管理的中上层部门,比如,固定资产规模、单位时间经济产出、单位时间资源消耗等。

- **综合标准**

对于有些目标,它既不能完全用实物标准来表示,又不能完全用货币标准来表示,这时就要利用综合标准。综合标准通常用相对数的形式来表示,比如,劳动生产率、道路拥堵比例、能源使用效率等。

- **目标标准**

对于难以用定量标准衡量的目标,可以将目标本身作为标准,将总目标层层分解,实行基于目标的运行控制和管理,比如,公共政策落实到位、信息化平台建设完成、功能系统运行及作业安全等。

除了关键点的选择和相应信息采集之外,城市运行控制还需要考虑一系列其他相关问题,比如,如何设计关键点的控制目标?如何衡量系统的运行状态偏差?如何进行系统功能的调控?具体说来,就是要制定基于关键点的运行管理标准和方案。

2.3 短时预测法

与传统的被动式管理方法相比,现代运行管理是建立在假设与预测基础之上的主动式控制过程。短时预测就是一种典型的主动式运行控制方法。它预先分析目标偏离的可能性,并拟订和采取各项防御措施,使系统得以稳定运行。

主动控制是对将要实施的计划目标进行的控制,是在事情发生前按预定计划目标主动采取控制措施的一种方法。主动控制可以解决传统控制过程中存在的时滞影响,尽最大可能改变“偏差已成事实”的被动局面,使目标控制达到理想的效果。其本质是:当控制者根据已掌握的信息预测出控制目标将要偏离计划状态时,即采取适当纠正措施,使控制目标的运行不再发生偏离。

相比于长期预测和中期预测，短时预测一般不超过 15 分钟，甚至 5 分钟或更短，且精度要求更高。而数据分析模型，则是短时预测的基础，比如，微软曾与巴西“米纳斯吉拉斯联邦大学”合作，开展“车流预测项目”研究，通过收集来自交通管理部门、道路监控摄像头、Bing 交通图以及司机的社交网络数据，提前 15 ~ 60 分钟预测可能出现的堵车。

短时预测的一般流程包括 3 方面步骤：

(1) 通过历史数据分析，发现“中期预测规律”；

(2) 依据“中期预测规律”，构建“短时预测”的分段模型(线性或非线性)；

(3) 基于“短时预测模型”，引入真实数据，通过参数计算，实现短时预测。

例如：在交通系统中，某个十字路口下午 17:00 的车流量为 30 辆/分钟，要了解 17:15 该路口的车流量，则可以按照上述流程进行短时预测。

首先，根据历史经验，该路口在 17:00 ~ 18:00 期间，车流量将呈线性递增，并最终达到饱和状态，即 42 辆/分钟；

然后，根据车流量变化规律，构建预测模型 $y = 30 + 0.2x$；

最后，将数据带入模型，可预测 17:15 的车流量为：$30 + 15 \times 0.2 = 33$ 辆/分钟。

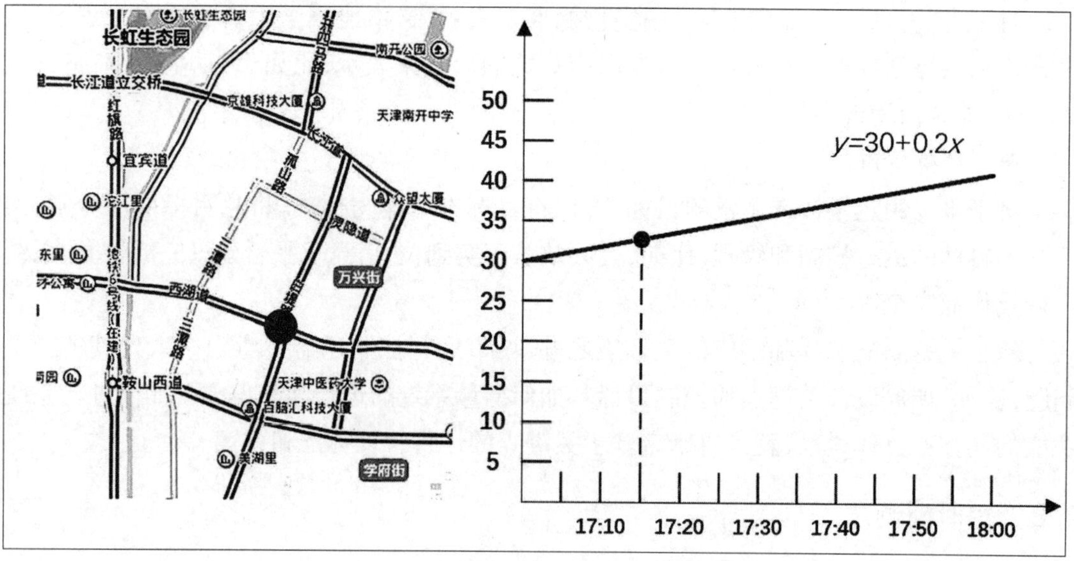

图 6－2－4　某城市路口交通流量的短时预测

3. 城市运行控制应用趋势

3.1　专业细分

世界本质上是由一系列简单要素构成的复合系统。根据“还原论”思想，现实生活中的每一种现象都可以看成是更低级、更基本的现象的集合体或组成物。因而,对复杂的城市运行过程进行管控,可以将高级运动形式还原为低级运动形式,再通过低级运行过程的动态调节,使得其高级运行过程尽量保持在理想的稳定状态。

随着城市功能系统日趋复杂,城市管理活动的专业细分需求也日益强烈。从管理部门的专业细分,到管理要素的专业细分,再到管理内容的专业细分,其运行控制方法强调任务的分解和简化。通过分解和简化,它可以将城市系统分割成若干子系统,并以特定的专业化分组为基本单元,强化整个系统的运行控制,比如,对城市交通的控制,可以分解为对每一个交叉路口和每一条路段的控制,一方面时刻掌握每一个交叉路口的车辆通行情况,另一方面时刻了解每一条路段的车辆通行情况,最终再通过交叉口和路段上的信号灯来控制整个道路交通系统的运行。

专业细分的程度越高,城市运行控制能力就越强。只有将整体划分为细节,将任务划分为工作,将责任划分到组织和个人,城市的功能运行过程才能得到精准、有效控制。而且,基于关键点检查法的城市运行控制也有赖于管控目标的细致划分。

3.2　协调综合

现如今,城市运行管理越来越表现出相互渗透、非匀质、非线性、非定常性的复杂系统特征。也正因如此,仅仅通过系统的分解、简化并不能完全解决城市运行管理的现实问题。面对不同子系统间的交叉耦合,城市运行控制必须考虑各控制单元间的相互作用。不同子系统之间既可能存在运行管理的目标差异和利益冲突,也可能有着局部利益与整理利益间的矛盾。当缺乏有效协调,不同部门会职责交叉、条块分割、各自为政,不同要素会配置失衡、作用受限、相互制约,不同内容也会次序混乱、衔接不当、顾此失彼。

城市管理各子系统之间关联紧密,常常无法直接分割。因此,对各子系统进行独立控制,很多时候无法保证整套系统的稳定运行。按照系统论思想,只有综合考虑多方影响,构建统一的控制模型,才能实现城市运行的协调控制,比如,为了保证城市特定区域范围内的道路交通畅通,需要综合考虑该区域内的所有路口和道路信号灯的协调控制,不仅是同一条道路上信号灯的协调,更是同一区域、整个路网信号灯的协调。

为了充分发挥城市管理的整体优势、聚集效应和协同作用,使城市功能系统高效、有序运行,其各方面运行调控机制的协调综合成为现代城市管理必须思考的问题。只有不断提升城市运行控制的综合协调能力,才能满足复杂环境下的城市动态管理需求。

3.3　可视化治理

城市运行管理是一项过程繁杂、影响多元、评价标准多样的系统工程。从对物质环境的管理到对经济、社会问题的协调应对,城市管理的概念内涵、实现方式和体系框架一直都在不断发展。先进的理念和经验虽然能够给城市管理工作提供有效指导,但却无法直接解决城市问题。交通拥堵、环境污染、就业困难、社会分化早已成为大城市普遍面临的“城市病”。由于无法清晰地了解城市问题的真实状况、形成原因和作用机制，我们在实际工作中常常难以给出科学、合理且有针对性的解决方案。城市作为众多因素相互影响的巨系统，其管理过程需要考虑的内容和需要理清的关系纷繁复杂。在大数据的支撑下，如何利用可视化的技术方法，改变传统的城市治理模式，提升管理、服务水平，实现城市管理的现代化，得到越来越多的关注和探讨。

随着线上和线下之间关联与互动的加强，现实世界与虚拟世界的界限越来越模糊。通过数据的可视化展现、分析与应用，我们已经可以在计算机上实现更加准确、科学的城市状态认知、过程理解和问题发现，并在此基础上完善城市运行系统。

从医疗、社保到商业活动，从交通出行到物流、通信，从线下到线上，不同领域的强细节、多维度大数据正在给城市问题研究和解决带来前所未有的机遇。然而，大数据的分析、处理和应用不同于过去常见的统计汇总数据。体量大、异构、快速、价值密度低等特征，使得其内容理解和知识挖掘都面临诸多挑战。可视化作为一种灵活、有效的信息表达与沟通手段，不仅是大数据分析、探索的有效途径，也为现代城市管理提供了全新的思路、方法和应用框架。

可视化治理是指利用大数据技术和图形化界面，将系统的运行流程和运行状态形象直观地展现在管理者面前，通过信息的提取、转化和人机互动，实现复杂系统的动态控制。

该方法的本质是：

- 在信息压缩的基础上，实现高效表达；
- 通过语义增强手段，发现数据背后的知识；
- 凭借动态交互操作，推动智慧决策。

系统的信息综合能力决定了可视化治理的质量，而人机互动机制的建立则是可视化治理的关键。

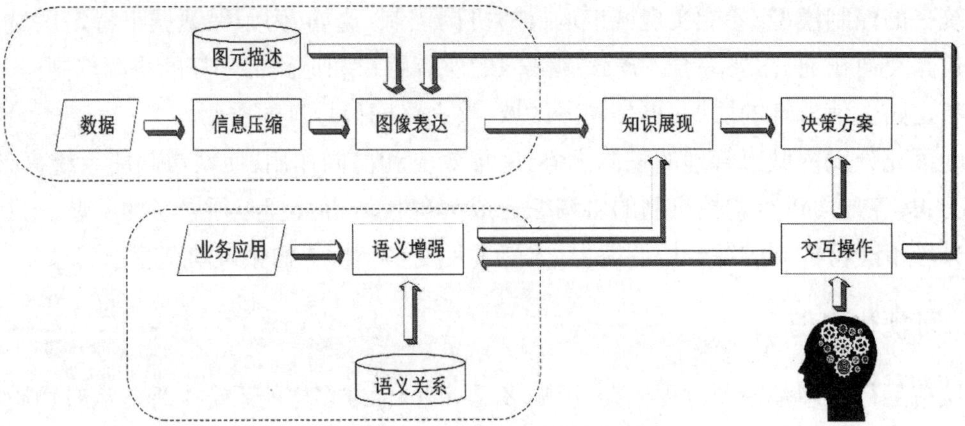

图 6-3-1　可视化治理的辅助决策模型

第七章　城市综合评价

一个城市的好坏、优劣，如何评价？其建设发展，怎样算作先进，怎样算作落后？角度不同，结论各异。城市评价既要有公认的参考指标，也要有合理、有效的评价方法。城市是经济、社会、环境等多方面要素的综合体，因而其功能状态也是多方面的。城市建设发展水平的衡量需要体现出科学性、适应性、综合性。

1. 城市综合评价概念内涵

1.1　综合评价方法

综合评价(Comprehensive Evaluation，CE)方法，也称为“多指标综合评价”，它不只是一种方法，更是一个方法系统，是指对多个评价指标进行有效综合的一系列方法的总称。针对特定的研究对象，它可以建立一套评价体系，并利用一定的计算模型，对搜集到的数据资料进行系统分析，从而做出定量化的总体评判。

指标是综合评价的直接依据。综合评价方法基于多个指标参数，从不同方面对被评价事物进行描述说明，避免了一般评价方法的局限性。该方法虽然计算较为复杂，但由于其显著的系统性和综合性特点，获得了人们的广泛认可，并在实践工作中得到大范围应用。特别是随着计算机技术的快速发展，综合评价的计算复杂性已经不成问题，相比之下，其系统性和综合性要求则表现得更为突出。

实际上，事物的综合评价过程也是人们对事物的认知和决策过程。客观性、可比性、系统性是其核心原则。随着社会经济的发展和管理水平的提升，不断有新的综合评价方法被提出和运用。各种综合评价方法都有其自身特点，但其基本步骤大致相同，即包括：指标体系构建、指标权重评估、指标参数计算、指标参数汇总，以及综合评价分析。

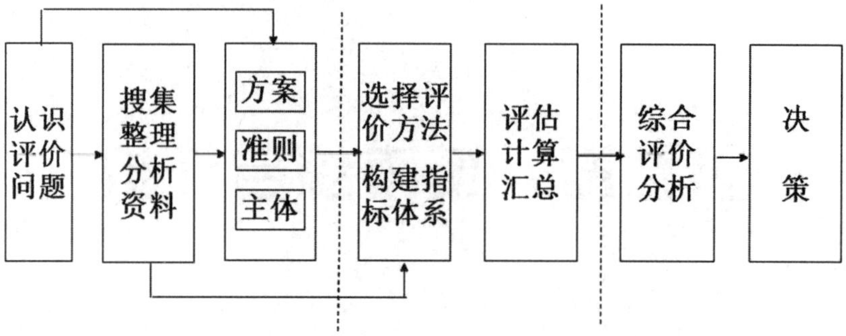

图7-1-1　综合评价的一般流程

综合评价的核心在于相关数学方法的使用：

- 指标权重的评估，关键在于因子分析算法的有效运用；
- 指标参数的计算，可以转化为数据资料的量化处理问题；
- 综合评价的流程，本质上是一个数学映射变化的过程。

1.2　城市综合评价

城市综合评价，是根据预定的目标，采用量化评估方法，从多个方面对城市的当前状态或建设方案进行综合评价的过程。通过相关指标参数的分析处理，它能够对城市各方面优劣程度进行系统探讨与比较。

城市综合评价的常见对象包括：城市要素、城市功能、城市结构等。

城市要素，主要包括：政治、经济、文化、社会、生态。它涉及城市等级、自然资源物价、人口素质、社会风俗、地方语言、四季温度、空气质量、降水量、干湿度、日照长度等内容。

城市功能，主要包括：居住、工作、游憩、交通。它涉及社区环境、企业数量、学校教育、戏院剧院、公共图书馆、公园数量、绿地面积、公交线路、地铁建设密度等内容。

城市结构，主要包括：组成、布局、联系。它涉及产业结构、行政区划、人口分布、功能区划分、公共交通体系等内容。

根据应用目标的不同，它可以是：城市建设水平综合评价、城市发展水平综合评价、城市经济综合评价、城市环境综合评价、城市竞争力综合评价、城市承载力综合评价、城市管理服务综合评价、城市人口素质综合评价、城市生态系统综合评价、城市教育水平综合评价、城市医疗水平综合评价。

无论是针对哪方面应用，城市综合评价的最终目的都是：寻求城市管理的合理标准，发现城市问题，及时调整和完善城市功能，避免城市运行和管理的失误。

2. 城市综合评价常用方法

2.1 关联矩阵法

关联矩阵法，是常用的系统综合评价方法。它主要是用矩阵形式来表示项目不同评价指标间的重要程度关系以及不同评价对象的各项指标参数值大小。

关联矩阵法简单易行，可操作性强。其本质是利用矩阵工具，从多个角度对不同对象的优劣程度进行比较、分析，通过加权求和的方式计算其整体得分，从而实现目标对象的综合评价。

表 7－2－1 综合评价关联矩阵

	$\boldsymbol{x}_1$	$\boldsymbol{x}_2$	…	$\boldsymbol{x}_j$	…	$\boldsymbol{x}_n$	
	$\boldsymbol{w}_1$	$\boldsymbol{w}_2$	…	$\boldsymbol{w}_j$	…	$\boldsymbol{w}_n$	
$\boldsymbol{A}_1$	v_{11}	v_{12}	…	v_{1j}	…	v_{1n}	$V_1 = \sum_{j=1}^{n}(v_{1j} * w_j)$
$\boldsymbol{A}_2$	v_{21}	v_{21}	…	v_{2j}	…	v_{2n}	$V_2 = \sum_{j=1}^{n}(v_{2j} * w_j)$
…	…	…	…	…	…	…	…
$\boldsymbol{A}_i$	v_{i1}	v_{i2}	…	v_{ij}	…	v_{in}	$V_i = \sum_{j=1}^{n}(v_{ij} * w_j)$
…	…	…	…	…	…	…	

根据指标权重评估和参数计算的方式不同，关联矩阵法主要包括：逐对比较法和古林法。

2.1.1 逐对比较法

● **权重评估**

该方法对评价指标进行逐对比较，在比较过程中，给相对重要的指标赋予更高得分，通过累加每项指标的得分，计算各指标的权重。

例如：为减少交通事故，各地交管部门制定了一系列政策措施，为综合评价其实施效果，考虑采用 5 项指标（死亡者的减少、负伤者的减少、经济损失的减少、公共设施的外观、实施费用），对每两项指标间的重要程度进行判定，更重要的给 1 分，不重要的给 0 分，累加及归一化处理后，可得到各指标的相应权重。

表 7-2-2 逐对比较法指标权重评估

评价指标	判定次数										得分	权值
	1	2	3	4	5	6	7	8	9	10		
死亡者的减少	1	1	1	1							4	0.4
负伤者的减少	0				1	1	1				3	0.3
经济损失的减少		0			0			1	0		1	0.1
公共设施的外观			0			0		0		0	0	0.0
实施费用				0			0		1	1	2	0.2
合计	1	1	1	1	1	1	1	1	1	1	10	1.0

● **参数计算**

该方法按照预先设定的评价尺度(得分基准),确定各项指标所对应的量化参数。其指标评价尺度一般由相关领域专家给出,以实现目标对象的科学评价。

对于上述例题,假设其每一项指标的评价尺度如下:

表 7-2-3 逐对比较法指标评价尺度

评价指标 \ 得分	5	4	3	2	1
减少死亡者	8 人以上	6~7 人	4~5 人	2~3 人	1 人以下
减少负伤者	31 人以上	21~30 人	16~20 人	11~15 人	10 人以下
减少经济损失(百万元)	> 31	21~30	16~20	11~15	0~10
公共设施外观	很好	好	一般	差	很差
实施费用(百万元)	0~15	16~30	31~45	46~60	61 以上

根据上述指标评价尺度,某城市政策方案的实施效果如下:

表 7-2-4 某城市指标参数计算结果

评价指标	效果	参数值
死亡者的减少	5 人	3
负伤者的减少	16 人	3
经济损失的减少	22 万	4
外观	好	4
实施费用	2800 万	4

● **综合评价**

对各项指标参数值进行加权求和，可得到其综合评价结果为：

$3\times0.4+3\times0.3+4\times0.1+4\times0.0+4\times0.2=3.3$

2.1.2　古林法（A. J. Klee）

● **权重评估**

该方法将评价指标以任意顺序排列起来后，自上而下（或自下而上）两两比较，用数值表示其相对重要程度，并以最后一项指标为基准，令其重要程度值为 1，自下而上计算其他指标的重要程度值 k_j；将 k_j 的数值相加作为分母，对每一项指标的重要程度值进行归一化处理，所得结果即为各指标项的权重 w_j，即：

$$w_j=\frac{k_j}{\sum k_j}$$

表 7－2－5　古林法指标权重评估

评价指标	*r*	*k*	*w*
死亡者的减少	3	15.0	0.65
负伤者的减少	2.5	5.0	0.22
经济损失的减少	2	2.0	0.09
实施费用	/	1.0	0.04
总计			1.00

● **参数计算**

该方法采用与“权重评估”同样的方式，对各项指标数值进行归一化处理，计算其等比例参数。

假设，济南、威海、青岛三个城市开展了交通事故专项治理，在相应政策方案实施后，三者均取得了一定成效，其各项指标值和参数计算结果如下：

表 7－2－6　政策方案实施效果的指标参数计算

城市	减少死亡者		减少负伤者		减少经济损失		实施费用	
	指标值	参数值	指标值	参数值	指标值	参数值	指标值	参数值
济南	7 人	0.54	21 人	0.34	2800 万	0.36	3500 万	0.38
威海	4 人	0.31	16 人	0.26	2300 万	0.30	3000 万	0.32
青岛	2 人	0.15	25 人	0.40	2600 万	0.34	2800 万	0.30

● **综合评价**

对各项指标参数值进行加权求和,可得到三个城市的综合评价结果(保留小数点后两位):

济南,$0.54 \times 0.65 + 0.34 \times 0.22 + 0.36 \times 0.09 + 0.38 \times 0.04 = 0.47$

威海,$0.31 \times 0.65 + 0.26 \times 0.22 + 0.30 \times 0.09 + 0.32 \times 0.04 = 0.30$

青岛,$0.15 \times 0.65 + 0.40 \times 0.22 + 0.34 \times 0.09 + 0.30 \times 0.04 = 0.23$

2.2 层次分析法

层次分析法(Analytic Hierarchy Process,AHP),是将与决策相关的因素分解成目标、准则、指标等层次,并在此基础之上进行定性和定量分析的综合评价方法。该方法是美国运筹学家匹茨堡大学教授萨蒂于20世纪70年代初,在进行美国国防部课题研究时,提出的一种层次权重分析方法。

层次分析法的本质是决策者对复杂系统综合评价过程的数学化表达。它将权重评估问题分解为不同的层次结构,用矩阵求解的方法,获得每一个层次元素相对上一层次元素的优先权重,然后,再通过加权求和的方式递归计算各指标元素相对于总目标的权重。

其计算步骤包括4方面内容,即:层次结构建模、判断矩阵构造、相对权重计算、整体权重排序。

● **层次结构建模**

将决策目标、决策准则、决策指标按它们之间的相互关系分为最高层、中间层和最低层,绘制层次结构图。最高层是决策要解决的问题,最低层是决策方案的评价指标;而对于相邻的两层而言,高层为目标层,低层为元素层。

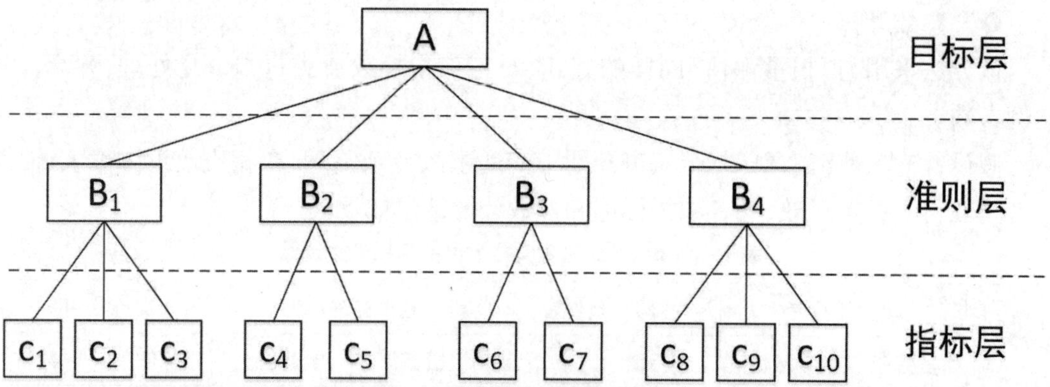

图7-2-1 层次分析法的逻辑结构

● 判断矩阵构造

在确定各层次元素的权重时,Saaty 等人提出了一种矩阵分析方法。它并不是将所有元素放在一起进行比较,而是通过元素间的两两比较,减少不同性质元素间的多方对比,尽可能提高权重评估的准确度。

每一层元素两两比较的结果构成了元素权重的判断矩阵。假设判断矩阵第 i 行第 j 列的数据为 a_{ij},即元素 i 与元素 j 的重要性比较结果。为了对 a_{ij} 进行有效标度,Saaty 给出了 9 个重要性对比等级及其赋值含义。

表 7－2－7　Saaty 等级标度

判断尺度	定义
1	i 和 j 同样重要
3	i 和 j 稍微重要
5	i 和 j 重要
7	i 和 j 重要得多
9	i 和 j 绝对重要
2、4、6、8	介于上述两个相邻判断尺度之间
倒数	i 和 j 的重要性比为 λ,则 j 比 i 的重要性 1/λ

● 相对权重计算

对应于判断矩阵最大特征根 λ_{max} 的特征向量,经归一化处理后记为 ω(使向量中各元素之和等于 1)。ω 为同一层次各元素对于上一层元素的权重集合。能否获得有效的 ω,关键在于判断矩阵 A 是否满足一致性检验条件,即:A 的一致性比例 CR 是否小于给定阈值(阈值一般取 0.1)。

$$CR = \frac{CI}{RI}$$

其中,一致性指标 CI 可通过下列公式计算:

$$CI = \frac{\lambda_{max} - n}{n - 1}$$

平均随机一致性指标 RI 可查阅下表:

表 7－2－8　平均随机一致性指标查阅表

n	1	2	3	4	5	6	7	8	9	10	11	12	13	14	15
RI	0	0	0.52	0.89	1.12	1.26	1.36	1.41	1.46	1.49	1.52	1.54	1.56	1.58	1.59

层次分析法的权重评估使用了线性代数方法,数学原理严密,特别适用于复杂系统评价。而在求解每一层次元素权重的过程中,其计算既可以采用上述“特征向量法”,也可

以采用相对简单的"累加法",即:

$$\begin{bmatrix} \frac{a_{11}}{\sum_{i=1}^{n}a_{i1}} & \frac{a_{12}}{\sum_{i=1}^{n}a_{i2}} & \cdots & \frac{a_{1n}}{\sum_{i=1}^{n}a_{in}} \\ \frac{a_{21}}{\sum_{i=1}^{n}a_{i1}} & \frac{a_{22}}{\sum_{i=1}^{n}a_{i2}} & \cdots & \frac{a_{2n}}{\sum_{i=1}^{n}a_{in}} \\ \vdots & \vdots & \ddots & \vdots \\ \frac{a_{n1}}{\sum_{i=1}^{n}a_{i1}} & \frac{a_{n2}}{\sum_{i=1}^{n}a_{i2}} & \cdots & \frac{a_{nn}}{\sum_{i=1}^{n}a_{in}} \end{bmatrix} \quad \begin{bmatrix} \frac{a_{11}}{\sum_{i=1}^{n}a_{i1}} + \frac{a_{12}}{\sum_{i=1}^{n}a_{i2}} + \cdots + \frac{a_{1n}}{\sum_{i=1}^{n}a_{in}} \\ \frac{a_{21}}{\sum_{i=1}^{n}a_{i1}} + \frac{a_{22}}{\sum_{i=1}^{n}a_{i2}} + \cdots + \frac{a_{2n}}{\sum_{i=1}^{n}a_{in}} \\ \vdots \quad \vdots \quad \ddots \quad \vdots \\ \frac{a_{n1}}{\sum_{i=1}^{n}a_{i1}} + \frac{a_{n2}}{\sum_{i=1}^{n}a_{i2}} + \cdots + \frac{a_{nn}}{\sum_{i=1}^{n}a_{in}} \end{bmatrix} \quad \begin{bmatrix} \sum_{j=1}^{n}\frac{a_{1j}}{\sum_{i=1}^{n}a_{ij}}/n \\ \sum_{j=1}^{n}\frac{a_{2j}}{\sum_{i=1}^{n}a_{ij}}/n \\ \vdots \\ \sum_{j=1}^{n}\frac{a_{nj}}{\sum_{i=1}^{n}a_{ij}}/n \end{bmatrix}$$

第一步:按列归一化　　　　第一步:各行相加　　　　第三步:除以 n

例如:对中国各城市的"竞争力"进行综合评价,在宏观层次涉及政治、经济、环境等多方面元素,为了对该层次不同元素的重要性进行比较和评估,可采用 Saaty 等级标度的方式构造判断矩阵,然后采用累加法计算其相对权重。

经多位专家打分,可得到各元素的平均等级标度结果。

表 7-2-9　城市"竞争力"各因素平均等级

	政治	经济	环境
政治	1.00	0.80	2.00
经济	1.25	1.00	3.00
环境	0.50	0.33	1.00

根据等级标度结果,按照步骤,可计算获得其相对权重。

按列归一化

	政治	经济	环境
政治	0.36	0.38	0.33
经济	0.46	0.47	0.50
环境	0.18	0.15	0.17

各行相加

政治	1.07
经济	1.43
环境	0.50

除以 n

	ω
政治	0.36
经济	0.48
环境	0.16

● **整体权重排序**

从最高层次到最低层次,每一层次均采用上述方法对其元素的相对权重进行计算,然后,再将所有层次元素的相对权重累积汇总,即可得到最低层次指标相对于最高层次目标的整体权重,也称为"层次总排序"。

2.3 模糊综合评价法

模糊综合评价法,是一种基于模糊数学的综合评价方法。该评价方法根据模糊数学的隶属度理论,将定性评价转化为定量评价,即:用模糊数学对受到多种因素制约的事物或对象进行总体描述。它具有结果明确、系统性强的特点,能较好地解决模糊的、难以量化的问题,适合于各种非确定性问题的探讨。

模糊集合(Fuzzy Sets)的概念是由美国自动控制专家查德(L. A. Zadeh)教授于1965年提出,相比于普通集合,主要用以表达事物的不确定性。

普通集合:是指具有某种确定属性的全体对象,所表达的概念清晰、界限分明,隶属关系明确、非此即彼。

模糊集合:是指由某个模糊概念所描述的对象,由于概念本身不清晰、界限不分明,因而对象集合的隶属关系不确定。

在客观世界中,存在着大量的模糊现象,比如,轻、重、热、冷、厚、薄、快、慢、大、小、高、低、长、短、贵、贱、强、弱、软、硬、美、丑、稀、稠、锐、钝、深、浅……

根据模糊集理论,假设 A 是集合 X 到 $[0, 1]$ 的一个映射,如果对于特定的模糊现象 x,有 $X \to [0, 1]$,$x \to A(x)$,则称 X 是 A 上的模糊集,$A(x)$ 称为模糊集 A 的隶属函数,或称 $A(x)$ 为 x 对模糊集 A 的隶属度。

以各因素评判结果的隶属度为基础,模糊综合评价的一般步骤为:

(1)因素集确定,设 $U = \{u_1, u_2, \cdots, u_m\}$ 为刻画被评价对象的 m 种评价因素(评价指标),其中,m 是评价因素的个数,由具体的指标体系所决定;

(2)评判集确定,设 $V = \{v_1, v_2, \cdots, v_n\}$ 是评价者对被评价对象可能做出的评语等级集合,一般包含3~5个等级;

(3)单因素评判(One-way Evaluation),对每个因素单独进行评价,以确定评价对象对评价集合 V 的隶属程度,用 $R_i = (r_{i1}, r_{i2}, \cdots, r_{in})$ 表示,r_{ij} 为某个被评价对象从因素 u_i 来看对等级模糊子集 v_j 的隶属度,它通常是由专家或相关专业人士依据评判等级打分获得;

(4)综合评判,依据各因素的相对权重 $A = (a_1, a_2, \cdots, a_m)$,对所有单因素评判结果进行综合,得到被评价对象的最终评价结果。

首先,基于单因素评判结果,构建模糊关系矩阵

$$R = \begin{bmatrix} R_1 \\ R_2 \\ \vdots \\ R_m \end{bmatrix} = \begin{bmatrix} r_{11} & r_{12} & \cdots & r_{1n} \\ r_{21} & r_{22} & \cdots & r_{2n} \\ \vdots & \vdots & \ddots & \vdots \\ r_{m1} & r_{m2} & \cdots & r_{mn} \end{bmatrix}$$

然后,根据各因素权重进行多指标综合

$$B = A \circ R = (a_1, a_2, \cdots, a_m)\begin{bmatrix} r_{11} & r_{12} & \cdots & r_{1n} \\ r_{21} & r_{22} & \cdots & r_{2n} \\ \vdots & \vdots & \ddots & \vdots \\ r_{m1} & r_{m2} & \cdots & r_{mn} \end{bmatrix} = (b_1, b_2, \cdots, b_n)$$

其最终评价结果为模糊矢量，而不是一个点值，因而能提供的信息比其他方法更丰富。如果需要进一步对评价结果进行量化排序和比较，则可采用“最大隶属度”或“加权平均”的方式计算其综合分值。

例如：根据 4 个城市 C_1、C_2、C_3、C_4一个月内第一产业、第二产业和第三产业产值（单位：亿元）的模糊评判结果和三大产业的权重（0.3，0.3，0.4），可采用模糊综合评价法对其生产力水平进行分析和比较。

表 7－2－10　各城市三大产业产值及其模糊评判结果

	第一产业				第二产业				第三产业			
	产值	好	中	差	产值	好	中	差	产值	好	中	差
C_1	**25**	0.7	0.2	0.1	**50**	0.5	0.3	0.2	**25**	0.3	0.5	0.2
C_2	**25**	0.7	0.2	0.1	**60**	0.6	0.2	0.2	**35**	0.5	0.3	0.2
C_3	**20**	0.6	0.3	0.1	**80**	0.8	0.1	0.1	**30**	0.4	0.4	0.2
C_4	**15**	0.4	0.4	0.2	**20**	0.2	0.5	0.3	**70**	0.8	0.1	0.1

根据公式，四个城市的综合评价结果 B_1、B_2、B_3、B_4分别为：

$$B_1 = A \circ R_1 = (0.3, 0.3, 0.4)\begin{bmatrix} 0.7 & 0.2 & 0.1 \\ 0.5 & 0.3 & 0.2 \\ 0.3 & 0.5 & 0.2 \end{bmatrix} = (0.48, 0.35, 0.17)$$

$$B_2 = A \circ R_2 = (0.3, 0.3, 0.4)\begin{bmatrix} 0.7 & 0.2 & 0.1 \\ 0.6 & 0.2 & 0.2 \\ 0.5 & 0.3 & 0.2 \end{bmatrix} = (0.59, 0.24, 0.17)$$

$$B_3 = A \circ R_3 = (0.3, 0.3, 0.4)\begin{bmatrix} 0.6 & 0.3 & 0.1 \\ 0.8 & 0.1 & 0.1 \\ 0.4 & 0.4 & 0.2 \end{bmatrix} = (0.58, 0.28, 0.14)$$

$$B_4 = A \circ R_4 = (0.3, 0.3, 0.4)\begin{bmatrix} 0.4 & 0.4 & 0.2 \\ 0.2 & 0.5 & 0.3 \\ 0.8 & 0.1 & 0.1 \end{bmatrix} = (0.50, 0.31, 0.19)$$

2.4　灰色综合评价法

灰色综合评价法，是一种以灰色关联分析理论为指导，基于专家评判的综合性评价方法。在系统发展过程中,若两个因素变化的趋势具有一致性,即同步变化程度较高,即可谓二者关联程度较高;反之,则关联程度较低。因此,灰色关联分析方法,是根据因素之间发展趋势的相似或相异程度,亦即"灰色关联度",作为衡量因素间关联程度的一种方法。

黑色系统:只明确系统与环境之间的关系,对于系统内部的结构、层次关系、组成元素和实现机理等一无所知。

白色系统:一切都明朗化,既明确系统与环境之间的相互作用关系,也明确系统内部结构、元素和特征。

灰色系统:介于黑色和白色之间,部分信息已知,而另一部分信息未知的系统,系统内各因素之间没有确定的关系。

客观世界的很多实际问题,其内部的结构、参数以及特征并未全部被人们所了解,人们不可能像研究白箱问题那样将其内部机理研究清楚,而只能依据某种思维逻辑来理解和推断其构造,并通过计算其与参考序列的关联度来定量分析、比较二者间的接近程度。它是研究灰色系统的常用方法。

灰色综合评价法的计算过程涉及:指标参数标准化、指标关联度计算、综合关联度计算。

- **指标参数标准化**

基于指定的指标参数,被评价对象可以表示为以下序列:

$$X_i = (x_i(1), x_i(2), \cdots, x_i(n)), i = 0, 1, \cdots, m$$

假设被评价对象的原始指标数据为 $Y_i = (y_i(1),\ y_i(2),\ \cdots,\ y_i(n))$,考虑到数据的量纲差异,其指标参数可通过多种方式进行标准化处理,比如,初值像、均值像或区间值像的计算。

初值像,以第一个被评价对象的指标参数作为标准,进行等比例转化。

$$x_i(j) = \frac{y_i(j)}{y_1(j)}$$

均值像,以所有被评价对象的各项指标参数均值作为标准,进行等比例转化。

$$x_i(j) = \frac{y_i(j)}{\bar{y}(j)} = \frac{y_i(j)}{\frac{1}{m}\sum_{i=1}^{m} y_i(j)}$$

区间值像,以被评价对象各项指标参数的极大和极小值为边界,进行等比例转化。

$$x_i(j) = \frac{y_i(j) - \min_i\{y_i(j)\}}{\max_i\{y_i(j)\} - \min_i\{y_i(j)\}}$$

其中,$i = 0, 1, \cdots, m$,为被评价对象的序号;而 $j = 0, 1, \cdots, n$,为被评价指标参数的序号。

- **指标关联度计算**

不同对象与参考对象间的指标关联度可以用以下公式表示：

$$r(x_0(k),x_i(k)) = \frac{\min\limits_j \min\limits_k |x_0(k) - x_j(k)| + \xi \max\limits_j \max\limits_k |x_0(k) - x_j(k)|}{|x_0(k) - x_i(k)| + \xi \max\limits_j \max\limits_k |x_0(k) - x_j(k)|}$$

式中，$x_0(k)$和$x_i(k)$表示指标序列x_0和x_i的第k个指标参数，$r(x_0(k), x_i(k))$为指标参数$x_i(k)$与参考对象指标$x_0(k)$的关联度，ξ为调节系数，满足$\xi \in (0, 1)$，通常取0.5，x_I和x_j为第i和第j个对象的指标序列，x_0为参考序列，其元素通常取每个指标参数的极大值（最优情况）。

● **综合关联度计算**

被评价对象（指标序列）与参考对象（指标序列）间的关联度为：

$$r(X_0,X_i) = \sum_{k=1}^{n} r(x_0(k),x_i(k))\omega(k)$$

式中，$\omega(k)$为第k个指标的权重，$r(X_0, X_i)$为指标序列X_i与参考指标序列X_0的关联度，$r(X_0, X_i)$越大，则第i个对象在整体上与参考对象越接近，由于参考对象X_0代表了预设的最优状态，$r(X_0, X_i)$即可作为被评价对象的综合评价结果。

例如：根据4个城市C_1、C_2、C_3、C_4一个月内第一产业、第二产业和第三产业的产值数据（单位：亿元）和三大产业的权重（0.3，0.3，0.4），可采用灰色综合评价法对各城市的生产力水平进行分析、比较。

表7-2-11 各城市三大产业产值及其标准化指标参数

	第一产业		第二产业		第三产业	
	产值	指标参数	产值	指标参数	产值	指标参数
C_1	**25**	1.0	**50**	1.0	**25**	1.0
C_2	**25**	1.0	**60**	1.2	**35**	1.4
C_3	**20**	0.8	**80**	1.6	**30**	1.2
C_4	**15**	0.6	**20**	0.4	**70**	2.8

首先，采用初值像对指标参数进行标准化处理；

然后，取各因素指标参数的最大值，构建参考序列为：(1.0, 1.6, 2.8)，并计算各城市不同指标参数与参考序列相应指标的关联度（ξ取0.5）；

$$\begin{bmatrix} 1.00 & 0.60 & 0.33 \\ 1.00 & 0.69 & 0.39 \\ 0.82 & 1.00 & 0.36 \\ 0.69 & 0.43 & 1.00 \end{bmatrix}$$

最后，计算得到各城市的综合关联度。

$$\begin{bmatrix}1.00 & 0.60 & 0.33\\1.00 & 0.69 & 0.39\\0.82 & 1.00 & 0.36\\0.69 & 0.43 & 1.00\end{bmatrix}\begin{bmatrix}0.3\\0.3\\0.4\end{bmatrix}=\begin{bmatrix}0.612\\0.663\\0.690\\0.736\end{bmatrix}$$

2.5　数据包络分析法

数据包络分析(Data Envelopment Analysis, DEA),是一种对多决策单元的“投入/产出”效率进行综合评价的科学方法。它是运筹学、管理科学与数理经济学交叉研究的一个新领域,主要根据多项投入指标和多项产出指标,利用线性判别方法,对具有可比性的同类型决策单元进行相对有效性评价。

决策单元(Decision Making Unit, DMU),是在可能范围内,通过投入一定数量的生产要素并产出一定数量“产品”的活动。任何一个经济系统或生产过程都可以看成一个决策单元。虽然这些活动的具体内容各不相同,但其目的都是尽可能取得最大的“效益”。

数据包络分析依据决策单元的“输入”和“输出”数据(多输入 - 多输出),来评价不同单位或同一单位不同时段在同一决策单元上的相对有效性。它建立在相互比较的基础上,并紧密依赖于输入综合与输出综合的比值。

其中,帕累托效率更高的决策单元,其资源利用的有效性也越高。

帕累托最优(Pareto Optimality):也称为帕累托效率,它是资源分配的一种理想状态,是通过一系列资源的综合配置(输入数据),从一种状态到另一种状态的变化过程中,在没有使任何境况变坏的前提下,已无法使得任何一方面变得更好(输出数据)。

生产前沿面:是将“投入/产出”数据表示在坐标系中,投入最小、产出最大的各个帕累托最优点所形成的趋势面。

例如:城市 C_1、C_2、C_3、C_4(4 个 DMU),其制造业每创造 1 亿元 GDP 所消耗的“人力资源”和“电力能源”如下表所示。通过作图法,对各城市 GDP 创造效率进行分析,可得知由 C_1、C_3、C_4 三点连成的折线为生产前沿面,凡是在前沿面上的点的投入状态均处于帕累托最优,即不可能在保持其中一项投入不变的情况下,减少另一项投入。C_2 在生产前沿面的另一侧,说明城市 C_2 的 GDP 创造效率相比于其他城市仍有提高的空间。

表 7-2-12　各城市创造 1 亿元 GDP 的资源消耗

	C_1	C_2	C_3	C_4
人力资源消耗	200 人时	300 人时	350 人时	500 人时
电力能源消耗	800 度	600 度	350 度	200 度

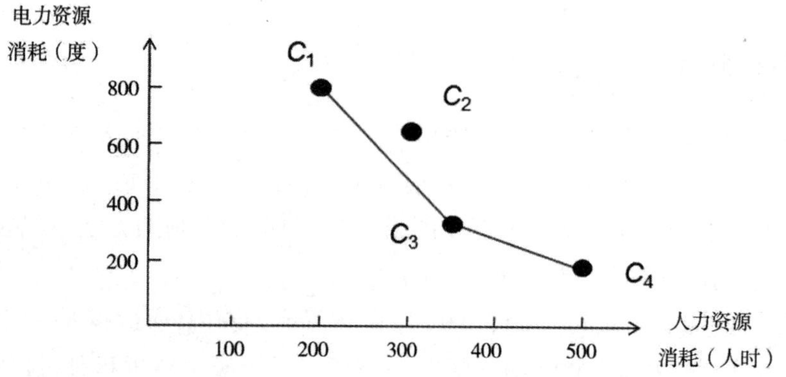

图 7-2-2　各城市 GDP 创造效率分析图

作图法衡量 DEA 的有效性，只适用于投入和产出变量的总数不超过 3 个的简单情况。对于复杂情况，其资源利用效率的评价则需要采用 C2R 模型进行分析、计算。C2R 模型，是 1978 年由 Charnes、Cooper 和 Rhodes 共同创建，用于评价部门间相对有效性的模型方法。

假设每个 DMU 在一项生产活动中，输入、输出向量分别为：

$$x = (x_1, x_2, \cdots, x_m)^T$$
$$y = (y_1, y_2, \cdots, y_s)^T$$

现有 n 个 DMU，第 j 个（$1 \leq j \leq n$）DMU 对应的输入、输出向量可表示为：

$$x_j = (x_{1j}, x_{2j}, \cdots, x_{mj})^T$$
$$y_j = (y_{1j}, y_{2j}, \cdots, y_{sj})^T$$
$$j = 1, 2, \cdots, n$$
$$x_{ij} > 0, y_{rj} > 0 \qquad i = 1, 2, \cdots, m; r = 1, 2, \cdots, s$$

其中，x_{ij}为第 j 个决策单元对第 i 种类型输入的投入量，y_{rj}为第 j 个决策单元对第 r 种类型输出的产出量，x_{ij}和 y_{rj}为已知数据，均可以根据历史资料得到。

对于任意决策单元 j_0，通过判断它与其他决策单元之间的变量关系，即可对其 DEA 有效性进行量化描述（*s. t.* 为条件符号 Subject to 的缩写）：

$$
s.t.\begin{cases}\sum_{j=1}^{n}\lambda_j y_{rj} \geqslant y_{rj_0}, r=1,2,\cdots,s \\ \sum_{j=1}^{n}\lambda_j x_{ij} \leqslant \theta x_{ij_0}, i=1,2,\cdots,m \\ \sum_{j=1}^{n}\lambda_j = 1, \lambda_j \geqslant 0, j=1,2,\cdots,n \end{cases}
$$

目标函数：$min\theta$

当求解结果有 $\theta<1$，则 j_0 决策单位并非 DEA 有效；否则 j_0 决策单位 DEA 有效，即帕累托最优。

例如：4 个城市 C_1、C_2、C_3、C_4，它们的制造业年度报告详细列出了其去年全年的“人力资源消耗”“电力能源消耗”以及“GDP 产值”和“其他产业经济带动成效”，如下表所示。

表 7－2－13　各城市制造业的年度报告数据

	C_1	C_2	C_3	C_4
人力资源消耗	200 人时	300 人时	350 人时	500 人时
电力能源消耗	800 度	600 度	350 度	200 度
GDP 产值	10000 亿元	11000 亿元	5000 亿元	8000 亿元
经济带动成效	13000 亿元	15000 亿元	8000 亿元	10000 亿元

基于 C2R 模型，对于 C_1，有

$$
s.t.\begin{cases}10000\lambda_1 + 11000\lambda_2 + 5000\lambda_3 + 8000\lambda_4 \geqslant 10000 \\ 13000\lambda_1 + 15000\lambda_2 + 8000\lambda_3 + 10000\lambda_4 \geqslant 13000 \\ 200\lambda_1 + 300\lambda_2 + 350\lambda_3 + 500\lambda_4 \leqslant 200\theta_1 \\ 800\lambda_1 + 600\lambda_2 + 350\lambda_3 + 200\lambda_4 \leqslant 800\theta_1 \\ \lambda_1 + \lambda_2 + \lambda_3 + \lambda_4 = 1 \\ \lambda_j \geqslant 0, j=1,2,\cdots,n \end{cases}
$$

目标函数：$min\ \theta_1$

对于 C_2，有

$$s.t.\begin{cases}10000\lambda_1+11000\lambda_2+5000\lambda_3+8000\lambda_4\geqslant 11000\\13000\lambda_1+15000\lambda_2+8000\lambda_3+10000\lambda_4\geqslant 15000\\200\lambda_1+300\lambda_2+350\lambda_3+500\lambda_4\leqslant 300\theta_2\\800\lambda_1+600\lambda_2+350\lambda_3+200\lambda_4\leqslant 600\theta_2\\\lambda_1+\lambda_2+\lambda_3+\lambda_4=1\\\lambda_j\geqslant 0,j=1,2,\cdots,n\end{cases}$$

目标函数：$min\ \theta_2$

对于 C_3，有

$$s.t.\begin{cases}10000\lambda_1+11000\lambda_2+5000\lambda_3+8000\lambda_4\geqslant 5000\\13000\lambda_1+15000\lambda_2+8000\lambda_3+10000\lambda_4\geqslant 8000\\200\lambda_1+300\lambda_2+350\lambda_3+500\lambda_4\leqslant 350\theta_3\\800\lambda_1+600\lambda_2+350\lambda_3+200\lambda_4\leqslant 350\theta_3\\\lambda_1+\lambda_2+\lambda_3+\lambda_4=1\\\lambda_j\geqslant 0,j=1,2,\cdots,n\end{cases}$$

目标函数：$min\ \theta_3$

对于 C_4，有

$$s.t.\begin{cases}10000\lambda_1+11000\lambda_2+5000\lambda_3+8000\lambda_4\geqslant 8000\\13000\lambda_1+15000\lambda_2+8000\lambda_3+10000\lambda_4\geqslant 10000\\200\lambda_1+300\lambda_2+350\lambda_3+500\lambda_4\leqslant 500\theta_4\\800\lambda_1+600\lambda_2+350\lambda_3+200\lambda_4\leqslant 200\theta_4\\\lambda_1+\lambda_2+\lambda_3+\lambda_4=1\\\lambda_j\geqslant 0,j=1,2,\cdots,n\end{cases}$$

目标函数：$min\ \theta_4$

3. 城市综合评价应用趋势

3.1 目标导向

城市综合评价的结果，既是不同城市之间横向比较的依据，也是各个城市自身发展变化的体现。从城市管理角度，为了引导地区经济社会发展，使其发展动机始终保持在较高水平，目标导向的城市综合评价在实践中起到了越来越重要的作用。不同于一般意义上的综合评价方法，目标导向的综合评价在指标参数计算和权重评估方面都更加注重相关数据的合理性和适应性。

一方面，指标参数计算与目标因素的属性特征密切相关，例如：城市人口规模的指标参数计算需要考虑其行政等级和地区属性；城市经济水平的指标参数计算需要考虑其经济增长的阶段性特点和历史规律；城市人居环境的指标参数计算需要考虑其居住人群的工作生活状态和现实需求。

另一方面，指标权重评估反映了目标因素的优先级排序，例如：新城建设往往更多地关注于地区产业发展和居住配套；老城更新通常更多地关注于地区经济活力和环境品质；城市核心区发展以金融、商业和办公写字楼为主；城市远郊则以工业、农业和生态旅游为主。

目标导向的城市综合评价，有助于城市管理系统的完善与优化。然而，以目标为导向构建综合评价体系和模型，却还需要注意：当前目标与长远目标的结合；局部目标与全局目标的协调；经济目标与社会目标的统一。

3.2　以人为本

以人为本，是城市科学发展观的核心。城市综合评价不仅仅关注其各方面客观指标，也日益注重公众的主观需求和满意度。市民是城市的主人，以人为本的综合评价方法符合城市建设的终极目标，即：为人类提供良好的生存发展机会，不断满足其物质和精神生活需求。特别是随着城市经济、社会发展水平的提升，城市综合评价也逐渐将人民的利益摆到了一个更高的位置。

一方面，以服务为中心，将市民需求满足作为城市综合评价的直接依据，例如：从服务的供给效率出发，对城市服务的可及性指标进行科学计算；考虑服务的实际作用效果，将城市服务质量纳入城市综合评价体系；根据服务的目标人群差异，对城市服务的供需匹配状况进行细致描述与评价。

另一方面，以市民为评价主体，将其主观态度作为城市综合评价的直接标准，例如：从市民的真实感受出发，对城市综合评价的指标参数进行合理赋值；考虑市民的日常生活体验，将居民满意度作为城市综合评价的核心要素；根据市民的现实利益诉求，对城市系统评价的相关因素进行有效评估。

而在人本理念的驱动下，一系列全新的概念和评价体系也被陆续提出，比如，宜居城市、友好型城市、包容性城市等。

宜居城市，是具有良好的居住空间环境、人文社会环境、生态与自然环境和清洁高效的生产环境的城市，它具有环境优美、社会安全、文明进步、生活舒适、经济和谐、美誉度高等特点。

友好型城市，是以社会群体的多层次需求为导向，既能提供普惠性的、高品质的公共服务，也能提供和满足部分小众、个性化需求的城市，它将包容互助和柔性关爱渗透到城市规划、建设、治理、运行的各个环节。

包容性城市，是指外来居民不仅可获得经济物质条件的满足感，还能迅速融入当地文化，融入当地生活圈子，安居立业，获得深层次满足感的城市，它具有财富分配合理、城市管理科学、公共服务均等、多元文化共生等特点。

【城市管理技术】篇章

为了实现科学化、精细化、智能化的功能服务，现代城市管理对于数字信息技术的应用需求与日俱增。从数据获取、数据分析到数据建模与仿真，一系列技术手段被融入城市管理工作的各个环节，为城市状态感知、过程理解、问题发现和系统完善提供了底层支撑。而GIS作为综合性的技术应用系统，也为城市信息的存储、加工和利用提供了有效平台。

第八章　城市观测

城市是一个“社会－经济－自然”的复合系统，具有复杂性和空间异质性特征。社会、经济构成的人工系统影响着生态环境相关的自然系统，而自然系统也为人工系统提供着支撑。各要素相互作用，构成了不同的物质空间格局，并时刻进行着信息传递和能量流动，为市民提供各种功能服务。为了揭示城市运行、发展的内在机制和规律，为管理、决策提供依据，我们有必要对城市系统进行一系列观测，以获取“客观”“真实”的数据资料。

1. 城市观测技术内涵

1.1　目标观测

目标观测，是指对特定的自然或社会现象进行观察、测定的行为活动。面对同样的观测目标，其观测条件、观测视角、观测尺度、观测方式的不同，会导致不同的观测结果。

观测条件：是指进行观测工作时的环境、仪器和人（观测者）的客观条件。

环境条件，包括：温度、湿度、风力以及大气折光等外部因素的状态和变化。

仪器条件，包括：仪器本身的光学、机械、电子系统等内部因素的性能和误差。

观测者条件，包括：人在操作、读数、认知等方面的能力局限和主观偏差。

观测条件相同的观测称为等精度观测，观测条件不同的观测称为不等精度观测。

观测视角：是指观察者观察事物的立足点和出发点。一般来说，自然景观多以方位和距离远近选择观测角度，社会生活多以性质和特点选择观测角度。从方位和距离来说，有上下、左右、正反、高低、远近的不同；以性质和特点来看，有政治的、经济的、社会的、审美的、哲学的、心理的差异。但不论从什么角度进行观测，都应该以把握事物本质、反映客观情况为目的。

观测尺度：是指对事物特征及变化进行观测的时间和空间范围。在概念上，尺度既可以表示观测的最小单位（粒度或分辨率），也可以表示观测的总体规模。同一观测目标，在不同尺度下，会表现出不同的特征、规律和系统关系，比如，事物的某些细节，在一定尺度下会被认为是噪音,但在另一更小的尺度下却可能被认为是不可或缺的结构组件。

观测方式:是指人们在观测过程中为达到特定目的和效果所采取的观测手段。根据观测行为的不同,城市观测可分为定位观测和流动观测;根据观测周期的不同,城市观测可分为长期观测和临时观测;而根据观测样本的不同,城市观测也可分为完整观测和抽样观测。对于具有不同特点的城市要素,我们可以灵活选择合适的观测方式,或者将多种观测方式有机结合,建立一体化的城市观测系统。

1.2 城市观测

城市观测,是通过各种信息获取手段对城市空间环境和社会状态进行客观记录与理解的过程。从数据获取,到目标测度,其观测手段一般可分为直接观测和间接观测。直接观测是通过测绘仪器、物联网设备、温度计、气压表等技术工具对所要观测的目标参数进行有效测度,直接获得被观测对象的状态信息;间接观测则是根据所要观测的目标参数与其他要素指标间的关联关系,通过其他要素的测量,间接推断被观测对象的状态信息。

城市中绝大多数观测问题,尤其是社会状态信息的获取,需要通过间接观测解决,而间接观测过程往往涉及一定程度的数据处理工作。面对复杂的外部环境和有限的观测条件,城市观测的数据处理工作通常包括两方面内容:数据预处理和数据判读。

● **数据预处理**

数据预处理(Data Preprocessing),是指对原始数据进行加工、利用之前所做的一系列前期处理工作。以城市遥感的影像数据处理为例,除了前期对于数据的审核、筛选、排序和分组等基本工作外,为了对所采集的原始数据资料进行纠正和完善,进而真实地反映城市现实状况,其预处理工作还涉及一系列技术内容,包括对影像数据的辐射纠正、几何纠正、图像增强、彩色合成、图像融合、图像拼接、图像二值化、图像编码等,分别对应于数据的清理、集成、变换和归约。

数据审核:它主要关注于原始数据的完整性和准确性(确定观测对象是否有遗漏、数据指标是否齐全、数据内容是否真实,相关参数是否正确等),其审核过程一般采取逻辑检查和计算检查两种方式,前者通过数据内容的定性审核确保数据要素间逻辑上的一致性,后者则通过数据参数的定量审核确保数据测度的正确性。

数据筛选:它是在观测结束后,对数据审核过程中发现的某些不符合要求或具有明显错误且无法弥补和纠正的数据进行剔除,并根据应用需要,将符合特定条件的观测数据筛选出来,以供后续处理。

数据排序:它是按照一定顺序对原始数据进行排列,以便于其后续分析、处理和测度(在某些场合,排序本身就是数据分析的一部分),比如,按照特定规则对分类数据进行排列,或按照递增或递减方式对数值型数据进行排列。

数据分组:它是根据穷尽性原则和互斥性原则对庞杂的观测数据进行分组处理,以理清数据资料的层次结构，使组内差距尽可能小、组间差距尽可能大，从而有效反映数据的分布特征及规律。

数据清理：它是在数据分析、测度前，为了改善数据质量、提升数据的有效性，以领域知识为基础，根据数据的内在规律和联系，采用数学统计方法对其格式和内容进行标准化处理（清除重复数据、消除数据噪声、修复数据错误和缺失等）。

数据集成：它是将多方面、多视角、多次观测的数据结果在逻辑或物理上进行有机整合，通过数据关联的确定、数据冲突的解决和数据冗余的去除，为数据分析和测度提供完整、全面、系统的数据资料。

数据变换：它是以计算为基础，以应用为导向，基于特定的数学模型，利用函数映射等方式，对数据进行整体变动或局部调整，将原始数据从一种表现形式转变、替换为另一种表现形式，进而实现数据内容的增强与改善。

数据归约：它是在对观测目标充分熟悉和理解的基础上，通过特征重组和数据重采样等方式对观测数据进行降维处理，实现数据的精简和压缩，一方面实现数据规模的缩减，另一方面尽可能保持数据的原貌，在数据处理效率和效度之间寻求最佳平衡。

- **数据判读**

数据判读，是从大范围观测数据中获取目标信息的过程和方法。为了实现目标信息的精准提取，它借助各种技术手段，根据特定标准和实践经验，对数据内容进行解析、识别和理解。而在众多数据判读方法中，数据分类是最主要的技术手段之一。

分类是人类认知事物的基本方法。其本质是将事物划分为不同的类别，加以区分和识别，从而获得有关事物的整体认知。其分类结果反映了目标对象的属性特点，比如，人群的性别、语言、国籍等。在城市观测中，数据判读主要采用监督分类方法。

监督分类，又称为“训练分类”，是以建立统计识别函数为基础、依据典型样本进行分类的技术方法，即：根据已知训练样本，对特征参数进行选择和求解，并将其作为决策规则，建立判别函数，对其他数据进行分类处理的一种方法。它要求训练样本具有典型性和代表性。判别准则若满足分类的精度要求，则此准则成立；反之，则需要重新建立分类的判别准则，直至满足分类精度要求为止。监督分类的常用方法有：最小距离法、贝叶斯线性和非线性判别法（最大似然法）、多级分割法（平行六面体法）、马氏距离法、费歇尔线性判别法等。

为了对判读结果的精度进行有效评价，一般可采用混淆矩阵和 Kappa 系数。

混淆矩阵（Confusion Matrix），也称误差矩阵，是分类精度评价的一种标准格式，用 n 行 n 列的矩阵形式来表示。矩阵的每一列代表特定的判读类别，每一列的数据总数表示判读为该类型的对象数目；矩阵的每一行代表特定的实际类别，每一行的数据总数表示该类型的真实对象数目。

例如：有 150 个样本数据，判读为类型一、类型二、类型三各为 50 个，依据分类结果构建混淆矩阵。矩阵第一行的数据为(43, 2, 0),说明有43个属于类型一的样本被正确判读为了类型一,与此同时,也有2个属于类型一的样本被错误判读为类型二;矩阵第二行的数据为(5, 45, 1),说明有45个属于类型二的样本被正确判读为了类型二,有5个属于类型二的样本被错误判读为类型一,1个属于类型二的样本被错误判读为类型三;矩阵第三行的数据为(2, 3, 49),说明有49个属于类型三的样本被正确判读为了类型三,有2个属于类型三的样本被错误判读为类型一,有3个属于类型三的样本被错误判读为类型二。

表8-1-1 样本数据分类的混淆矩阵

		判读类别		
		类型一	类型二	类型三
实际类别	类型一	43	2	0
	类型二	5	45	1
	类型三	2	3	49

Kappa 系数,是统计学中度量一致性的指标,对于分类问题,它反映了模型判读类别和实际类别之间的一致性情况。Kappa 系数的取值为 -1 到 1 之间,一般可基于混淆矩阵对其进行计算:

$$K = \frac{p_0 - p_e}{1 - p_e}$$

$$p_0 = \sum_{i=1}^{C} a_{ii}/N$$

$$p_e = \sum_{i=1}^{C} \left(\sum_{p=1}^{C} a_{pi} \cdot \sum_{q=1}^{C} a_{iq} \right) / N^2$$

式中,K 表示 Kappa 系数,p_0 表示总体分类精度,p_e 表示偶然一致性误差,N 为样本总数,C 为类型总数,a_{ii}、a_{pi}、a_{iq} 分别为混淆矩阵对角线和特定行列上的数据元素。p_0 本质上是所有正确分类的样本数据之和与样本总数的比值,而 p_e 则是每一种类型判读样本数和真实样本数之积的总和与样本总数平方的比值。

2. 城市观测常用技术

2.1 城市遥感

城市遥感,是空间遥感技术在城市中的实践应用。其任务就是为城市规划、建设和管理提供基础地理信息和其他相关空间数据资料。遥感技术作为一种在不直接接触的情况下,对目标物或自然现象远距离感知的一门探测技术,可以快速、准确地获取城市各方面有关信息，既有城市宏观的全貌和综合数据，又有城市的一屋一桥等微观影像和数据。与传统的城市调查相比，城市遥感既省时、又经济，因而具有广阔的应用和发展前景。

目前，城市遥感主要是采用航空与航天遥感相结合的方法，并配合地面检查。全球3000多颗卫星的运作（法国的SPOT，美国的QuickBird，印度的IRS等），各种不定期的航空和地面遥感作业，可见光摄影、彩色红外摄影、热红外扫描、多光谱扫描、激光扫描等各种成像方式的使用，使得多分辨率、多光谱、多质量等级的城市动态信息获取成为可能。城市遥感技术的运用，已成为衡量城市管理现代化水平的一个重要标志。

2.1.1　光学遥感技术

光学遥感，是典型的无源遥感或被动遥感技术，是城市观测的主要技术手段之一。由于遥感数据是由位于不同高度，搭载于不同平台之上（如：飞机、卫星等），采用不同照相设备，以不同方式获取的影像资料，光学遥感影像通常具有不同的空间分辨率和光谱结构。

空间分辨率：是指图像上一个像元代表的地面面积大小。例如：卫星的飞行高度一般在80km以上，其遥感影像分辨率一般在0.5 m~1km之间；大型飞机的飞行高度一般在10km~80 km之间，其遥感影像分辨率一般在0.04 m~1m之间；而小型无人机的飞行高度一般小于10km，其遥感影像分辨率则一般在0.01 m~0.05m之间。

光谱结构：是指图像上各像元所反映的光照波段数量以及各波段的波长位置和波长间隔。任何物体都具有光谱特性，即具有不同的吸收、反射、辐射光谱的性能。一方面，在同一光谱区各种物体反映的情况不同，同一物体对不同光谱的反映也有明显差别；另一方面，即使是同一物体，在不同的时间和地点，由于太阳光照射角度不同，它们反射和吸收的光谱也各不相同。遥感图像记录的波段数越多、各波段的波长间隔越小，其光谱分辨率越高。而光谱分辨率高的遥感影像，对物体的识别精度更高，遥感应用分析的效果也更好。但与此同时，面对大量多波段信息以及它们所提供的微小差异，人们要将其与地物特征联系起来，实现地物目标的综合解译，其数据处理工作也面临更大挑战。

常见的光谱波段包括：蓝色波段（波长：0.450 ~0.520 微米）、绿色波段（波长：0.510 ~0.600 微米）、黄色波段（波长：0.585 ~ 0.625 微米）、红色波段（波长：0.630 ~ 0.690 微米）、红色边缘波段（波长：0.705 ~ 0.745 微米）、近红外波段（波长：0.760 ~ 0.900 微米）、近红外2 波段（波长：0.860 ~ 1.040 微米）等。

按照数据成像的光谱处理方式不同，其相应遥感影像可分为：全色影像、多光谱影像。

全色影像，对于成像光谱不做区分，统一记录成像，形成黑白影像数据，由于同一颗卫星各波段能量累加到全色通道中，全色影像通常具有相对更高的空间分辨率。

多光谱影像，对于成像光谱进行明确划分，分别记录成像，形成彩色影像数据，由于同一颗卫星各波段的能量分散到不同色彩通道中，多光谱影像具有相对较低的空间分辨率。

而倘若进一步将空间分辨率较高的全色影像和彩色效果较好的多光谱影像融合在一

起,则可形成兼具高分辨率和多样色彩的高质量影像数据。

表 8-2-1 商用光学遥感卫星

卫星类型	国籍	名称	发射时间	全色分辨率	多光谱分辨率
光学卫星	中国	高景一号	2016	0.5m	2m
		北京二号	2015	1m	4m
		高分一号	2013	2m	8m
		高分二号	2014	0.8m	3.2m
		资源三号	2012	2.1m	5.8m
	美国	Worldview-1	2007	0.5m	无
		Worldview-2	2009	0.5m	2m
		Worldview-3	2014	0.3m	1.2m
		Worldview-4	2016	0.3m	1.2m
		QuickBird	2001	0.61m	2.44m
		Geoeye-1	2008	0.5m	1.65m
		IKonos	1999	1m	4m
		LANDSAT-8	2013	15m	30m
		LANDSAT-7(ETM)	1999	15m	30m
		LANDSAT-5(TM)	1984	无	30m
		Hyperion(高光谱)	2000	无	30m
	法国	Pleiades	2011	0.5m	2m
		SPOT-1	1986	10m	20m
		SPOT-2	1990	10m	20m
		SPOT-4	1998	10m	20m
		SPOT-5	2002	2.5m	10m
		SPOT-6	2012	1.5m	6m
		SPOT-7	2012	1.5m	6m
	日本	ALOS	2006	2.5m	10m
		ASTER	1999	15m	30m
	德国	Rapid-eye	2008	无	5m
	韩国	KOMPSAT-2	2006	1m	4m
		KOMPSAT-3	2012	0.7m	2.8m
		KOMPSAT-3A	2015	0.5m	2m

2.1.2 激光遥感技术

激光遥感(Light Detection and Ranging,LIDAR),是典型的有源遥感或主动遥感技术。作为光学遥感的有力补充,它是从遥感平台上的人工辐射源向目标物发射一定形式的电磁波,通过电磁波来探测目标的位置、速度等特征量,再由传感器来接收和记录其反射影像资料的技术手段。其主要优点是不依赖太阳辐射,可以昼夜工作,而且可以根据探测目的不同,主动选择电磁波的波长和发射方式。

激光源的相干性、单色性、准直性和偏振作用、高亮度、瞬时行为都是普通光源所无法比拟的。特别是随着相关技术的不断成熟，LIDAR 在城市三维成像、高精度对地观测等领域得到了日益广泛的应用。按工作方式的不同，激光雷达可分为脉冲激光雷达和连续波激光雷达；而根据探测技术的不同，激光雷达也可以分为直接探测型激光雷达和相干探测型激光雷达。与普通微波雷达相比，激光雷达使用的是激光束，分辨率更高、抗干扰能力更强、目标探测性能更好，但受天气和大气影响较大，在大雨、浓烟、浓雾等恶劣天气中容易发生畸变、抖动，并影响激光雷达的测量精度。

早期，雷达遥感设备大多搭载于卫星平台之上，通过接收地物目标的回波信号，对其后向散射系数和介电常数进行测度，进而实现目标的准确识别和计量。它发射的电磁波波长一般较长，在1mm 至1m 之间，因而具有较强的地表穿透能力。但由于受雷达天线长度的限制，真实孔径雷达的地面分辨率往往很低，难以满足工程应用的现实要求。因此，实践中多采用合成孔径雷达(Synthetic Aperture Radar，SAR)，即：把在不同位置接收的回波信号进行相干处理，以获得较高分辨率的雷达遥感影像。SAR 具有不受光照和气候条件限制、全天时、全天候的观测特点，甚至可以透过植被和其他地表覆盖物以获取地面掩藏信息。这些特点使得其在农、林、水或地质、自然灾害等民用领域具有广泛的应用前景。

激光雷达通过对地面目标进行扫描，可获得地面反射点的三维坐标(x，y，z)和激光反射强度(Intensity)。每个地面反射点均按照其三维坐标值分布在相对应的立体空间中，便形成了扫描点的集合，即点云。点云是激光遥感数据采集的最终结果，点云的数据质量决定了激光遥感的观测质量。扫描分辨率高时，可获得密集点云；扫描分辨率低时，则产生稀疏点云。

2.2　社会调查

社会调查，是通过各种信息获取手段对社会运行状况进行记录与考察的技术方法。相比于传统意义上的宏观指标描述，它更关注于复杂社会现象背后的客观真实情况，即不同阶层、不同组织、不同人群的实际社会生活状态及需求。为了详细了解并掌握其相关信息，社会状况调查可采取直接或间接的方式对特定数据资料进行收集、整理和测度。

随着研究探索的深入和物联网技术的发展，社会状况调查也不再局限于传统的短周期、小样本问卷调查，而是出现了更多灵活、高效的观测方案。在新技术、新方法、新数据的驱动下，其调查过程和结果都变得更加客观、准确和全面。但与此同时，其技术路线选择、抽样规则制定和数据算法运用，也会在一定程度上对调查结果的可靠性产生影响。

针对不同的应用需求，从经济成本、观测效率、应用效果等多方面综合考虑，长周期追踪调查和大样本专题调查逐渐成为社会状况调查的主流技术方法。

2.2.1　长周期追踪调查

长周期追踪调查是一项经济和时间成本都很高的社会调查手段。它克服了单一时段、静态数据采集的固有缺陷,能够能达到传统调查方式所不能达到的高度和深度,因而被广泛应用于各大研究机构的社会状况调查中。

当进行长周期追踪调查时,其观测过程一般需要在系统抽样的基础上对调查对象进行连续跟踪记录。在得到被调查对象同意的情况下,该技术方法可以获取目标对象的动态发展信息、动态活动信息、动态演变信息,进而反映其在不同时段生产和生活的真实状态,刻画、展现其内在规律及本质特征。

● **宏观追踪调查**

在宏观层面,长周期追踪调查多采用问卷和访谈方式,通过入户、面访、电访等手段,按照一定周期,采集和获取特定社会群体的一手数据资料。目前,国内较为有名的社会追踪调查有中国综合社会调查(Chinese General Social Survey,CGSS)、中国老年社会追踪调查(China Longitudinal Aging Social Survey,CLASS)、中国家庭追踪调查(China Family Panel Studies,CFPS)、中国教育追踪调查(China Education Panel Survey, CEPS)、中国大学生追踪调查(Panel Study of Chinese University Survey,PSCUS)等。

中国综合社会调查,是我国最早开展的全国性、综合性、连续性学术调查项目,由中国人民大学中国调查与数据中心负责执行。它遵照国际标准,自2003年起,每年一次,面向全国城镇居民和农村居民,对中国大陆各省市自治区10 000多户家庭进行连续性横截面调查,系统收集社会、社区、家庭、个人多层次的数据资料,总结社会变迁趋势,探讨具有重大科学和现实意义的议题。

中国老年社会追踪调查,也是由中国人民大学中国调查与数据中心负责实施的全国性、连续性大型社会调查项目。它在2011和2012年进行了两次试调查后,从2014年开始,每两年追踪一次,以个人为分析单位,系统地收集中国老年人群社会、经济背景数据,掌握老年人在衰老过程中面临的各种问题和挑战,评估各项社会政策措施在提高老年人生活质量方面所取得的实际效果。

中国家庭追踪调查,是由北京大学中国社会科学调查中心实施的追踪调查项目。其样本覆盖25个省市自治区,目标样本规模为16 000户,调查对象包含样本家户中的全部家庭成员。该项目自2008和2009年在北京、上海、广东开展测试调查后,于2010年确定基线家庭及成员并正式开展调查访问。所有成员为永久追踪对象,每两年一次,跟踪收集个体、家庭、社区三个层次的数据。

中国教育追踪调查,同样是由中国人民大学中国调查与数据中心设计并实施的社会追踪调查项目。它以2013－2014学年为基线,从全国随机抽取28个县级单位作为调查点,并从中选取112所学校、438个班级(初中一年级和初中三年级),综合利用各种技术手段,从不同角度对被抽中班级的约2万名学生及其家长、老师进行数据采集,并按照计划进行长达30年的追踪调查。

中国大学生追踪调查,是由中国社会科学院社会学研究所、中国教育发展智库组织实施的重大社会调查项目。它将中国大陆地区教育部承认学历的高等学校作为总抽样框，依照多阶段、分层、随机抽样原则进行调查取样，从2013年开始，每年一次，通过问卷调查方式，系统、深入地了解当代大学生及毕业生的境遇、态度与行为，分析其变化规律和影响因素。其内容兼顾了跟踪性、及时性和鲜活度。

● **微观追踪调查**

在微观层面，长周期追踪调查主要针对居民个体的日常行为活动，基于有限样本的行为记录数据对特定人群的社会生活状态进行细致刻画。其中，常见的微观追踪调查有出行日志调查、时间利用调查、GPS历史轨迹调查等。

出行日志调查（Travel Daily Survey），一般通过纸质问卷、电话访谈或电子邮件等方式对被调查者的日常出行信息进行收集整理。在其过程中，被调查者需要仔细回顾特定时间段内的真实出行状况，详细填写各次出行活动的出发时间、出发地点、交通方式、目的、到达时间、到达地点等内容。该数据采集手段虽然能够系统、全面地获取居民日常行为活动信息，但也存在着诸多不足。一方面，被调查者往往是在行为结束一段时间后进行问卷填写，漏报和错报的情况较为常见，其出行情况越复杂出错概率越大；其次，由于被调查者难以对过去的活动时间进行准确记录，因而填写问卷时多依赖于估测，而当被调查者采用不同的交通方式时，其主观体验也会存在明显差异（如：采用私家车出行的被调查者容易低估出行时长，而采用公交车出行的被调查者则一般容易高估出行时长）；再次，出行日志调查的数据在进行计算机分析处理前需要进行人工录入和编码，给调查者与被调查者都带来了一定负担，调查成本较高。

时间利用调查（Time-use Survey, TUS），是针对一定区域内特定人群的时间使用情况所进行的抽样调查。通过对调查地域、住户人群和一周各天的概率抽样，在特定的行为活动分类框架下，它可以详细了解各类人群从事不同活动的时间分布状况。其时间利用结构，如工作时间、家务劳动时间、睡眠时间、休闲娱乐时间的比较状态，能在一定程度上说明居民的工作、生活质量。一方面，有不少国家把居民时间利用作为测度居民福祉的一个重要维度（如：休闲娱乐时间能从一定程度反映居民幸福感）；另一方面，时间利用是衡量经济社会变迁的一杆标尺（如：睡眠时间增加反映了劳动生产率的提高）；此外，时间利用还是表达经济社会政策的一个语境（如：学生在学业上耗费时间的长短反映了学业负担的大小）。从20世纪中期至今，时间利用调查技术方法逐渐成熟，并成为各国社会状况调查的常用手段。但各国在进行时间利用调查时，其组织方式、数据收集方法、时间间隔、活动分类、目标人群都存在一定差异。特别是活动分类，联合国、欧盟和我国都分别制定了不同的标准。

GPS历史轨迹调查，是一种基于数字定位技术的全新社会调查手段。它很好地弥补了传统"回忆式"调查的错报、漏报和模糊性问题，提供了一种更加客观、精确、高效的数据采集方案。该方案最早始于1996年美国肯塔基州莱克星顿镇的居民出行调查，其目的是用车载

GPS 数据纠正因调查日志理解偏差而产生的错误记录。虽然当时 GPS 数据的利用程度十分有限,但调查报告显示 GPS 调查对象与非 GPS 调查对象的数据结果有明显差异,这引起了美国国内的广泛关注。随后,GPS 历史轨迹调查得到了更大范围的应用,并进一步推广到基于手持 GPS 设备和智能手机的居民出行调查。GPS 历史轨迹调查的数据结果能够很好地反映居民日常出行特征,包括:出行频率、出行方式、出行目的及出行活动范围等,分析内容广,涉及细节丰富。但与此同时,被调查者对自身隐私方面的担忧也日益加剧。

2.2.2 大样本专题调查

大样本专题调查,是一种面向应用的高可靠性社会调查手段,其本质是从全体目标对象中选取大量样本进行考察,并据此对其总体状态信息进行有效描述。相比于有限样本的抽样调查,它通常具有更高的准确度。

当进行大样本专题调查时,为了获得尽可能多的样本资料,其观测过程广泛运用信息化技术对相关数据进行大规模收集。在大样本(甚至是全样本)条件下,调查目标群体的代表性和群体信息收集的完整性变得尤为重要;而以应用为导向,其调查结果的加工、处理和专题分析也逐渐成为社会状态有效认知的关键。

- **网络专题调查**

网络专题调查,是利用互联网平台进行专题社会调查的技术过程和方法。截至 2021 年,全球互联网普及率为 59.5%,而我国的互联网普及率更达到 71.6%,庞大的网民群体为大样本专题调查提供了良好的条件;与此同时,互联网和移动智能手机的普及也使得大样本调查变得简单易行,它既不需要过多的人力、物力投入,也不受时间和空间的限制,不仅高效、灵活,而且费用低廉。

即便是采用传统的问卷调查方式,网络环境特有的远距离、无接触、多样化特点也使得其调查过程能够满足很多特殊场景下的大样本信息获取需求,包括:现实状况的跨地域调查、敏感话题的匿名调查、复杂问题的交互调查等。但另一方面,网络问卷调查在实际应用中也存在着样本代表性难以保证、调查过程拒访率高、问卷内容存在理解偏差等问题,这些问题都使得其调查结果受到一定程度的质疑。

为了保证网络专题调查的质量,一系列改进方案和措施被提出,并运用到工作实践中。例如:通过多渠道邀请,提高被调查人群的多样性;通过定向推送,提高调查信息收集的针对性;通过有效激励,提高调查问卷应答的能动性;通过人性化设计,提高调查问题填报的准确性;通过数据审查,提高调查数据结果的可靠性。

随着网络调查方式、方法的不断完善,市场上出现了各种功能服务较为成熟的软件、平台和系统。它们不仅能够实现相对智能化的问卷编辑、发布和回收,而且能够对调查数据进行统一、标准化的处理。

- **大数据专题调查**

大数据专题调查,是以各领域多源异构大数据为基础进行专题社会调查的技术过程和方法。大数据,作为一类特殊的数据资料,既包括因工作开展而产生和采集的业务数据,也包括与专题调查密切相关的各类外部网络数据。它具有强细节(Full-detailed)、全样本(Full-sampled)、全周期(Full-period)的特点,但同时也体现出一定的表面性(Superficial)、有偏性(Biased)和不精确性(Inaccurate)。为了获得目标对象的实际状态信息,我们需要对数据进行选择、收集,并在此基础上分析、挖掘其语义内涵。

不同于传统调查数据,大数据本质上并不是为社会调查服务的,只是它所蕴含的信息能够在一定程度上满足社会调查的应用需求。但由于业务领域的区别、观察视角的不同、用户群体的差异,每个数据集实际上都只能代表特定情况、特定方面或特定人群,而并非对现实状况的系统描述。例如:通过对社交媒体数据进行跟踪分析,我们能够了解公众对各类事件的网络舆情变化,但用户的线上活动很多时候并不能完全反应其真实想法和线下行为;司机的驾驶习惯对车辆保险的定额有着重要参考价值,然而个人交通事故的发生率还与其视力水平、身体状况、所驾车辆、行驶路线等内容有着密切关系;滴滴打车虽然能够通过对出租车的行驶轨迹进行数据挖掘,理解居民在不同时段的乘车出行模式,却无法涵盖通过公交、地铁出行人群的行为选择。因此,大数据专题调查存在着数据与调查的适配问题,即:需要选择合适的数据集用于相应专题的社会调查。而在大数据收集方面,采用不同方式获得的数据越多,对事物的描述往往越接近其真实状态。

从数据到信息,大数据专题调查离不开数据资料的语义分析和挖掘。相比数据本身的变化、差异和量化特征,其价值更多地应体现于内容和结果的应用解释。无论是基于智能公交卡的公共出行调查、基于银行信用卡的消费活动调查,还是基于路面感知设备的交通流量调查,语义都是数据和应用之间的黏合剂。对于文本数据而言,传统的词频统计方法仅能揭示语料记录的关注重点,只有通过句法解析和语境理解才可以明确其表述的真实含义和背后所反映的情感、态度;多媒体数据的挖掘,不能仅依靠资料的分类组织与整理,如果缺乏深入、有效的语义标注和索引,大量有价值的信息将埋没于复杂、异构的数据文件中而难以被利用;即便是数值数据的分析与应用,离开了知识推理与语义论证,其参数计算最多也只能反映一些表面现象,而无法描绘社会生活的真实状态。

3. 城市观测前沿领域

3.1　城市监测

城市每时每刻都在发生着变化。从交通流量变化、自然环境变化、能源消耗变化,到人口分布变化、土地利用变化、产业发展变化,有的变化周期短,以分钟、小时为基本单位,有的变化周期长,以月份、年度为基本单位。为了详细了解城市的动态运行情况,把握城市的动态发展方向,我们需要按照一定周期,对城市变化进行有效监视和精确测量。

短周期的城市监测,通常采用物联网设备对城市"生命体征"进行在线采集。针对不同的城市目标和活动,其监测设备的空间布置、观测精度、采样频率都会有所差异。而为了保证监测数据的可靠性,监测方案在实施过程中还需要关注其质量控制问题,即:对监测数据进行跟踪检查,实现"处理数据 - 发现问题 - 分析原因 - 优化方案 - 继续监测"的反馈优化。

长周期的城市监测,通常基于一整套指标体系进行定期的城市状态评价和报告。其监测指标,从不同角度可以是城市的状态特征、状态功能、状态效果,在不同层面可以表现为城市的状态维度、状态领域、状态要素。基于特定的指标体系,长周期城市监测的有效实施,关键在于相关数据资料的收集、整理与核算。

3.2 城市体检

城市体检是面向"城市问题"的动态监测与综合评价过程和方法。其目的是有效感知城市运行发展状态,为城市管理的目标优化、政策制定、短板填补提供直接的数据支撑。就如同人一样,城市是一个有机生命体,在成长过程中会出现各种"城市病",因此也需要定期体检。

自从 2017 年,习近平总书记在视察北京工作时提出建立城市体检评估机制后,国家住房和城乡建设部与国家自然资源部相继提出"一年一体检、五年一评估"的城市规划实施评估机制。住房和城乡建设部的城市体检工作主要聚焦于城市建成区,关注城市高品质生活,包括:老旧小区改造、完整社区建设、市政设施建设、海绵城市建设等;而自然资源部的城市体检评估工作则聚焦于城市全域与中心城区,重点对规划本身的实施效果进行分析和评价,成为保障国土空间规划有效实施的重要工具。

在观测方法上,城市体检可采取城市自体检、第三方体检和社会满意度调查相结合的方式进行城市问题调查。

城市自体检,其实施主体为市人民政府,通过开展自体检,各城市可以摸清自身的建设成效和问题短板,依法依规向社会公开体检结果,并结合自体检成果,编制城市更新五年规划和年度实施计划,合理确定城市更新年度目标、任务和项目。

第三方体检,其实施主体为国家管理部门委托的第三方机构,通过对样本城市人居环境质量及所在都市圈、城市群建设成效进行评价,管理部门可以总结推动高质量发展方面的经验和做法,并针对共性问题制定出台相应政策措施。

社会满意度调查,其实施主体也为国家管理部门的委托机构,通过问卷调查、实地走访等方式,管理部门可以调查分析群众对城市建设发展的满意度,查找群众感受到的突出问题和短板,并将调查结论和有关建议纳入城市自体检以及第三方体检报告。

在观测内容上,城市体检的指标体系反映了城市的运行管理目标和下一阶段发展方向。它在很大程度上决定了其城市体检工作的成功与否。一般而言,不同层级、不同行政区的城市体检内容会各有侧重,在指标体系选取时,要因地制宜制定差异化的体检指标体系,并确保各级指标间的互相传导与联动。例如:上海市黄浦区在65个国家指标和34个上海市指标的基础上,围绕"双碳"目标、数字化转型、营商环境等重要领域,增加了"新增光伏规模""5G、AI创新应用场景""公共安全满意度""高保洁区域覆盖率"等14个区一级特色指标,建立了"65+34+14"的城市体检指标体系;广西柳州在城市体检中设计了反映"公园城市"特色的"滨水休闲岸线占比"指标、反映"绿色低碳城市"特色的"新能源汽车充电桩利用率"指标、反映"历史文化名城保护"工作的"历史建设修缮率"指标等;厦门市以全市各部门"共建共享共管"的政府数据为基础,充分应用遥感数据、手机信令数据、交通卡口数据、POI数据、企业大数据及"12345"市民服务热线等多源时空大数据,提升城市体检评估的科学性和精细化水平。

在特定指标体系下,城市体检的数据来源可以是宏观统计数据、各部门各行业数据、互联网大数据、遥感数据或各类型专项调查数据等。

3.3　街景分析

街景是指城市交通道路以及对居民日常生活产生直接影响的街道空间和景观现象。它主要由沿街建筑、公共空间和在此环境中产生的各类行为活动所构成,是公共领域的重要组成部分。街景不仅体现了城市形象,也是城市经济、社会活动和文化、历史要素的外在映射,其风格、品质从侧面反映了城市系统的功能、活力和秩序。

街景分析,是基于"第一人称视角"对城市物理空间环境进行的小尺度观测,它能够获得在宏观层面无法掌握的城市精细指标。作为街景分析的常用技术手段,街景影像分析,主要是通过影像记录和感知计算的方式,对城市街道空间进行量化描述,进而理解其背后所反映的城市风貌、功能和格局。它强调物理环境的视觉感知、定量表达和定性理解,其获得的影像资料也被认为是"数字城市"和"智慧城市"建设的重要成果。

目前,街景影像分析已被广泛应用于道路绿化率、环境舒适度、街道安全性、设施可用性以及人员和车辆流动密度等多方面城市特征的描述和评价中。以实际应用需求为导向,一系列低成本、高效率、标准化的街景影像数据采集方法被提出和投入使用。它对于影像数据的获取没有严格要求,既可以是从任意视角进行定点拍摄,也可以是360度的全景动态摄影;既可以采用专业化设备和标准化流程进行大规模作业(如:自动化的车载街景数据采集方式),以保证观测结果的一致性和可靠性,也可以利用非专业相机拍摄的现有照片(如:传统的手工街景影像拍摄方式)进行特定城区的局部分析,以得到可供参考的量化指标。

以城市观测为目标,街景影像分析的信息获取和场景描述能力与多方面因素相关。

从数据质量出发,街景影像分析的能力与其影像数据的曝光程度、清晰度和色彩真实度等因素密切相关。影像中的各类事物必须要有可分辨性，物体的背景、轮廓和纹理要能够得到很好的感知和理解。曝光过度或不足、明暗程度不一致、影像模糊、色彩失真或偏色都会对街景影像的判读和分析产生不利影响。

从场景内容出发，街景影像分析的能力与其观测目标的完整度和环境噪声大小密切相关。为降低目标识别的错误率和偏差，所关注的目标对象需要在街景影像中尽量保持完整，避免出现缺失和遮挡。相比于影像中的核心目标对象，其他环境因素（如：车流、人流）的干扰必须得到有效控制，以减少数据处理的噪声影响。

从设备参数出发，街景影像分析的能力还与其空间分辨率和几何形变状况密切相关。空间分辨率是指影像上能够识别的两个相邻地物的最小距离，它反映了影像的空间详细程度；空间分辨率越高，街景影像的细节识别能力越强。而街景影像在动态拍摄过程中还会产生各种光学形变、透视形变和位移形变；数据采集设备的定位、定姿和信号同步水平决定了街景影像的客观描述精度。

第九章 城市计算

从互联网上的社交、搜索、消费，到基于智能手机和可穿戴设备的移动互联网应用，再到数字医疗、数字能源、数字金融等各方面功能服务，随着计算机技术全面融入社会生活，城市中到处充斥着比以往更多的数据。通过数据分析和计算，我们不仅可以准确把握城市的当前状态，也可以解决城市所面临的各种问题。例如：通过对环境监测数据和经济、社会行为数据进行挖掘，可以为城市规划提供强大的决策支持；通过对动态交通数据进行挖掘，可以为城市交通拥堵治理提供有效的知识保障；通过对公共场所的视频数据进行挖掘，可以为城市安全防范和应急管理提供重要的信息参考。

1. 城市计算技术内涵

1.1 城市大数据

大数据，是指无法在可容忍的时间内用传统 IT 技术和软硬件工具对其进行分析、加工、处理和利用的数据集合。它具有 4V 特性，即 Volume（体量庞大）、Variety（模态繁多）、Velocity（生成快速）和 Value（价值丰富）。首先，数据集规模不断扩大，从 GB 级到 TB 级再到 PB 级，甚至以 EB 和 ZB 来计数；其次，大数据类型繁多，包括结构化数据、半结构化数据和非结构化数据，而且非结构化数据往往占有极大的比例；再次，大数据通常以数据流的形式动态、快速地生成，在应用中具有很强的时效性；最后，虽然大数据蕴含着大量有价值的信息，但基于传统思维方法与技术手段，其价值利用密度却很低。

城市大数据，作为大数据的典型代表，是城市在运行、发展过程中动态产生和获取的一系列数据资源。它涉及城市经济、社会生活的各个领域，是政府、企业、社会公共数据的总和。相比于传统的宏观统计数据，城市大数据能够以更加灵活、高效的数据获取方式和表现形式，在较广的时空范围内，从不同角度对城市物质空间和社会环境进行深入刻画。

按照数据来源和内容的不同，城市大数据包括：政务大数据、产业大数据和社会大数据。

政务大数据，是指政府部门在履行其管理、服务职责过程中同步产生的各类数据资源，包括：财政数据、社保数据、公安数据、交通数据、环保数据、医疗卫生数据等。

产业大数据，是指各行各业在其生产、经营过程中共同产生的宏观数据资料，包括：工业数据、商业数据、制造业数据、服务业数据、进出口数据等。

社会大数据，是指各阶层城市居民在其日常生活过程中动态产生的行为数据资料，包括：消费数据、出行数据、社交数据、住房数据、就业数据、生育数据、健康数据等。

城市大数据的内容复杂、多样。从数据本身的时空特点来看：有些数据更新频率低，有些数据更新频率高；有些数据样本量小、全局代表性弱，有些数据样本量大、全局代表性强。综合考虑不同维度下的数据特点，城市大数据可分为多种不同类型。

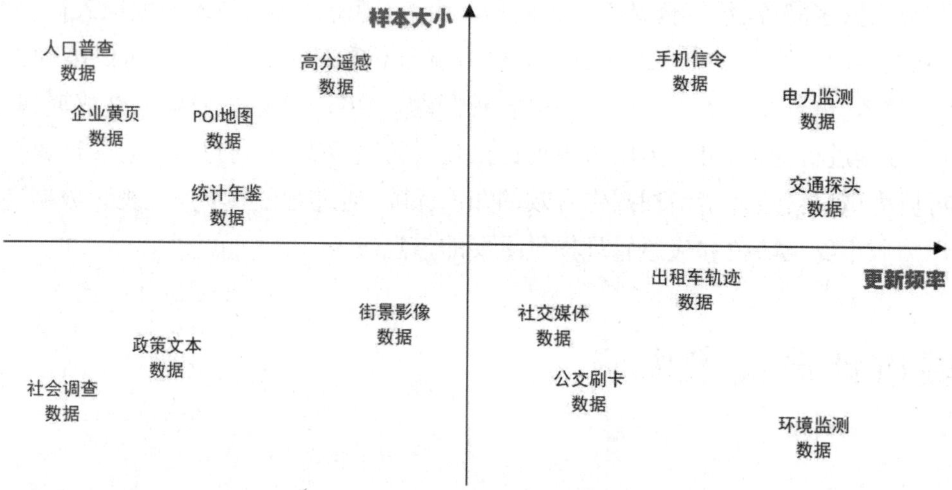

图 9-1-1　城市大数据类型划分

高频、大样本数据：这类数据能够完整反映事物的动态波动规律，是严格意义上的城市大数据，比如，手机信令数据、交通探头数据、电力监测数据等。

高频、小样本数据：这类数据主要体现了小部分群体的特征，适合做事物的局部变化分析，比如，社交媒体数据、公交刷卡数据、环境监测数据、出租车轨迹数据等。

低频、大样本数据：这类数据覆盖面完整，适合做事物的静态结构分析，是广义上的城市大数据，比如，POI(Point of Interest)地图数据、高分辨率遥感数据、统计年鉴数据、人口普查数据、企业黄页数据等。

低频、小样本数据：这类数据通常采用传统的问卷调查、抽样访谈和统计计数方式采集获得，从而以静态内容判断动态趋势，以局部变化判断整体规律，比如，社会调查数据、政策文本数据、街景影像数据等。

1.2　城市计算

城市计算的概念最早来源于微软亚洲研究院推动开展的一个研究项目(2008 -)。

它是以城市为背景,将计算机科学与城市规划、交通、能源、环境、社会、经济等学科交叉融合所产生的新兴领域。以数据为中心,城市计算将无处不在的感知技术和高效的数据分析算法结合起来,致力于解决城市所面临的一系列现实问题,进而提高居民生活品质、保护生态环境、促进城市高效运转。

在体系框架上,城市计算涉及数据获取、数据管理、数据分析、数据应用4个层面的功能内容。数据获取层,主要通过物联感知、参与感知、群体感知、移动感知等技术手段,对城市的运行状态数据进行高效收集;数据管理层,主要对多源异构的城市大数据资源进行整合,在不同数据间建立可靠关联;数据分析层,主要通过数据挖掘、模式识别、机器学习等技术手段,对大数据背后的信息和知识进行有效提取;而数据应用层,则主要是将提取到的知识应用于特定的管理、服务系统,为城市的优化运行提供支撑。

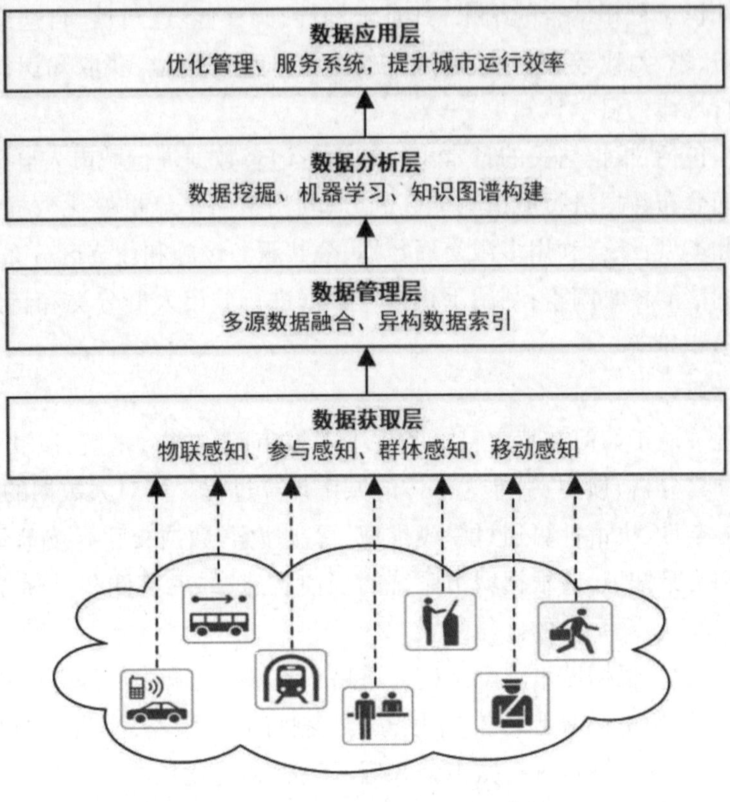

图9-1-2　城市计算体系框架

针对不同层次的功能需求,城市计算的核心在于解决面向城市大数据的感知计算、认知计算和决策计算问题。

● **感知计算**

其计算过程关注于如何利用现有数据资源,动态感知城市的实际运行状态。从视频摄像头和一系列传感器(或传感网)采集的环境大数据,到通过互联网平台和各类移动智能终端(App应用)收集的居民行为大数据,感知计算可采用数据压缩、数据融合、数值推算等技术手段，对复杂、隐晦、缺失和非均匀分布的数据资料进行加工处理，实现城市物理和社会状态的信息提取和特征描述。

其典型应用包括：根据地铁刷卡数据分析城市居民的日常出行特征；根据社交媒体数据分析城市居民的主观情绪和态度；根据手机信令数据分析城市居民的人口分布；利用装有 GPS 的出租车行驶数据推断城市道路的通行状态；利用有限数量的环境监测站数据，结合交通流、道路结构、兴趣点分布、气象条件和人们流动规律，推断整个城市不同位置处的空气质量等。

● **认知计算**

其计算过程关注于如何模仿人脑的理解和学习能力，从感知数据中挖掘城市知识。不同于传统的量化计算，认知计算试图解决复杂系统中的各种抽象、综合、模糊问题。它是数据挖掘和知识工程相结合的结果，具有全局性、洞察性、逻辑性、自适应性，可以像人类大脑一样学习、思考、比较和归纳，通过数据分析来理解环境、获取知识，进而实现城市系统构成和运行规律的科学认知。

其典型应用包括：根据居民的日常出行和消费记录数据进行城市人群分类；根据公共服务设施的空间分布数据进行城市功能区划分；利用道路车流量变化数据识别城市交通事故发生位置和类型；综合利用多源交通数据、公共服务设施和住宅区分布数据探索影响城市道路交通拥堵的核心因素；利用手机信令数据进行城市人群分类和特定人群（如：快递员、出租司机）识别等。

● **决策计算**

其计算过程关注于如何在特定目标条件下对城市问题进行求解，以获得最优的决策方案。它是一种集分析、预测、引导为一体的城市计算过程。面对大数据的不确定性和城市问题本身的复杂性，决策计算通过模糊推理、智能搜索、数据交互等技术手段，将数据转化为决策信息和决策知识，并根据城市系统的当前状态、约束条件和目标需求，对决策方案进行评价和选择，实现系统的优化配置。

其典型应用包括：根据城市路网结构和道路车流量变化调整红绿灯时长，实现道路交通的优化运行；根据历史经验和传染病发病状况制订防疫策略，实现城市疫情的精准防控；根据社区居住人群的特点进行城市公共服务调整和优化供给；通过分析人口数据、车辆轨迹数据、各地区能源消耗情况和教育、医疗、商业、办公设施的空间分布来确定新能源汽车充电站的最优选址等。

2. 城市计算常用技术

2.1　感知计算

2.1.1　数据压缩

数据压缩,是在不丢失有用信息的前提下,缩减数据量或按照一定算法对数据进行重新组织,进而提高其信息表达效率的一种技术方法。它分为有损压缩和无损压缩。在感知计算过程中,所采用的数据压缩技术基本都属于有损压缩,其目的是从海量数据中提取有用信息,从而对复杂的城市现象进行有效描述。

其常用算法包括:统计压缩、特征压缩、数据变换等。

- **统计压缩**

统计压缩主要关注数据的共性因素,通过统计学方法对数据进行宏观描述,从而减少数据量、降低数据维度。它是最简单的数据压缩技术,可以实现大幅度的数据压缩。常见的统计指标包括:众数、中位数、平均数等。

为调整数据压缩的程度,可采用分段统计的方式。特别是对于时序数据而言,通过不同时段数据的统计压缩,可实现特定时间周期下的状态描述。而最终保留的统计指标越少,则数据压缩程度越高。

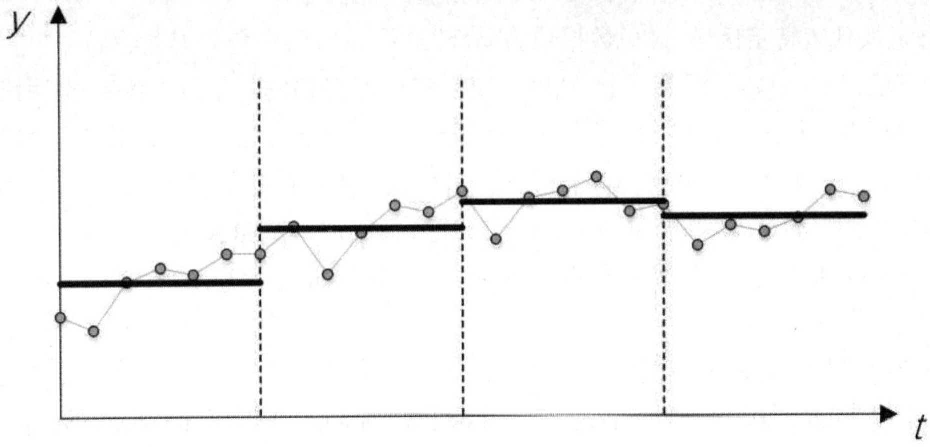

图 9-2-1　分段统计压缩

- **特征压缩**

与统计压缩不同,特征压缩主要是突出数据的个性因素,过滤其共性因素,通过特征提取和归纳，提高数据的整体价值密度。

一般而言，数据特征可分为：特征对象和特征值两个方面。

特征对象，主要包括“边缘”和“角”。“边缘”特征是数据集中各类极值项构成的数据子集，而“角”特征则是数据集中异常或急剧变化的数据项所构成的数据子集。在不同数据维度下，边缘和角可以构成特征点、特征线或特征面。

区域，是数据集中的一段连续数据。区域内的数据特征称为局部特征；整个数据集的特征称为全局特征。在特定区域或整个数据集中进行的特征对象搜索过程称为特征提取。特征提取通常采取规则判别或模板匹配的方式，在原始数据集中搜索；而其特征搜索策略一般可分为3类，即：全局最优搜索、随机搜索和启发式搜索。

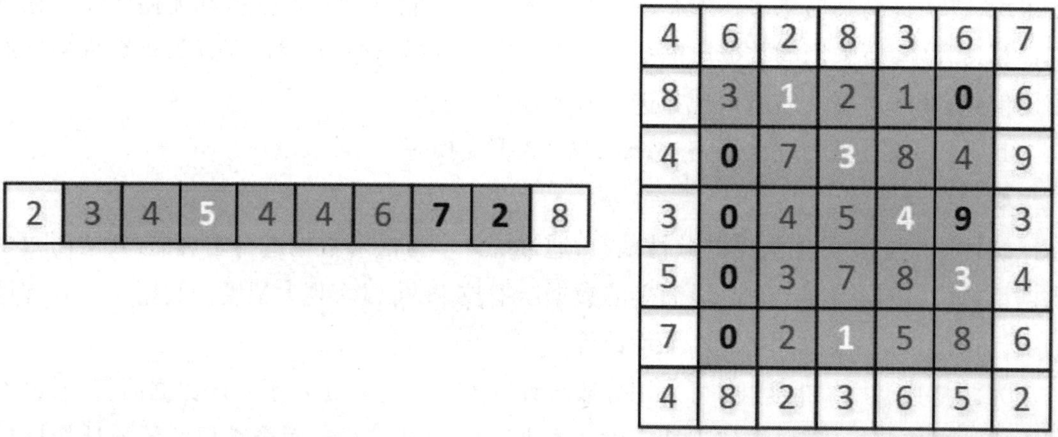

一维特征　　二维特征

图9-2-2　不同维度的数据特征

（灰色数据块代表特定区域，黑色数据项为局部“边缘”特征，白色数据项为局部“角”特征）

特征值，是在原始数据基础上，利用特定公式计算得到的一个或一组参数，用以对事物的本质特点进行定量描述。所采用的运算公式称为特征描述算子，计算所得的参数称为特征值。同一事物，从不同专业角度考虑，可以选择不同的特征描述算子，比如，用于描述数据梯度大小的有Sobel特征算子，用于描述数据集局部数量关系的有SIFT（Scale Invariant Feature Transform）特征算子等。稳定性（鲁棒性）和可区分性是特征描述算子的基本属性。

特征描述算子的挑选过程称为特征选择。除少数经典参数外，特征参数选择通常需要采用衍生参数计算的方式。随着问题复杂度的增加和对结果精确性要求的提高，衍生参数计算的层次性越来越多，其计算过程也逐渐从可理解的特征值计算过程变为没有明确现实含义的特征参数综合过程。

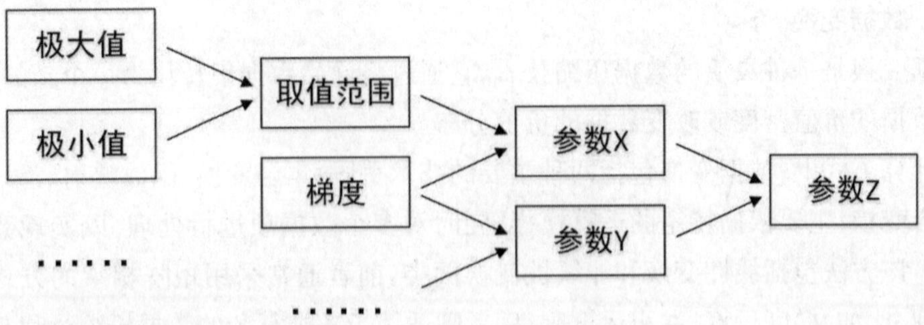

图 9－2－3　多层次衍生特征算子

因而，从不同角度出发，特征压缩算法也可分为：特征对象压缩、特征值压缩。

特征对象压缩：直接针对原始数据进行处理，通过保留关键数据、删除冗余数据，实现数据的高效压缩。特征提取和特征比较是特征对象压缩的关键步骤；而通过特征分级，则可实现数据的多层次压缩。

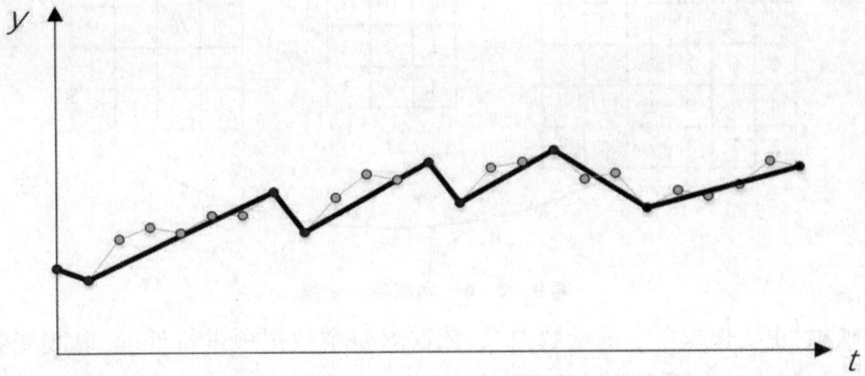

图 9－2－4　特征对象压缩

特征值压缩：是根据应用需要，通过有限的特征参数，对数据集的某方面特性进行突出描述。特征选择是特征值压缩的关键。

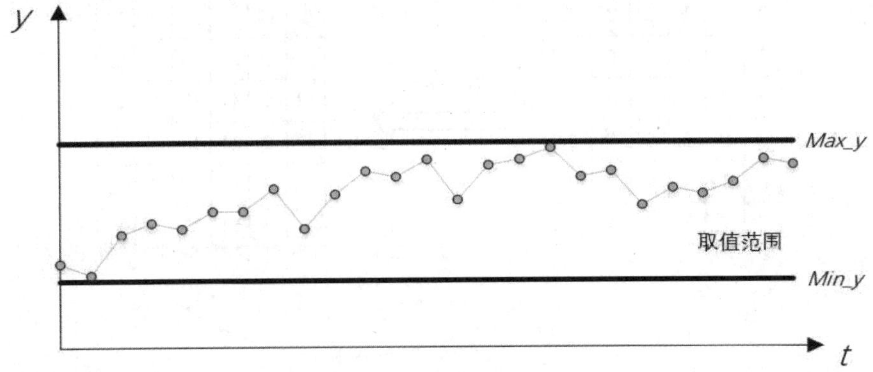

图 9－2－5　特征值压缩

- **数据变换**

数据变换是一种灵活的数据压缩技术，它通过将原始数据集转化为一个新的数据集，来提高数据的价值密度或改变数据的价值分布。

在计算方式上，数据变换包括两种主要的技术手段：集合变换、函数映射。

集合变换：主要依据特定的运算模板，同时对多个数据项进行处理，以实现数据的局部压缩。该方法包括线性变换和非线性变换两类，前者通常采用矩阵相乘的方式对数据进行处理，比如，梯度运算、卷积运算等；后者则适用于各类复杂的数据压缩过程，比如，傅里叶变换、分形压缩等。

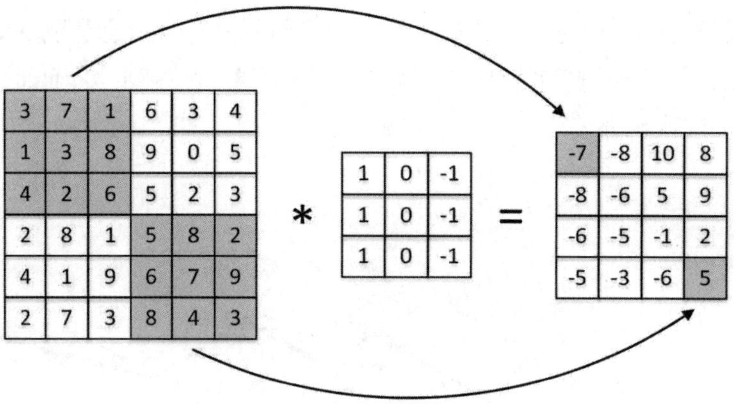

图 9－2－6　卷积集合变换

函数映射：主要根据预定的函数关系，依次对每个数据项进行处理，以改变数据集的分布形态。该方法通常用于数据的预处理，以突出数据间的关联（冗余）或差异（特征）。

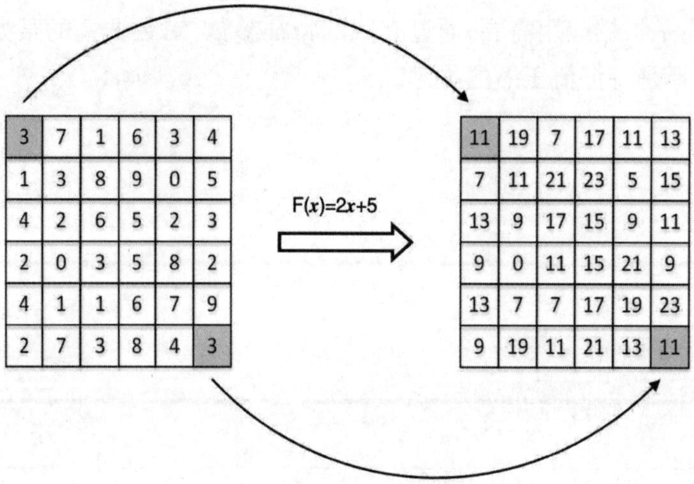

图 9－2－7　函数映射变换

2.1.2 数据融合

数据融合是将来源不同的数据合并在一起，消除数据冗余和数据矛盾，改善数据质量，通过数据间的内容互补，获得现实世界更加及时、可靠、全面的信息。它为城市系统的准确感知提供了重要支撑。

1984 年，美国国防部成立了数据融合联合指挥实验室，并提出"联合指挥实验室"(Joint Directors of Laboratories, JDL)数据融合模型。作为数据融合系统开发的重要参考标准，该模型将数据融合划分为了 5 个层次：子对象增强层(Subobject Refinement)、对象增强层(Object Refinement)、形势增强层(Situation Refinement)、综合评估层(Impart Assessment)、流程增强层(Process Refinement)。感知计算的数据融合主要针对第一层次和部分第二层次内容。

在实际计算过程中，数据融合首先需要进行"数据配准"，即：将不同的数据集纳入统一的参考框架，实现数据间的匹配关联。根据配准对象的不同，数据配准算法可分为数值配准、特征配准、结构配准、语义配准等不同类型。

数值配准，是通过直接的数据比较(大小、间隔)和数据索引，实现多源数据的关联匹配，比如，基于空间坐标的数据配准。

特征配准，是通过特征提取和特征参数比较，寻找数据间的对应关系，特别是对于图像、视频、音频等多媒体数据而言，基于特征配准的数据融合技术应用广泛。

结构配准，是在结构对象和结构关系识别的基础上，通过结构参数(如：连接度、首位度等)和结构形态(如：拓扑、分布)比较，实现数据的有效匹配。

语义配准，是以特定概念知识体系(领域本体)为依据，从语义层面寻求不同数据集的对应关系，特别是对于不同形式(如：语音和图像)的数据而言，语义配准至关重要。

在数据配准的基础上，考虑到不同数据集观测视角和精度差异，数据融合还需要对不同数据集的内容进行有效聚合，从而获得系统的真实状态。

其常见算法包括：加权平均法、统计推断法、预测更新法等。

- **加权平均法**

根据不同数据源观测值的权重大小按比例求和，计算系统状态的期望值，从而实现数据的有效融合。其数据融合过程可描述为以下通用表达式：

$$X = \sum_{p=1}^{n} w_p X_p$$

式中，X 表示系统的状态向量，n 表示数据源数目，X_p 表示数据源 p 的观测值，w_p 为数据源 p 的权重大小，满足 $\sum w_p = 1$。

为了提高融合结果的准确性，权重 w_p 可根据不同数据源的测量精度进行设置，即：精度高的数据误差小，权重大；精度低的数据误差大，权重小。而常用的数据精度确定方法有：根据经验确定、根据测量次数确定、根据设备参数确定等。

此外,从数据出发,也可采用自适应加权方法,根据不同数据源的观测值方差计算权重:

$$w_p = \frac{1}{\sigma_p^2 \sum_{i=1}^{n} \frac{1}{\sigma_i^2}}$$

式中,σ_i^2表示第 i 个数据源的观测值方差,σ_p^2为数据源 p 的观测值方差,方差越大,其所对应观测值权重越小。根据该方法进行权重计算,所得到的融合结果总体方差最小。

● **统计推断法**

根据统计学原理,考虑不同观测数据的概率分布规律,对系统的真实状态进行数学推断,进而实现数据的有效融合。按照数学推断方式的不同,其融合算法主要包括:极大似然估计法、贝叶斯估计法和 D-S 证据理论方法。

极大似然估计(Maximum Likelihood Estimation, MLE),主要是利用已知的观测数据,反推最具可能(最大概率)导致这些观测结果出现的系统状态。当各项观测值相对独立时,其似然函数可描述为以下通用表达式:

$$f(X) = P(Z \mid X) = \prod_{i=1}^{n} p(z_i \mid X)$$

式中,X 表示待估计的系统状态,$Z = \{z_1, z_2, \cdots, z_n\}$ 表示 X 的多源观测值,$P(Z|X)$ 表示多源观测值 Z 在 X 状态下的条件概率,$p(z_i \mid X)$ 表示第 i 个观测值 z_i 在 X 状态下的概率密度函数(通常认为其满足正态分布)。

最大似然估计法就是寻找一个 X 的值,使得似然函数达到最大,即:

$$\widehat{X} = arg \max_X \left[\prod_{i=1}^{n} p(z_i \mid X) \right]$$

式中,$\widehat{X}$表示系统状态的估计值,$arg \max(\cdot)$表示函数极大值对应的参数取值。

贝叶斯估计,不同于极大似然估计法,它在观测数据的基础上,加入了不同数据源的精度信息,将待估计的系统状态参数看成是符合某种先验概率分布的随机变量,通过最大后验概率估计(Maximum a Posteriori, MAP)方法,对系统状态进行推断。

$$\widehat{x} = arg \max_X \left[\prod_{i=1}^{n} q_i(X \mid z_i) \right]$$

式中,$\widehat{X}$表示系统状态的估计值,$arg \max(\cdot)$表示函数极大值对应的参数取值,$q_i(X \mid z_i)$ 表示 X 状态在第 i 个观测系统下相对于 z_i 观测值的概率密度函数(通常也认为其满足正态分布)。

D-S 证据理论,作为一种不确定推理方法,它能够满足比贝叶斯概率论更弱的数据融合条件。其本质是基于 Dempster 组合规则,综合来自不同人、不同传感器、不同分类框架的基本信度分配结果,从得到一个新的信度分配作为输出。计算过程可描述为以下通用表达式:

$$m_1 \oplus m_2(A) = \frac{1}{K} \sum_{B \cap C = A} m_1(B) \cdot m_2(C)$$

$$K = \sum_{B \cap C \neq \emptyset} m_1(B) \cdot m_2(C) = 1 - \sum_{B \cap C = \emptyset} m_1(B) \cdot m_2(C)$$

式中，m_1、m_2分别表示不同来源的基本概率分配函数（也称为 mass 函数），$m_1 \oplus m_2$表示 m_1和 m_2合成后的基本概率分配函数，B、C、A 分别为 m_1、m_2、$m_1 \oplus m_2$所对应识别框架下的特定集合，K 为归一化系数。

● **预测更新法**

对于具有时空连续性的数据集，在进行数据融合时，还可以综合考虑数据间的关联、约束关系，采用经验预测和测量更新相结合的方式，对系统状态进行综合推断。其中，卡尔曼滤波是该类型算法的典型代表。

卡尔曼滤波（Kalman Filter，KF），是当前最常用的数据融合算法之一，它以“预测—实测—修正”的逻辑顺序进行递归运算，利用系统状态的预测值对数据融合过程进行引导，并通过最小均方差原理，消除各方测量值的随机干扰，从而实现系统状态的最优估计。

在原理上，它包括“状态预测”和“状态观测”两个基本方程：

$$X_k = A_{k-1} X_{k-1} + B_{k-1} U_{k-1} + W_k$$

$$Z_k = H_k X_k + V_k$$

式中，X_k和 X_{k-1}分别表示系统在 k 时刻和 $k-1$ 时刻的状态向量，Z_k表示 k 时刻的观测向量，U_{k-1}表示 $k-1$ 时刻的状态控制向量，A_{k-1}为 $k-1$ 时刻的状态转移矩阵，B_{k-1}为 $k-1$时刻的状态控制矩阵，H_k为 k 时刻的观测矩阵，W_k和 V_k分别为 k 时刻的动态噪声和观测噪声。

经过公式推导，卡尔曼滤波算法可描述为以下运算流程：

（1）状态预估计

$$\widehat{X}_k' = A_{k-1} X_{k-1} + B_{k-1} U_{k-1}$$

（2）计算状态预估结果的协方差矩阵和卡尔曼增益矩阵

$$P_k' = A_{k-1} P_{k-1} A_{k-1}{}^T + Q$$

$$K_k = P_k' H_k{}^T [H_k \cdot P_k' \cdot H_k{}^T + R]^{-1}$$

式中，$Q = W_k \cdot W_k{}^T$，$R = V_k \cdot V_k{}^T$，通常由人为设定或根据历史数据计算获得。

（3）更新状态估计和其协方差矩阵

$$\widehat{x}_k = \widehat{x}_k' + K_k [Z_k - H_k \widehat{x}_k']$$

$$P_k = [I - K_k \cdot H_k] P_k'$$

式中，I 为单位矩阵，$\widehat{X}_k$表示 K 时刻的系统状态估计值。

（4）令 $X_k = \widehat{X}_k$，按照上述算法，递归循环计算$\widehat{X}_{k+1}$，$\widehat{X}_{k+2}$，…

除了上述常见算法外，也有学者根据信息熵原理、小波分析理论、模糊集理论或采用人工神经网络、专家系统等技术手段进行多源数据融合。

2.1.3 数值推算

数值推算是城市全方位感知的重要保障。相比于传统数据，城市大数据虽然具有多样本、长周期、强细节等特点，但还是难以覆盖所有的时空范围。对于无法直接获得的城市状态，需要基于现有样本数据，对其状态数值进行合理推测，即：数值推算。

其常用算法包括：数据插值、函数逼近等。

● **数据插值**

数据插值是常用的数据填补预测方法。我们在得到一些样本数据后，往往不知道这些数据的规律，而且这些数据存在空缺，这时就可以考虑利用数据插值的方法来找到数据规律，并对数据进行填补。

常见的数据插值方法有：多项式插值、拉格朗日插值、牛顿插值、样条插值等。

多项式插值，是构造特定次数的多项式函数，对已知样本数据进行拟合，使其函数图像恰好经过相应样本数据点，从而利用此多项式函数估算其他数据点的取值。

按照多项式次数的不同，其插值算法可分为：线性插值、二次插值、Cubic 插值等。

对于次数界为 n 的多项式函数，可通过 $n+1$ 个横纵坐标互不相同的点拟合获得

$$\begin{cases} a_0 + a_1 x_0 + a_2 x_0^{\ 2} + \cdots + a_n x_0^{\ n} = y_0 \\ a_0 + a_1 x_1 + a_2 x_1^{\ 2} + \cdots + a_n x_1^{\ n} = y_1 \\ \qquad\qquad\qquad \vdots \\ a_0 + a_1 x_n + a_2 x_n^{\ 2} + \cdots + a_n x_n^{\ n} = y_n \end{cases}$$

$$即：\begin{bmatrix} 1 & x_0 & x_0^{\ 2} & \cdots & x_0^{\ n} \\ 1 & x_1 & x_1^{\ 2} & \cdots & x_1^{\ n} \\ \cdots & \cdots & \cdots & \cdots & \cdots \\ 1 & x_n & x_n^{\ 2} & \cdots & x_n^{\ n} \end{bmatrix} \begin{bmatrix} a_0 \\ a_1 \\ a_2 \\ \vdots \\ a_n \end{bmatrix} = \begin{bmatrix} y_0 \\ y_1 \\ \vdots \\ y_n \end{bmatrix}$$

$$\begin{bmatrix} a_0 \\ a_1 \\ a_2 \\ \vdots \\ a_n \end{bmatrix} = \begin{bmatrix} 1 & x_0 & x_0^{\ 2} & \cdots & x_0^{\ n} \\ 1 & x_1 & x_1^{\ 2} & \cdots & x_1^{\ n} \\ \cdots & \cdots & \cdots & \cdots & \cdots \\ 1 & x_n & x_n^{\ 2} & \cdots & x_n^{\ n} \end{bmatrix}^{-1} \begin{bmatrix} y_0 \\ y_1 \\ \vdots \\ y_n \end{bmatrix}$$

式中，(x_i, y_i)，$i=0, 1, 2, \cdots, n$ 表示样本数据点的坐标值，$(a_0, a_1, a_2, \cdots, a_n)$ 为插值函数的各项系数。

拉格朗日插值，是根据样本数据的取值，找到一个多项式（拉格朗日多项式），使得其

函数图像恰好经过每个样本数据点,并利用此多项式估算其他数据点的取值。

拉格朗日多项式可描述为以下通用表达式:

$$y = \sum_{i=0}^{n} y_i l_i(x) = \sum_{i=0}^{n} y_i \left(\prod_{\substack{j=0 \\ j \neq i}}^{n} \frac{x - x_j}{x_i - x_j} \right)$$

式中,$l_i(x)$为样本数据点(x_i, y_i)的拟合基函数,拉格朗日多项式是由不同数据点的拟合基函数线性累加获得。

不同于多项式插值,拉格朗日插值对于多项式的次数没有任何预设,而是完全从数据出发进行拟合。当拟合的数据点较多,多项式次数较高时,容易产生剧烈震荡(龙格现象)。所以拉格朗日插值需要选择特殊位置的节点进行计算,或者使用多个次数较低的拉格朗日多项式进行分段插值。

牛顿插值,也是根据样本数据的取值,进行多项式拟合,再利用拟合后的多项式估算其他数据点的取值。但与拉格朗日插值法不同,牛顿插值法在增加新的样本数据时,不用对之前的基函数进行重新计算,而只需在原有结果基础上增加新的函数项。

牛顿插值的多项式函数可描述为以下通用表达式:

$$y = f(x_0) + f[x_0, x_1](x - x_0) + \cdots + f[x_0, x_1, \cdots, x_n](x - x_0)\cdots(x - x_{n-1})$$

$$\begin{cases} f[x_i, x_j] = \dfrac{y_i - y_j}{x_i - x_j}, i \neq j \\ f[x_0, x_1, \cdots, x_n] = \dfrac{f[x_1, x_2, \cdots, x_n] - f[x_0, x_1, \cdots, x_{n-1}]}{x_n - x_0} \end{cases}$$

式中,$f[x_i, x_j]$表示样本数据点(x_i, y_i)和(x_j, y_j)的一阶差商,$f[x_0, x_1, \cdots, x_n]$表示样本数据点的n阶差商,高阶次差商值可通过低阶次差商迭代求得。

埃尔米特(Hermite)插值,不但规定了各节点的坐标值,还规定了曲线在每个节点的各阶导数,这样就能够以低阶函数进行分段插值,既保持曲线的稳定,又保证连接处足够光滑。

插值函数值和一阶导数值均相等的 Hermite 插值,其一般形式为:

$$H(x) = \sum_{i=0}^{n} h_i[(x_i - x)(2a_i y_i - y_i') + y_i]$$

$$h_i = \prod_{\substack{j=0 \\ j \neq i}}^{n} \left(\frac{x - x_j}{x_i - x_j} \right)^2$$

$$a_i = \sum_{\substack{j=0 \\ j \neq i}}^{n} \frac{1}{x_i - x_j}$$

式中,y_i'表示数据点(x_i, y_i)处的一阶导数,h_i和a_i分别为样本数据点(x_i, y_i)的拟合基函数和拟合系数,其中h_i与拉格朗日多项式的拟合基函数相似(次数不同)。

- **函数逼近**

用给定的样本数据进行插值,得到的插值函数虽然能够精确地经过这些数据点,但如果数据本身就不精确,那么我们就没必要做到完全拟合,而只要保证插值函数和这些数据点保持一个较小的误差即可，即函数逼近。

对于有误差的样本数据，函数逼近可以尽可能反映给定样本数据的基本趋势。

残差，是实际观测值与函数估计值之间的偏差。残差的大小可以作为衡量函数逼近好坏的标准，其常用拟合准则有三种：

残差绝对值之和最小

$$f(x) = arg\min_{f(x)}\left[\sum_{i=1}^{n}|y_i - f(x_i)|\right]$$

式中，$arg\min(\cdot)$表示函数极小值对应的参数取值，y_i为实际观测值，$f(x_i)$为函数估计值。

残差最大绝对值最小

$$f(x) = arg\min_{f(x)}[\max_i|y_i - f(x_i)|]$$

式中，$\max(\cdot)$表示函数的极大值。

残差平方和最小（最小二乘）

$$f(x) = arg\min_{f(x)}[\sum_{i=1}^{n}(y_i - f(x_i))^2]$$

拟合函数$f(x)$一般采用多项式函数或指数函数。当变量次数界为n时，观测数据的样本个数必须大于等于$n+1$（当样本个数等于$n+1$时，拟合函数与观测值之间的残差为0；而当样本个数小于$n+1$时，拟合函数不唯一）。

2.2 认知计算

2.2.1 模式识别

模式识别，又称作“模式分类”，是通过处理和分析各种形式的数据（数值、文字、图像等），来实现对事物或现象的描述与辨认。根据研究对象的特征和结构不同，其模式识别过程一般可采用线性分类、非线性分类和聚类分析等技术手段。

● **线性分类**

线性分类，是通过事物特征的线性组合来实现目标对象模式识别的技术方法。常见的线性分类器有三大类，即：感知器函数、线性判别分析、支持向量机。

感知器函数：是一种可以直接得到目标对象分类结果的线性判别函数。在算法使用上，它需要基于样本线性可分的假设条件，即：在样本特征空间中，至少存在有一个决策面，可以将不同类型样本正确无误的区分开。

其类型判别函数可描述为以下通用表达式：

$$g(X) = W^TX + b$$

$$\begin{cases} g(X) > 0, X \in C_1 \\ g(X) < 0, X \in C_2 \end{cases}$$

式中，X 表示样本数据向量，W 为判别函数的系数向量，b 为判别函数的常数项，$g(X)$ 为样本数据的类型判别结果，C_1 为第一种类型，C_2 为第二种类型。

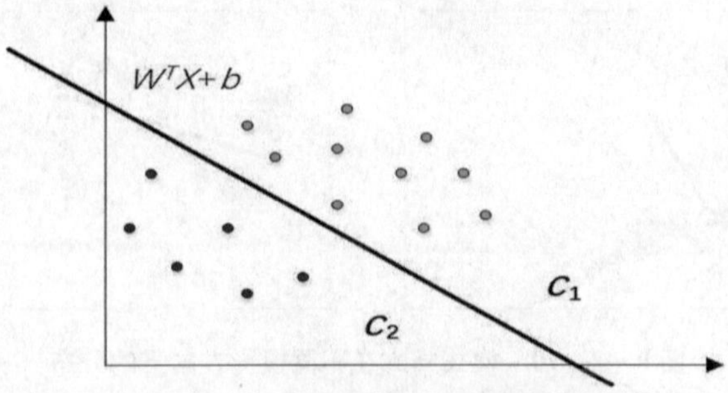

图 9-2-8　感知器函数的线性判别

在判别函数求解过程中，感知器算法采用了最直观的准则，即：最小错分样本数准则。具体而言，对于一个包含有限训练样本的数据集合，它将错分样本到判别界面距离之和作为代价函数，表示为如下公式：

$$\begin{cases} g(X_i)\cdot y_i > 0, X_i' = 0 \\ g(X_i)\cdot y_i < 0, X_i' = X_i \end{cases}$$

$$J_g = \sum |W^T X_i' + b|$$

式中，y_i 为样本数据 X_i 的类型标识（当 $X_i \in C_1$ 时，$y_i = 1$；当 $X_i \in C_2$ 时，$y_i = -1$），X_i' 表示样本 X_i 的惩罚数据向量，J_g 为判别函数 $g(X)$ 的代价值。使得代价值最小的类型判别函数，即为最终的感知器判别函数。

基于感知器函数进行数据样本的线性分类，其分割面的解向量往往不唯一。而所有解向量组成的区域则称为"解区"。

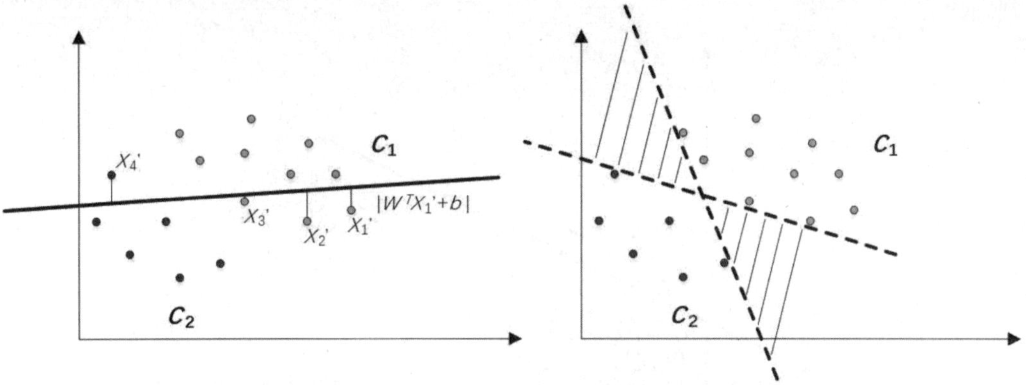

错分样本到判别界面的距离　　感知器函数线性分类的解区

图 9-2-9　感知器函数的线性判别

线性判别分析（Linear Discriminant Analysis, LDA）：也称为 Fisher 线性判别（Fisher Linear Discriminant, FLD），是模式识别的经典算法。其分析判别的基本思想是将高维的

模式样本投影到低维的线性空间，使模式样本在新的空间中有最大的类间距离和最小的类内距离，也即模式样本在该空间中有最佳的“可分离性”。

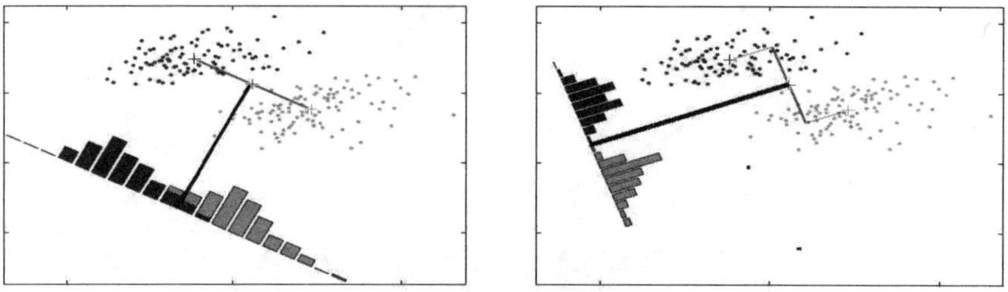

图 9－2－10　模式样本在不同投影方向下的分布

模式样本的“可分离性”可描述为以下通用表达式：

$$J(W) = \frac{|W^T\mu_1 - W^T\mu_2|^2}{W^T\sigma_1{}^2W + W^T\sigma_2{}^2W} = \frac{W^TS_bW}{W^TS_\omega W}$$

$$S_b = (\mu_1 - \mu_2)(\mu_1 - \mu_2)^T$$

$$S_\omega = \sum_{X\in C_1}(X-\mu_1)(X-\mu_1)^T + \sum_{X\in C_2}(X-\mu_2)(X-\mu_2)^T$$

式中，W 表示投影向量，μ_1和μ_2分别表示两个不同类别的样本中心（$W^T\mu_1$和 $W^T\mu_2$为两个类别样本中心在 W 上的投影），σ_1和 σ_2分别表示两个不同类别的样本方差（$W^T\sigma_1 W$ 和 $W^T\sigma_2 W$ 为两个类别样本在 W 上的投影方差），X 表示任意样本向量，$J(W)$为模式样本可分离度，S_b为样本中心距离的平方，S_w为样本的方差和，C_1为第一种类型，C_2为第二种类型。

通过线性代数方法求解（如：根据广义瑞利商函数特性），可获得那个令模式样本可分离度达到最大的投影向量 W。而两个不同类型样本投影中心的中垂线，即为最终的类型判别边界。

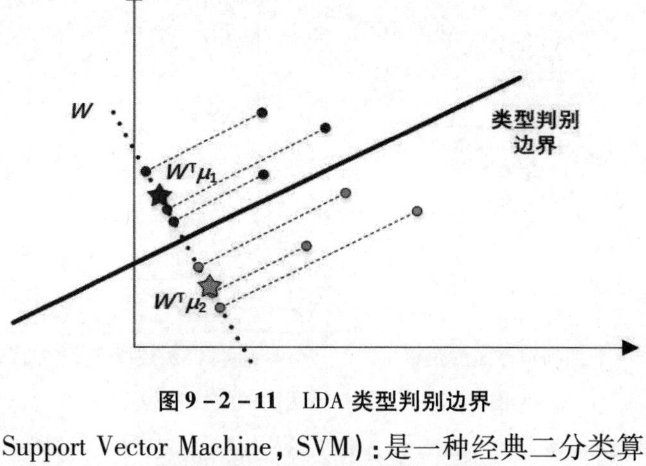

图 9－2－11　LDA 类型判别边界

支持向量机（Support Vector Machine，SVM）：是一种经典二分类算法，它通过给出一个最优分割面，将做出标记的两组向量划分到分割面的两边，并使得两组向量中离此分割面最近的向量(即所谓"支持向量")到分割面的距离尽可能远。

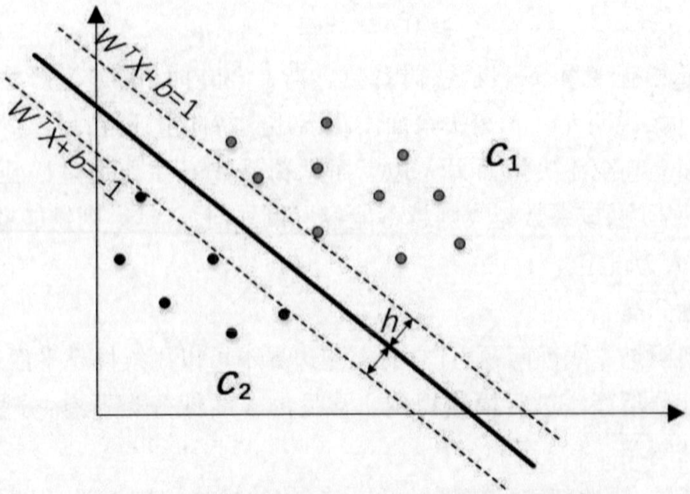

图9-2-12　支持向量机的最优分割面求解过程

$$h = \frac{|W^T X_i + b|}{\|W\|} = \frac{1}{\|W'\|}$$

式中,W 表示分割面的法向量,$W^T X_i + b$ 为分割面函数,$\|W\|$为分割面法向量的几何模数(向量长度),W'为标准化法向量(满足$|W^T X_i + b| = 1$),h 为点 X_i到分割面的距离。

对于分割面两侧的样本向量,分别对应不同的标签值 y_i,一部分向量的标签值是1,另一部分向量的标签值是-1。

$$\begin{cases} W'^T X_i + b > 0, y_i = 1 \\ W'^T X_i + b < 0, y_i = -1 \end{cases}$$

考虑到分割面两侧样本的对称性,其分割面求解过程最终可描述为如下条件极值问题:

$$\max_{W'} \frac{2}{\|W'\|} (\text{或者} \min_{W'} \frac{\|W'\|}{2})$$

$$s.t.\ y_i(W'^T X_i + b) \geqslant 1$$

$$i = 1,2,3,\cdots,m$$

式中,$s.t.$ 是 satisfy to 的缩写,即"满足于"的意思。

为了解决噪声数据的分类判别问题,还可以对每个样本点引入一个松弛变量 $\xi_i \geqslant 0$,使得间隔加上松弛变量大于等于1。这样处理后数据仍然可以实现线性可分,我们称之为"近线性可分",而这样的支持向量机也叫软间隔(Soft Margin)支持向量机。

此时,条件极值问题可转变为如下形式:

$$\max_{W'} \left\{ \frac{2}{\|W'\|} - C \sum_{i=1}^{m} \xi_i \right\} (\text{或者} \min_{W'} \left\{ \frac{\|W'\|}{2} + C \sum_{i=1}^{m} \xi_i \right\})$$

$$s.t.\ y_i(W'^T X_i + b) \geq 1 - \xi_i$$

$$\xi_i \geq 0, i = 1,2,3,\cdots,m$$

式中，ξ_i表示松弛变量，C 表示惩罚系数。当 $\xi_i = 0$ 时，说明 X_i严格遵循线性分类要求；当$0 < \xi_i < 1$ 时，说明允许 X_i离决策面的距离比支持向量还近；当$\xi_i \geq 1$ 时，表示允许 X_i可以处在决策面上甚至在决策面另一边。而惩罚系数 C 主要通过松弛变量的缩放对优化问题产生负面影响，该系数越大则越不能容忍例外向量，越小则约能容忍；故而，该系数是超参数，需要人为设定。

● **非线性分类**

如果一个问题是非线性问题，且它的类型边界不可以用线性超平面进行估计，那么就需要采用非线性分类算法进行模式识别。常见的非线性分类器有：分段线性函数、核函数、Boosting 算法等。

分段线性函数：线性判别函数是最简单、有效的模式识别工具，但面对复杂的数据分布结构，它却往往难以对数据样本进行准确分类。相比之下，分段线性函数则具有较强的适应能力，可以用多段超平面组成的决策面逼近各种形状，实现非线性分类的效果。

分段线性函数判别的核心思想和主要流程是：

（1）将特征空间中具有复杂分布结构的样本数据分成多个凸多面体数据子集；

（2）根据线性判别方法，计算并获得每一对不同类型数据子集的线性分割面；

（3）将不同类型数据的线性分割面连接起来，即获得多段组合的分割超平面，实现数据样本的分段判别。

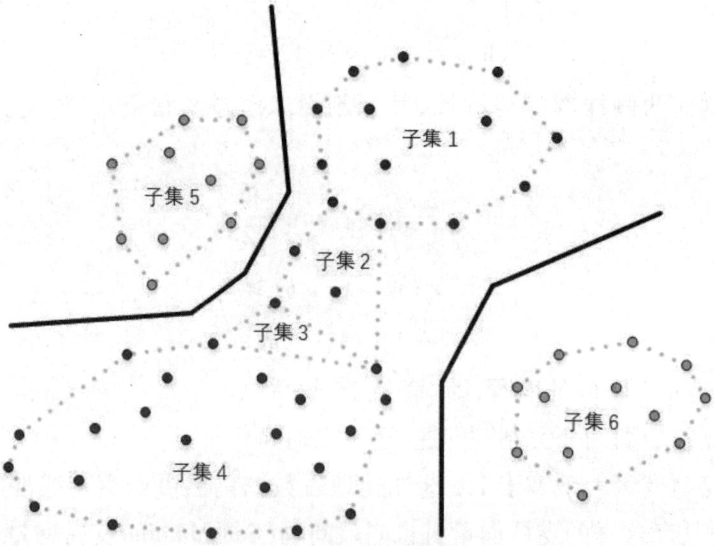

图 9-2-13　分段线性函数的分类判别

核函数算法：作为典型的"广义线性判别"，它主要是将样本从原始空间映射到一个更高维的特征空间，使得原本线性不可分的数据样本在新的特征空间内线性可分。而当数据返回到原始空间中时，其判别边界也从高维空间中的线性分割面变成为了低维空间中的非线性分割面。作为复杂模式识别的常用工具，核函数算法通常与SVM相结合进行使用。

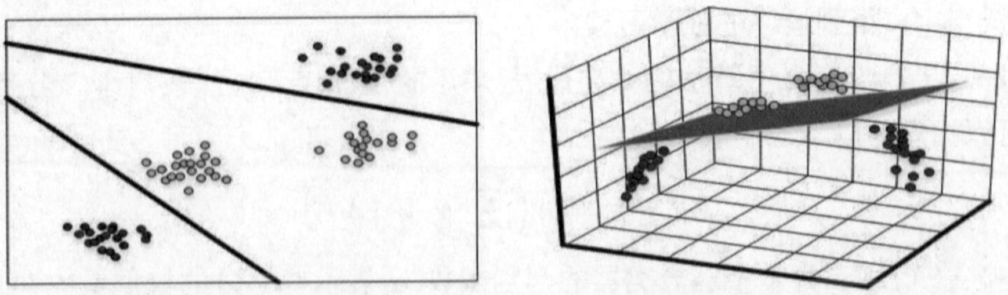

二维空间的非线性分类　　　　三维空间对应的线性分类

图9－2－14　核函数的高维空间映射

其判别边界的求解过程可描述为如下条件极值问题：

$$\max_{W'}\left\{\frac{2}{\|W'\|}-C\sum_{i=1}^{m}\xi_i\right\}\left(\text{或者}\min_{W'}\left\{\frac{\|W'\|}{2}+C\sum_{i=1}^{m}\xi_i\right\}\right)$$

$$s.t.\ y_i\left(W'^{T}\varnothing(X_i)+b\right)\geqslant 1-\xi_i$$

$$\xi_i\geqslant 0, i=1,2,3,\cdots,m$$

式中，$\Phi(X_i)$表示特定形式的核函数。

根据数据分布结构的不同，常用的核函数有：多项式核函数、径向基核函数、双曲正切Sigmoid核函数等。

多项式核函数：$K(X_1,X_2)=(a\,X_1^{\,T}X_2+c)^{d}$，$a,c,d$均为核函数的可调映射参数。

径向基核函数：$K(X_1,X_2)=exp\left(-\frac{\|X_1-X_2\|^2}{2\,\sigma^2}\right)$，$\sigma$为核函数的可调径向参数。

双曲正切Sigmoid核函数：$K(X_1,X_2)=tanh(a\,X_1^{\,T}X_2+c)$，$a,c$，为可调斜率和常量参数。

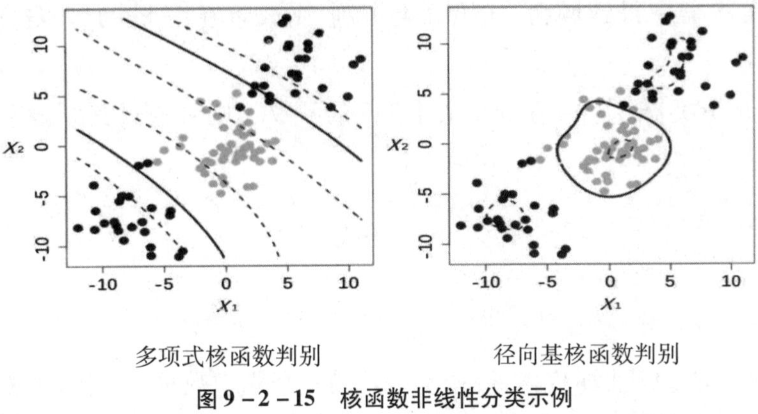

多项式核函数判别　　　　径向基核函数判别

图9－2－15　核函数非线性分类示例

Boosting算法：是一种集成学习算法，它由一系列基本分类器按照不同的权重组合成为一个强分类器。其基本思想是：首先，用样本数据的初始权重训练出一个弱分类器，根据弱分类器的学习误差率对权重进行更新，使得之前弱分类器学习误差率高的样本权重变高，从而在新的分类器中得到更多重视；然后，再基于调整后的数据权重来训练新的分类器，如此重复，直到弱分类器数目达到事先指定的限值 T；最终，将 T 个弱分类器通过集合策略进行整合，得到最终的强学习器。

Adaboost 作为 Boosting 算法的典型代表，采用的是加权表决法。对于二分类问题，其分类器可以描述为以下通用表达式：

$$f(X) = sign\left(\sum_{k=1}^{T} \alpha_k G_k(X)\right)$$

式中，$G_k(X)$ 表示第 k 个弱分类器的判别函数，α_k 表示 $G_k(X)$ 的权重系数，$sign(\cdot)$ 为符号函数，当符号函数的变量大于 0 时，$sign(\cdot)$ 为 1，而当符号函数的变量小于 0 时，$sign(\cdot)$ 为 -1。

在 AdaBoost 计算框架下，用户可以指定任意的弱分类器 $G_k(X)$。其中，常用的弱分类器包括 CART 分类器（信息增益最大化的二叉决策树）和其他各类型特征判别函数：

$$G_k(X) = \begin{cases} 1, & p \cdot h_k(X) > p\theta \\ -1, & 其他 \end{cases}$$

式中，$h_k(X)$ 为特征函数，θ_k 为特征阈值，$p = \pm 1$，用于改变不等式的方向。

样本数据的初始权重 $W(1) = \{w_{1,1}, w_{1,2}, \cdots, w_{1,m}\}$ 通常设置为等分权重 $\{1/m, 1/m, \cdots, 1/m\}$，第 $k+1$ 个弱分类器 $G_{k+1}(X)$ 的样本权重可通过以下公式计算：

$$w_{k+1,i} = \frac{w_{k,i} \cdot exp(-\alpha_k y_i G_k(X_i))}{\sum_{i=1}^{m} (w_{k,i} \cdot \exp(-\alpha_k y_i G_k(X_i)))}$$

式中，$w_{k,i}$ 和 $w_{k+1,i}$ 分别表示样本数据 X_i 对于 $G_k(X)$ 和 $G_{k+1}(X)$ 的权重，α_k 表示 $G_k(X)$ 的权重系数，m 为样本个数，如果第 i 个样本分类错误，$y_i G_k(X_i) < 0$，此时该样本的权重在第 $k+1$ 个弱分类器中得到增大，如果分类正确，则权重在第 $k+1$ 个弱分类器中得到减少。

而第 k 个弱分类器 $G_k(X)$ 在训练集上"权重系数"，则可通过其"加权误差率"计算得到：

$$e_k = \sum_{i=1}^{m} w_{k,i} I(G_k(X_i) \neq y_i)$$

$$\alpha_k = \frac{1}{2} log \frac{1 - e_k}{e_k}$$

式中，e_k 表示 $G_k(X)$ 的加权误差率，X_i 表示第 i 个样本数据，y_i 表示 X_i 对应的数据类型，$w_{k,i}$ 表示样本数据 X_i 对于 $G_k(X)$ 的权重，$I(G_k(X) \neq y_i)$ 为误差判别函数，若表达式 $G_k(X) \neq y_i$ 为真，则判别函数的值为 1，否则为 0。

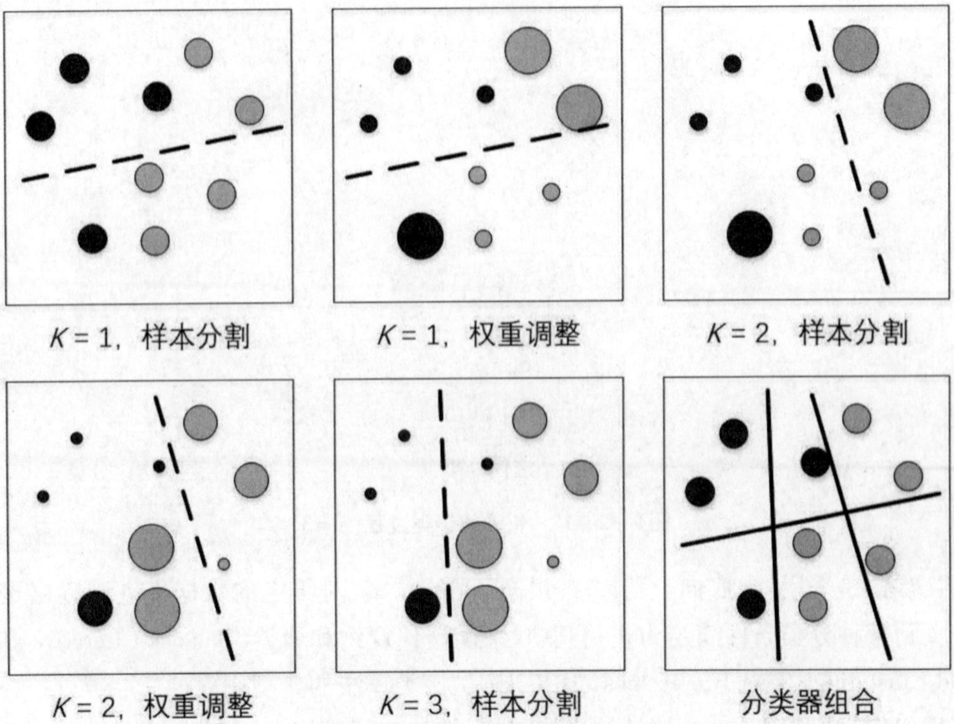

图 9－2－16　AdaBoost 分类示例

（不同颜色的圆圈代表不同类型的样本数据，圆圈大小反映了数据的权重大小）

● **聚类分析**

对于没有类别信息的无样本数据集，也可以按照数据之间的相似程度分类，相似的归为一类，不相似的归为另一类，这种分类称为聚类分析，也称为无监督分类。常见的聚类算法有：划分法、层次法、密度法、图论法、网格法等。

划分法：是根据数据之间的相似度，将其指定划分到特定数据集中，实现数据的有效分类。其中，K 均值聚类（K-MEANS Clustering）是该类算法的典型代表。

K 均值聚类算法，是一种迭代求解的聚类分析算法，其步骤是：首先，将数据分为 K 组，并随机选取 K 个数据项作为初始的聚类中心；然后，依次计算其他数据项与各个聚类中心之间的距离，根据其距离长短，将其分配给离它最近的聚类中心，每个聚类中心以及分配给它的数据项共同代表了其对应的数据类型；在确定所有 K 个数据类型对应的数据项之后，K 个数据类型的聚类中心会根据现有的数据项重新计算，并根据新的聚类中心重新分配数据项，获得 K 个新的数据类型，这个过程不断迭代，直到满足某个终止条件（如：聚类中心不再发生变化，或者聚类的误差平方和最小）。

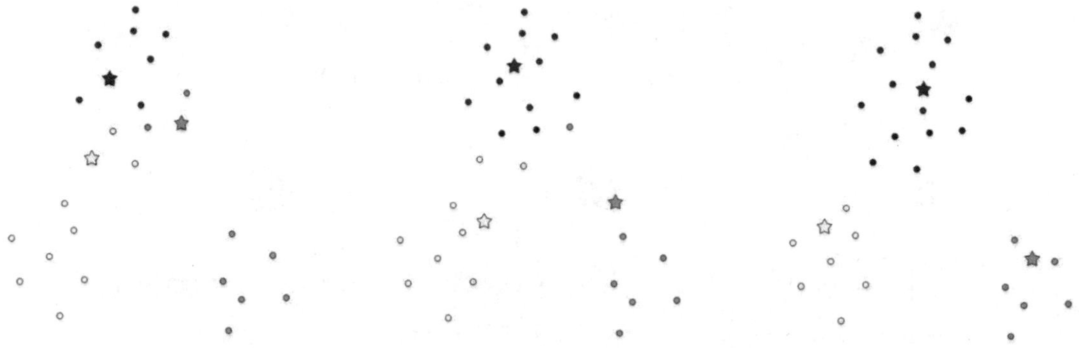

图 9-2-17　K 均值聚类过程($K=3$)

层次法:是采用“自底向上”或“自顶向下”的方案,对给定的数据集进行逐层聚合与分解,直到某种分类条件满足为止。其中,平衡迭代规约和聚类(Balanced Iterative Reducing and Clustering Using Hierarchies, BIRCH)是该类算法的典型代表。

BIRCH 算法利用了一个树结构来快速聚类,这个树结构类似于平衡 B+树,一般将其称为聚类特征树(Clustering Feature Tree, CF Tree)。这个树的每一个节点,包括叶子节点,都是由若干个聚类特征(Clustering Feature, CF)组成。内部节点的 CF 有指向子节点的指针,而所有的叶子节点则用一个双向链表连接起来。每一个 CF 是一个三元组,可以用(N, LS, SS)表示。其中 N 代表了这个 CF 中拥有的特征点的数量,LS 代表了这个 CF 中拥有的特征点各维度的和向量,SS 代表了这个 CF 中拥有的特征点各维度的平方和。对于 CF Tree,我们一般有几个重要参数,第一个参数是每个内部节点的最大 CF 数 B,第二个参数是每个叶子节点的最大 CF 数 L,第三个参数是叶子节点每个 CF 的最大特征半径阈值 T,也就是说,在这个 CF 中的所有特征点一定要在半径小于 T 的超球体内。

通过 BIRCH 算法聚类的过程,就是建立 CF Tree 的过程,即:首先,从数据集中读入第一个数据点,将它放入一个新的 CF 三元组中,这个三元组的 N=1,将这个新的 CF 放入根节点;然后,再在读入新的数据时,从根节点开始,自上而下选择最近的子节点,一直到叶子节点,检查最近的 CF 组是否满足吸收条件(特征半径小于阈值 T,节点数目小于 L),满足吸收条件,则更新 CF 值,不满足条件,则添加一个新的叶子节点;如果增加新的叶子节点后,其父节点的内部节点数超过最大 CF 数 B,则对其进行分裂,同时判断上一级父节点的内部节点数是否超过 B,如果超过则继续分裂,直至根节点。

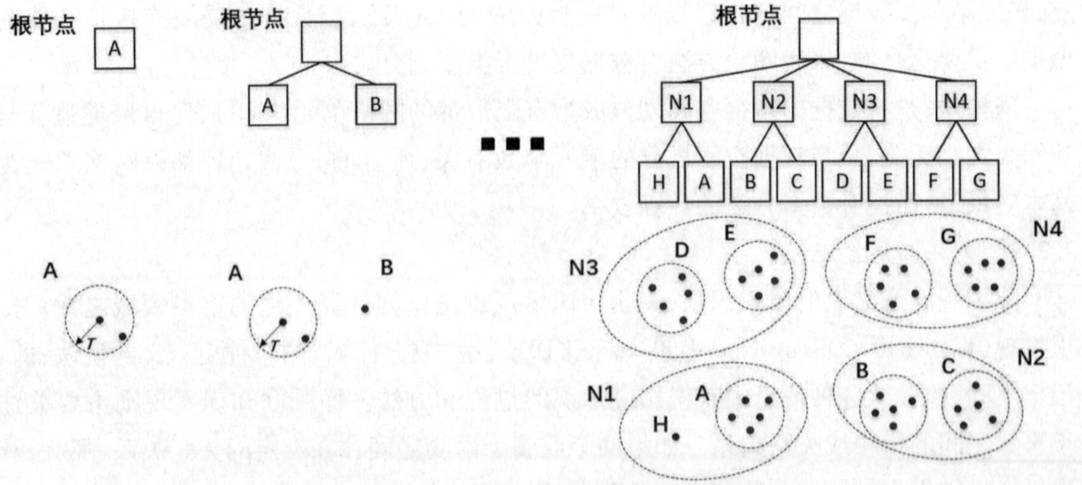

图 9－2－18　基于 BIRCH 算法的数据聚类

密度法：基于特征距离的算法只能发现"类圆形"聚类，为了克服该缺点，它主要基于特征点的分布密度进行聚类分析。其中，基于密度的噪声应用空间聚类（Density-Based Spatial Clustering of Applications with Noise，DBSCAN）是该类算法的典型代表。

DBSCAN 算法将"簇"定义为密集且密度相连的特征点集合，并在具有噪声的数据集中发现任意形状的"簇"作为特定类型。当邻域半径 R 内的数据点个数大于最少点数目 $MinPts$ 时，即为"密集"。如果以任意数据点 P 为核心，数据点 Q 在 P 的 R 密集邻域内，那么称 P 到 Q 密度直达；如果存在核心点 P_1，P_2，P_3，……，P_n，且 P_1 到 P_2 密度直达，P_2 到 P_3 密度直达，……，P_{n-1} 到 P_n 密度直达，则通过传递，P_1 到 P_n 密度可达；如果存在某个核心点 S，使得 S 到 P 和 Q 都密度可达，则 P 和 Q"密度相连"。在计算过程中，通常从数据集中任意选取数据点 P 作为核心点，对于参数 R 和 $MinPts$，找出所有从 P 密度可达的数据对象点，形成一个簇；然后，再在剩余数据点中任意选取下一个核心点，重复上述簇搜索过程，直到所有点被处理。

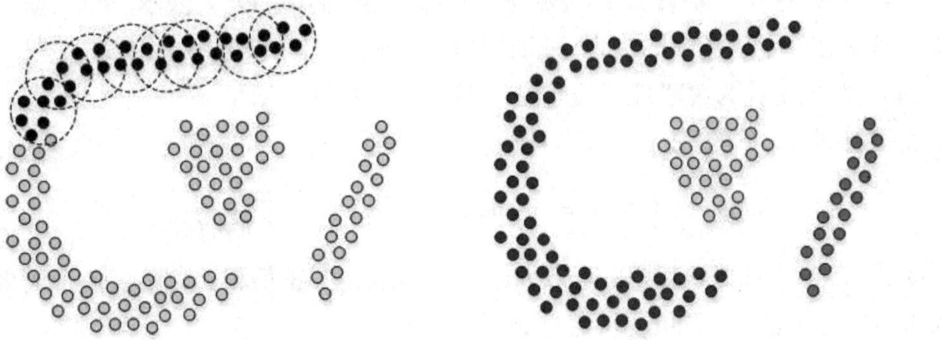

密度相连的聚类过程　　　　密度相连的聚类结果

图 9－2－19　基于 DBSCAN 算法的数据聚类

图论法：是通过建立与问题相适应的图，将数据集的最小分析单元对应为图中的节点,将最小单元数据之间的相似程度对应为图中的边(弧),以数据的局域连接特征作为聚类的主要信息源,采用图论方法对数据集进行类型划分。

网格法:是将数据的特征空间划分成为有限数量的网格单元(Cell),使得聚类过程与数据集大小无关,只与数据空间划分的单元个数有关,所有的分析、处理都以网格单元为基本对象,从而提升数据分类的计算效率。

2.2.2 关联知识发现

除了一般意义上的模式识别,关联知识发现也是认知计算关注的重点领域之一。知识发现(Knowledge Discovery in Database, KDD),是"数据挖掘"的一种更广义的说法,即:根据不同需求,从各种信息中获得相应知识的过程和方法。而关联知识发现则主要关注于事物之间的依赖或关联关系。如果两个或多个事物之间存在一定的关联关系,那么,其中一个事物发生就能够预测与之相关联的其他事物的发生。

根据关注焦点的不同,关联知识发现主要包括:关联规则挖掘、因果推断等。

- **关联规则挖掘**

关联规则挖掘,主要用于发现隐藏在大型数据集中的令人感兴趣的联系。而所发现的联系通常用"频繁项集"或"关联规则"的形式表示。

频繁项集:假设 $I=\{i_1, i_2, \cdots, i_p\}$ 是所有可能出现的数据项组成的集合,I 的任意子集称为一个项集(Itemset)。判别数据集的每一条有效记录称为一个事务,它由若干数据项组成。频繁项集,是指在所有事务 D 中出现频度较高的项集。

数据项在事务中出现的频度也称为"支持度",可通过如下公式表示:

$$Support(X)=\frac{Count(X)}{Count(D)}$$

式中,X 为任意数据项,$Support(X)$ 表示数据项 X 的支持度,$Count(D)$ 和 $Count(X)$ 分别表示包含 X 的事务数量和 D 的总事务数量。

关联规则:若 X,Y 均为项集,并且 $X\cap Y=\varnothing$,用蕴含式 $X\Rightarrow Y$ 表示一个关联规则。它表示 X 项集在一个事务中的出现,可推导出 Y 项集在同一事务中也出现。这里,"⇒"称为"关联"操作,X 称为关联规则的前提,Y 称为关联规则的结果。

关联规则 X⇒Y 的"支持度"等于项集 X∪Y 的支持度,可通过如下公式表示:

$$Support(X\Rightarrow Y)=Support(X\cup Y)=\frac{Count(X\cup Y)}{Count(D)}$$

除了"支持度",关联规则的有效性还与其"置信度"密切相关,即:包含 X 的事务中有多大可能性也包含 Y。置信度可通过如下公式表示:

$$Confidence(X\Rightarrow Y)=\frac{Support(X\cup Y)}{Support(X)}$$

由用户给定最小支持度阈值 $Minsup$ 和最小置信度阈值 $Minconf$。若规则 X⇒Y 同时

满足 *Support*(X⇒Y)≥*Minsup* 和 *Confidence*(X⇒Y)≥*Minconf*,则称该规则为强关联规则,否则称为弱关联规则。关联规则挖掘的任务就是从数据库中发现那些支持度、置信度大于等于给定最小阈值的强关联规则。

此外,为了反映 X 与 Y 的相关性,也可以对其“提升度”指标进行计算,即:

$$Lift(X \Rightarrow Y) = \frac{Support(X \cup Y)}{Support(X) \cdot Support(Y)}$$

$Lift(X \Rightarrow Y) > 1$ 且越高,表明正相关性越高;$Lift(X \Rightarrow Y) < 1$ 且越低,表明负相关性越高;$Lift(X \Rightarrow Y) = 1$,表明没有相关性。

关联规则挖掘的常用算法有:Apriori、FP-Growth 等。

Apriori,该算法的命名源于算法使用了“频繁项集”性质的先验(Prior)知识,即:某个项集是频繁的,那么它的所有子集也是频繁的;反过来说,如果一个项集是非频繁的,那么它所有的超集也是非频繁的。

Apriori 算法使用“产生－测试”的逐层发现策略来快速、有效地生成频繁项集。其一般步骤为:

(1)扫描数据集,得到所有数据项的集合 C_1,删除支持度计数小于阈值 *Minsup* 的数据项,得到频繁项的集合 L_1;

(2)上一次发现的频繁项集 L_{k-1} 与 L_1 连接,并根据 Apriori 原理,剔除集合中的非频繁候选项,产生新的候选项集合 C_k;

(3)计算 C_k 每个候选项的支持度计数,删除支持度计数小于阈值 *Minsup* 的候选项,获得频繁项集 L_k;

(4)重复步骤(2)、(3),直到没有新的频繁项集产生时,算法结束。

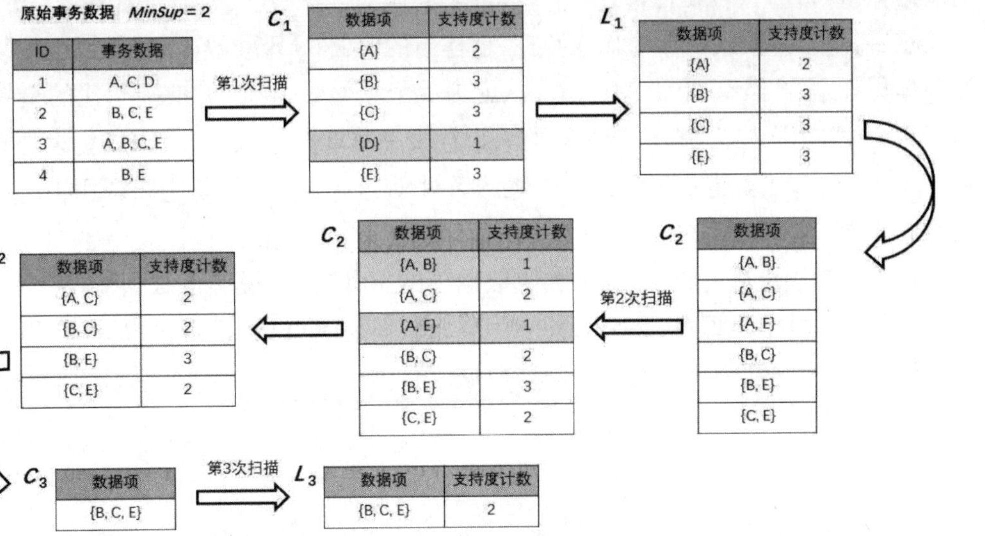

图 9－2－20　Apriori 频繁项集生成过程

FP-Growth(Frequent Pattern Growth),是通过对事务数据集的扫描,将每个事务所包含的数据项按其支持度降序存储到一个树结构(FP-Tree)中。当进行频繁项集搜索时,无须再扫描整个事务数据集,而仅需递归调用 FP-Growth 方法在 FP 树中递归查找。

FP-Growth 算法不仅能够对事务数据集进行有效压缩,而且也使频繁项集的搜索效率得到极大提升。其一般步骤为:

(1)创建一个头指针表(索引字典),用于保存每个数据项的频数以及指向其第一个有效数据节点的指针(利用头指针表可以快速访问 FP 树中给定数据项的所有节点);

(2)遍历事务数据集,统计每个数据项的出现频率,保存到头指针表中,并按照支持度高低,对头指针表进行降序排列,剔除不满足最小支持度的数据项;

(3)再次遍历事务数据集,将每个事务数据中的频繁项(大于最小支持度)抽取出来,对其进行降序排序,用排序后的频繁项构建 FP 树 T_1;

(4)在得到 T_1 后,从头指针表中的最后一个数据项开始,自底向上,依次抽取以该数据作为结尾的频繁项集。

对于步骤(3),FP 树 T_1 的构建,主要涉及以下两方面内容:

首先,检查其第一个元素是否作为根节点的子节点存在,存在则计数增加,不存在则新建子节点,并更新头指针表中该数据项的指针;

然后,按照顺序依次检查其后续元素是否作为上一个元素节点的子节点存在,存在则计数增加,不存在则新建子节点,并更新头指针表中该数据项的指针。

对于步骤(4),头指针表的更新,也主要涉及两方面内容:

首先,根据头指针表的数据指针,找到 T_1 中对应数据项的所有节点,并从各节点向上回溯,获取数据项的所有"条件模式基"(Conditional Pattern Base),即以该数据项结尾的前缀路径(Prefix Path)集合;

然后,以条件模式基作为输入数据,创建新的"条件 FP 树" $T_{k,i}$,它是以上一级某个频繁数据集 $X_{k-1,i}$(当 $k-1$ 为 1 时,$X_{k-1,i}$ 就为单个频繁数据项)为前提构建的全新 FP 树,对于 $T_{k,i}$ 则采用同样方法,从其对应的头指针表中获取频繁数据项,构成更大的频繁数据集 $X_{k-1,i} \cup x_{k,j}$,并创建此频繁数据项集的条件 FP 树 $T_{k+1,j}$,不断递归调用,直到条件 FP 树没有元素为止。

在头指针表更新过程中,如果相应数据项的指针为空,说明该数据项第一次出现,将指针指向该数据节点即可,如果指针不为空,说明该元素已经出现过,那么将指针沿着链表到尾部,使得尾部节点的指针指向该数据节点。

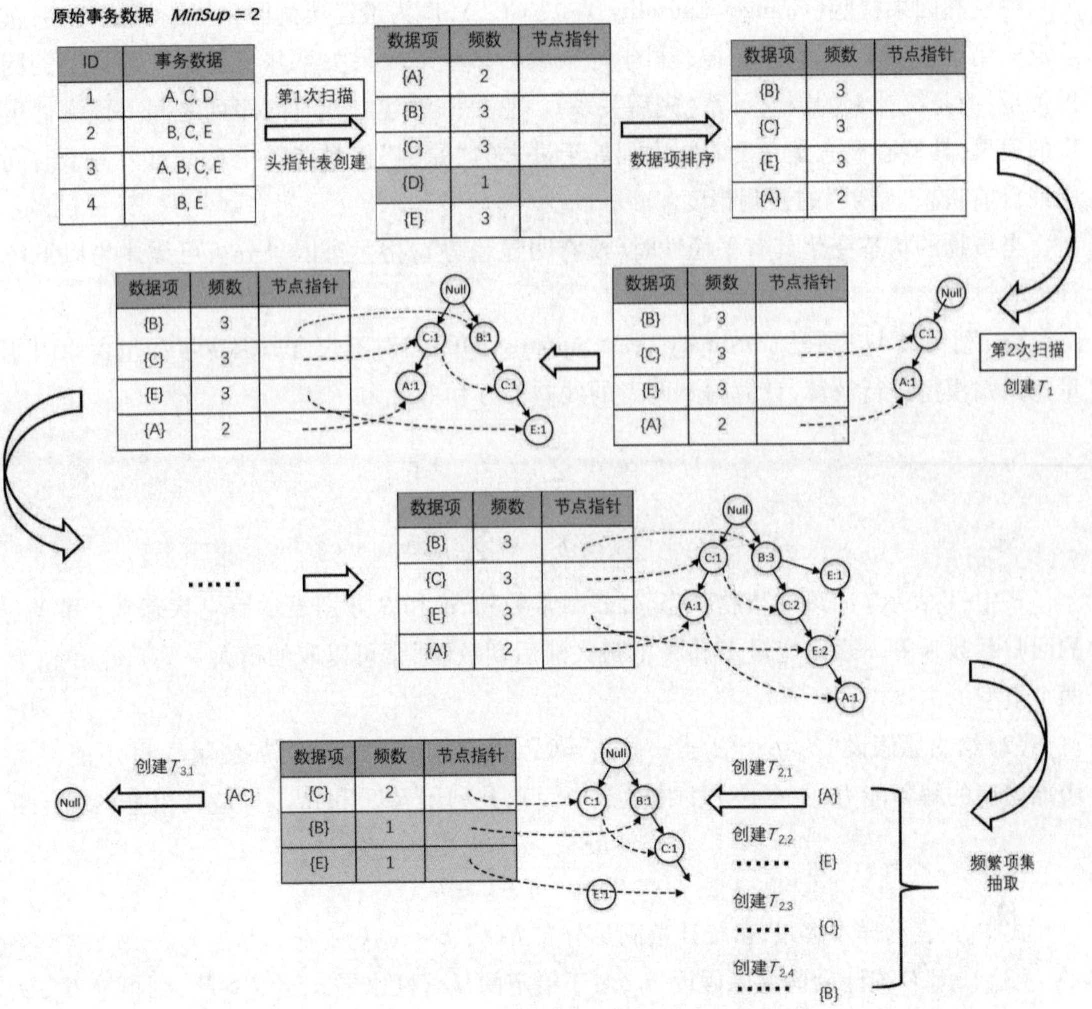

图 9-2-21　FP-Growth 频繁项集生成过程

无论是采用 Apriori 算法还是 FP-Growth 算法，在得到最终的频繁项集后，就可以基于频繁项集生成相应关联规则，其一般步骤为：

(1) 找出频繁项集的所有非空子集；

(2) 根据非空子集间的配对关系，生成所有可能的关联规则；

(3) 计算所有规则的置信度，找出所有大于最小置信度的规则，它们就是强规则。

● **因果推断**

除了考虑特定条件下的关联结果外，很多时候我们也需要了解条件改变时的结果变化，即事物间的因果关系。当无法通过 AB 试验简单判断时，也可以基于历史数据在一定程度上进行因果推断。

常见的因果推断算法有：格兰杰因果检验、收敛交叉映射等。

格兰杰因果检验（Granger Causality Test, GCT），作为最经典的因果推断算法之一，被广泛应用于经济学、气象学和神经科学等领域。格兰杰因果关系并不是逻辑意义上的因果关系，而是统计上的因果关系（先后关系）。它是一种建立在时间序列之间可预测性度量的因果，其核心概念是一个时间序列处于过去的“原因”信息能够提高针对另一个时间序列目前状态“结果”的预测精度。

当事物的状态变化具有平稳性时（没有明显趋势），格兰杰因果分析可描述为以下统计检验过程：

（1）利用最小二乘法（Ordinary Least Squares, OLS），对不包含原因变量和包含原因变量的回归模型进行解算，计算得到两者的残差平方和 RSS_1 和 RSS_2

$$Y_t = \alpha_0 + \sum_{i=1}^{s} \alpha_i Y_{t-i} + e_{1t}$$

$$Y_t = \alpha_0 + \sum_{i=1}^{s} \alpha_i Y_{t-i} + \sum_{j=1}^{k} \beta_j X_{t-j} + e_{2t}$$

式中，Y_t 表示 t 时刻的事物状态，α_0 表示常数项，α_i 和 β_j 分别表示历史状态 Y_{t-i} 和 X_{t-j} 的回归系数，s 和 k 表示变量 Y 和 X 的最大滞后期数（通常可以取的稍大一些），e_{1t} 和 e_{2t} 为两个模型的白噪声；

（2）给出原假设“$H_0: \beta_1 = \beta_2 = \cdots = \beta_k = 0$”，即在回归模型中增加变量 X 并不能显著增加模型的解释能力（X 不是 Y 的格兰杰原因），并利用 RSS_1 和 RSS_2 构造其相应 F 统计量

$$F = \frac{(RSS_2 - RSS_1)/k}{RSS_1/(n - s - k)}$$

式中，n 表示样本容量，F 统计量满足分布 $F(k, n-s-k)$；

（3）利用 F 统计量检验原假设 H_0，对于给定的显著性水平 a，若 $F > F_a$，则拒绝 H_0，认为 β_j 中至少有一个显著不为 0，即 X 是引起 Y 变化的原因；反之，则认为 X 不是引起 Y 变化的原因。

收敛交叉映射（Convergent Cross-Mapping, CCM），是一种能适应弱耦合、非线性系统因果推断的数学方法。与传统的格兰杰因果分析不同，CCM 不是根据“X 预测 Y”的能力来判断 X 是否是 Y 的原因，而是研究“Y 对 X 的响应过程”。其核心思想是通过判断 X 和 Y 是否共享一个流形（在一个高维空间中，点随时间推进而形成的运动轨迹），来决定两者之间的因果关系。

具体而言，CCM 利用时间序列 X 与 Y 的滞后坐标重建影子流形 M_X 与 M_Y，在此基础上，判断 M_Y 上附近的点是否能够精确地识别 M_X 上附近的点。如果是，那么就可以说变量 X 是变量 Y 的原因。其一般步骤为：

（1）根据两个时期长度为 L 的时间序列 $X = \{X(1), X(2), X(3), \cdots, X(L)\}$ 与 $Y = \{Y(1), Y(2), Y(3), \cdots, Y(L)\}$，重建其影子流形 M_X 与 M_Y

$$M_X : x(t) = < X(t), X(t-\tau), X(t-2\tau), \cdots, X(t-(E-1)\tau) >$$
$$M_Y : y(t) = < Y(t), Y(t-\tau), Y(t-2\tau), \cdots, Y(t-(E-1)\tau) >$$

式中,$X(t)$和$x(t)$分别表示变量X在t时刻的原始数据与影子流形M_X坐标,$Y(t)$和$y(t)$分别表示变量Y在t时刻的原始数据与影子流形M_y坐标,t最小为$1+(E+1)\tau$、最大为L,E为嵌入维度,τ为时间滞后期($\tau>0$);

(2)利用M_y推断$x(t)$的变化,即从流形M_y上找到距离$y(t)$最近的$E+1$个点,按照由近到远的顺序排列,并根据$y(t)$邻近点的数值变化(权重关系),对$x(t)$进行变量估计:

$$\widehat{x}(t) \mid M_y = \sum_{i=1}^{E+1} \omega_i x(t_i)$$

$$\omega_i = m_i / \sum_{j=1}^{E+1} m_j$$

$$m_i = \exp\{-d[y(t), y(t_i)]/d[y(t), y(t_1)]\}$$

式中,$\widehat{X}(t) \mid M_y$表示基于影子流形M_y的$x(t)$估计值,$y(t_i)$和$x(t_i)$分别表示M_y上距离$y(t)$最近的第i个邻近点坐标和其对应的M_X上第i个点坐标,ω_i为第i个邻近点的权重,这里采用反距离加权法,$d[y(t), y(t_i)]$表示$y(t)$到第i个邻近点的距离,m_i为第i个邻近点的反距离指数;

(3)在获得$x(t)$的估计值后,可对其相关系数进行计算

$$r = \frac{cov(x,\widehat{x})}{\sigma_x \sigma_{\widehat{x}}} = \frac{\sum_{t=1+(E+1)\tau}^{L} [(x(t) - \overline{x(t)})(\widehat{x}(t) \mid M_y - \overline{\widehat{x}(t) \mid M_y})]}{\sqrt{\sum_{t=1+(E+1)\tau}^{L} (x(t) - \overline{x(t)})^2 \sum_{t=1+(E+1)\tau}^{L} (\widehat{x}(t) \mid M_y - \overline{\widehat{x}(t) \mid M_y})^2}}$$

式中,r表示x真实值与估计值之间的pearson相关系数,$cov(x,\widehat{x})$表示两者之间的协方差,σ_x和$\sigma_{\widehat{x}}$分别表示x真实值与估计值的标准差。

在CCM因果推断过程中,τ和E需要人为设定。前者,一般通过经验值来确定(如:以降水量和蒸发量为研究变量时,τ可以设置为一个月);后者,则受到系统复杂性、时间序列长度和噪声等诸多因素影响,为了确定其最佳值,可以计算不同维度(如:$E=2, 3, 4, 5$等)的结果,并从中选择误差最小的最优值。

2.2.3　语义标注

语义标注,是给数据添加语义属性的过程。数据本身只是一个个符号,而单纯的符号并不具备任何意义,只有为这些符号赋予特殊的含义之后,数据才能反映城市的真实情况。此时,数据便转化成了信息知识,其承载的特殊含义就是语义。

在特定的概念知识体系下,数据语义标注的关键在于语义映射。而常见的语义映射算法大体上可分为:基于概念定义的映射、基于概念实体的映射、基于概念规则的映射。

- **基于概念定义的映射**

该方法是通过判断数据与特定概念定义之间的契合度来实现语义映射。在对二者的

契合度进行衡量时,通常采用特征阈值比较的方式,比如,基于经验知识的特征判别。

其计算过程可描述为以下通用表达式:

$$\begin{cases} a_1 \leqslant f_1(X_i) \leqslant b_1 \\ a_2 \leqslant f_2(X_i) \leqslant b_2 \\ \quad\quad \vdots \\ a_t \leqslant f_t(X_i) \leqslant b_t \end{cases}, \quad X_i \in C$$

式中,C 表示特定概念,X_i 表示任意数据集,$f_t(X_i)$ 表示数据集的第 t 项特征值,$[a_t, b_t]$ 为概念 C 对于第 t 项特征的阈值范围。

● **基于概念实体的映射**

该方法是通过判断数据与特定概念实体之间的相似度来实现语义映射。在对二者的相似度进行衡量时,通常采用特征距离比较的方式,比如,模板匹配。

其计算过程可描述为以下通用表达式:

$$Dist(X_i, X_c) = \sqrt{(F(X_i) - F(X_c))^T W(F(X_i) - F(X_c))}$$

$$Dist(X_i, X_c) \leqslant \theta,\ X_i \in C$$

式中,C 表示特定概念,X_c 表示概念 C 的实体模板,X_i 表示任意数据集,$F(X_c)$ 和 $F(X_i)$ 分别表示实体模板和数据集的多维特征向量,$Dist(X_i, X_c)$ 表示数据集与实体模板间的特征距离,W 为多维特征权重矩阵,θ 为模板匹配的特征距离阈值。

● **基于概念规则的映射**

该方法是通过判断数据上下文关系与特定概念规则(语法)的匹配度来实现语义映射。在对二者的匹配度进行衡量时,通常采用特征要素综合的方式,从不同角度对其数据内容和结构进行判别。其常见技术手段包括:基于人工神经网络(Artificial Neural Networks, ANN)的语义映射、基于马尔科夫随机场(Markov Random Field, MRF)的语义映射、基于资源描述框架(Rcsource Description Framework, RDF)的语义映射等。

2.3 决策计算

2.3.1 模糊推理

由于信息搜集的不完备性和需求认知的局限性,现实生活中决策问题的条件和目标往往带有一定的模糊性。为了在模糊环境下确定各种方案之间的优劣次序并做出最优决策,模糊推理至关重要。

模糊推理,又称为近似推理,它是从不精确的前提中得出可能的不精确结论的推理过程。该方法可以根据模糊关系和输入数据,来确定输出结果。其基本运算模式为模糊假言推理(Fuzzy Modus Ponens, FMP):

规则　R_M if $\boldsymbol{x}$ is $\boldsymbol{A}$, then $\boldsymbol{y}$ is $\boldsymbol{B}$

前提　$\boldsymbol{x}$ *is* $\boldsymbol{A}'$

结论　$\boldsymbol{y}$ is $\boldsymbol{B}'$

在实际应用中,根据模糊运算法则的不同,其常见算法包括:Mamdani 推理法、Larsen 推理法、Zadeh 推理法、Takagi-Sugeno 推理法等。

● **Mamdani 推理法**

Mamdani 模糊推理法是最常用的一种推理算法,其模糊蕴涵关系 $R_M(X, Y)$ 定义简单,可以通过模糊集合 $X=\{x_1, x_2, \cdots, x_n\}$ 和 $Y=\{y_1, y_2, \cdots, y_m\}$ 的取小合成运算的笛卡尔积求得:

$$\mu_{R_M}(x_i, y_j) = \mu_A(x_i) \wedge \mu_B(y_j)$$

式中,$\mu_{R_M}(x_i, y_j)$ 表示模糊蕴含关系 R_M 对应于集合中特定元素 x_i 和 y_j 的隶属度,$\mu_A(x_i)$ 表示模糊概念 A 对应于集合 X 中 x_i 的隶属度,$\mu_B(y_j)$ 表示模糊概念 B 对应于集合 Y 中 y_i 的隶属度。

其模糊推理过程包括几种不同情况:

单条件、单规则,假设 A 和 A' 是论域 X 上的模糊概念,B 是论域 Y 上的模糊概念,$R_M(X, Y)$ 为 A 和 B 之间的模糊蕴含关系,则 A' 在论域 Y 上的推论 B' 满足

$$\begin{aligned}\mu_{B'}(y_j) &= \bigvee_{x_i \in X} \{\mu_{A'}(x_i) \wedge \mu_{R_M}(x_i, y_j)\} \\ &= \bigvee_{x_i \in X} \{\mu_{A'}(x_i) \wedge [\mu_A(x_i) \wedge \mu_B(y_j)]\} \\ &= \bigvee_{x_i \in X} [\mu_{A'}(x_i) \wedge \mu_A(x_i)] \wedge \mu_B(y_j) \\ &= \omega \wedge \mu_B(y_j)\end{aligned}$$

式中,$\omega = \vee[\mu_{A'}(x_i) \wedge \mu_A(x_i)]$,为 $A \cap A'$ 隶属函数的最大值,称为 A 和 A' 的适配度;

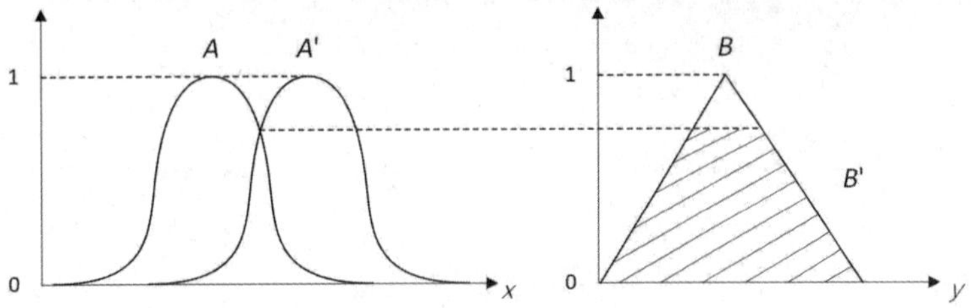

图 9-2-22　Mamdani 单条件、单规则推理

多条件、单规则,假设 A、A'、B、B' 分别是论域 X、Y 上的模糊概念,C 是论域 Z 上的模糊概念,$R_M(X, Y, Z)$ 为 A、B、C 之间的模糊蕴含关系,则 A' 和 B' 在论域 Z 上的推论 C' 满足

$$\begin{aligned}\mu_{C'}(z_k) &= \bigvee_{x_i \in X y_j \in Y} \{[\mu_{A'}(x_i) \wedge \mu_{B'}(y_j)] \wedge \mu_{R_M}(x_i, y_j, z_k)\} \\ &= \bigvee_{\substack{x_i \in X \\ y_j \in Y}} \{[\mu_{A'}(x_i) \wedge \mu_{B'}(y_j)] \wedge [\mu_A(x_i) \wedge \mu_B(y_j) \wedge \mu_C(z_k)]\}\end{aligned}$$

$$= \{ \bigvee_{x_i \in X} [\mu_{A'}(x_i) \wedge \mu_A(x_i)] \wedge \bigvee_{y_j \in Y} [\mu_{B'}(y_j) \wedge \mu_B(y_j)] \} \wedge \mu_C(z_k)$$

$$= \omega_A \wedge \omega_B \wedge \mu_C(z_k)$$

式中，$\omega_A = \vee [\mu_{A'}(x_i) \wedge \mu_A(x_i)]$，为 $A \cap A'$ 隶属函数的最大值，称为 A 和 A' 的适配度，$\omega_B = \vee [\mu_{B'}(y_j) \wedge \mu_B(y_j)]$，为 $B \cap B'$ 隶属函数的最大值，称为 B 和 B' 的适配度；

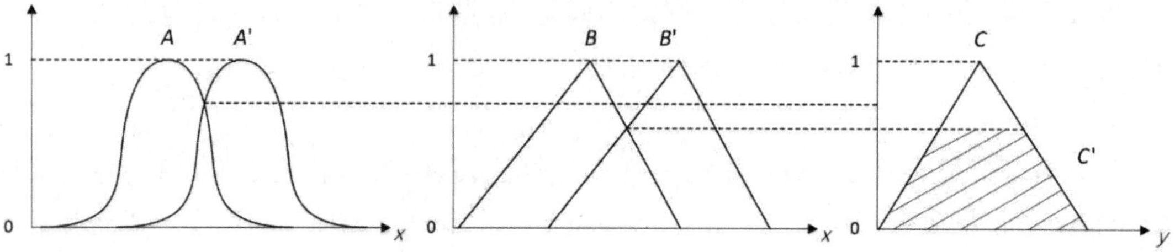

9－2－23　Mamdani 多条件、单规则推理

多条件、多规则，假设 A_1、A_2、A'、B_1、B_2、B' 分别是论域 X、Y 上的模糊概念，C_1、C_2 是论域 Z 上的模糊概念，$R_{M1}(X, Y, Z)$ 为 A_1、B_1、C_1 之间的模糊蕴含关系，$R_{M2}(X, Y, Z)$ 为 A_2、B_2、C_2 之间的模糊蕴含关系，则 A' 和 B' 在论域 Z 上的推论 C' 满足

$$\mu_{C'}(z_k) = \bigvee_{\substack{x_i \in X \\ y_j \in Y}} \{ [\mu_{A'}(x_i) \wedge \mu_{B'}(y_j)] \wedge [\mu_{R_{M1}}(x_i, y_j, z_k) \vee \mu_{R_{M2}}(x_i, y_j, z_k)] \}$$

$$= \bigvee_{\substack{x_i \in X \\ y_j \in Y}} \{ [\mu_{A'}(x_i) \wedge \mu_{B'}(y_j)] \wedge \mu_{R_{M1}}(x_i, y_j, z_k) \} \vee$$

$$\bigvee_{\substack{x_i \in X \\ y_j \in Y}} \{ [\mu_{A'}(x_i) \wedge \mu_{B'}(y_j)] \wedge \mu_{R_{M2}}(x_i, y_j, z_k) \}$$

$$= \mu_{C_1'}(z_k) \vee \mu_{C_2'}(z_k)$$

式中，$\mu_{C_1'}(z_k)$ 和 $\mu_{C_2'}(z_k)$ 分别为模糊蕴含关系 $R_{M1}(X, Y, Z)$ 和 $R_{M2}(X, Y, Z)$ 下的推论隶属度。

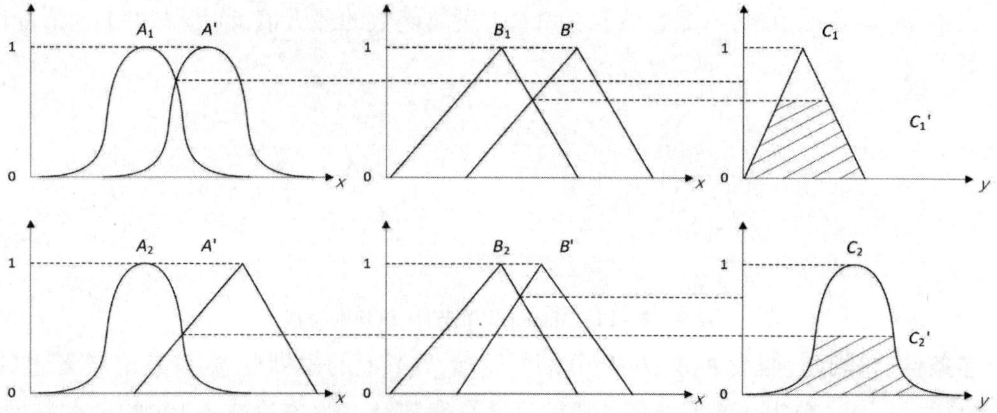

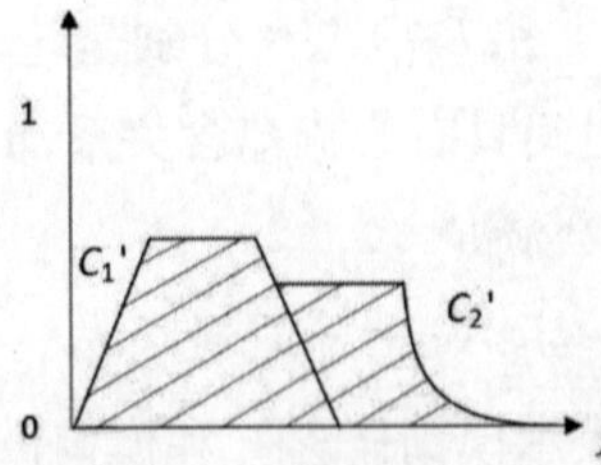

图 9-2-24　Mamdani 多条件、多规则推理

- **Larsen 推理法**

Larsen 推理法，又称为乘积推理，是另一种应用较为广泛的模糊推理算法。Larsen 推理与 Mamdani 推理过程非常相似，其模糊概念的适配度计算仍然采用以下通用公式：

$$\omega_A = \bigvee_{x_i \in X} [\mu_{A'}(x_i) \wedge \mu_A(x_i)]$$

式中，A 和 A' 是论域 X 上的模糊概念，ω_A 为 A 和 A' 的适配度。

不同的是，在激励强度求取和推理合成时，用乘积运算取代了取小运算：

单条件、单规则，假设 A、A' 和 B 是论域 X 和 Y 上的模糊概念，A 和 B 之间具有模糊蕴含关系，则 A' 在论域 Y 上的推论 B' 满足

$$\mu_{B'}(y_j) = \omega_A \cdot \mu_B(y_j)$$

式中，$\mu_B(y_j)$ 和 $\mu_{B'}(y_j)$ 分别表示模糊概念 B 和模糊概念 B' 对应于集合 Y 中 y_i 的隶属度；

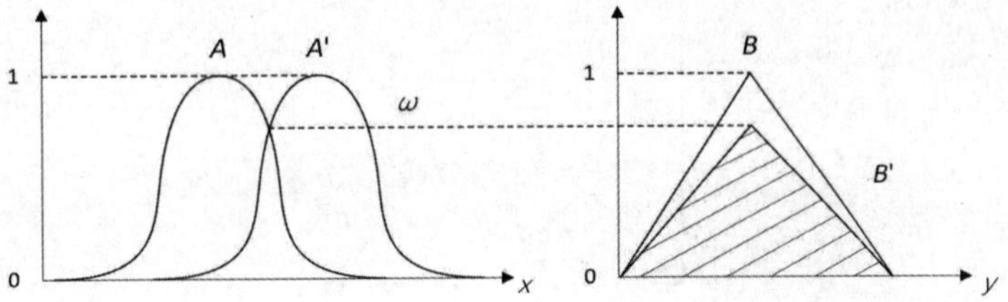

图 9-2-25　Larsen 单条件、单规则推理

多条件、单规则，假设 A、A' 和 B、B' 是论域 X 和 Y 上的模糊概念，C 是论域 Z 上的模糊概念，A、B、C 之间具有模糊蕴含关系，则 A' 和 B' 在论域 Z 上的推论 C' 满足

$$\mu_{C'}(z_k) = \omega_A \cdot \omega_B \cdot \mu_C(z_k)$$

式中，$\mu_C(z_k)$ 和 $\mu_{C'}(z_k)$ 分别表示模糊概念 C 和模糊概念 C' 对应于集合 Z 中 z_k 的隶属度，ω_A 为 A 和 A' 的适配度，ω_B 为 B 和 B' 的适配度；

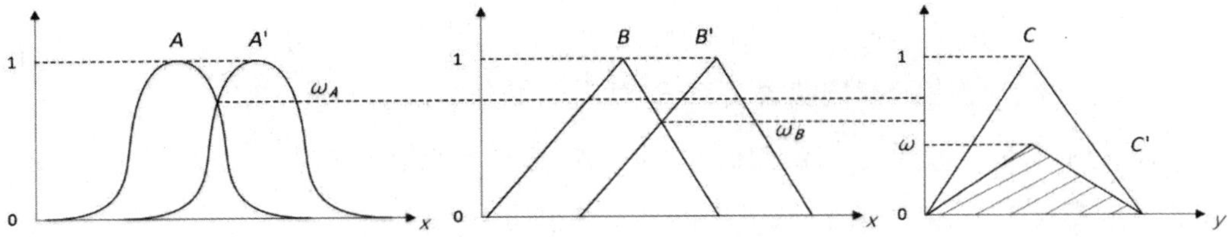

图 9-2-26　Larsen 多条件、单规则推理

多条件、多规则，假设 A_1、A_2、A'和 B_1、B_2、B'分别是论域 X、Y 上的模糊概念，C_1、C_2是论域 Z 上的模糊概念，A_1、B_1、C_1之间具有模糊蕴含关系，A_2、B_2、C_2之间也具有模糊蕴含关系，则 A'和 B'在论域 Z 上的推论 C'满足

$$\mu_{C'}(z_k) = [\omega_{A_1} \cdot \omega_{B_1} \cdot \mu_C(z_k)] \vee [\omega_{A_2} \cdot \omega_{B_2} \cdot \mu_C(z_k)]$$

式中，$\mu_C(z_k)$和 $\mu_{C'}(z_k)$分别表示模糊概念 C 和模糊概念 C'对应于集合 Z 中 z_k的隶属度，ω_{A_1}、ω_{A_2}分别为 A_1、A_2与 A'的适配度，ω_{B_1}、ω_{B_2}分别为 B_1、B_2与 B'的适配度。

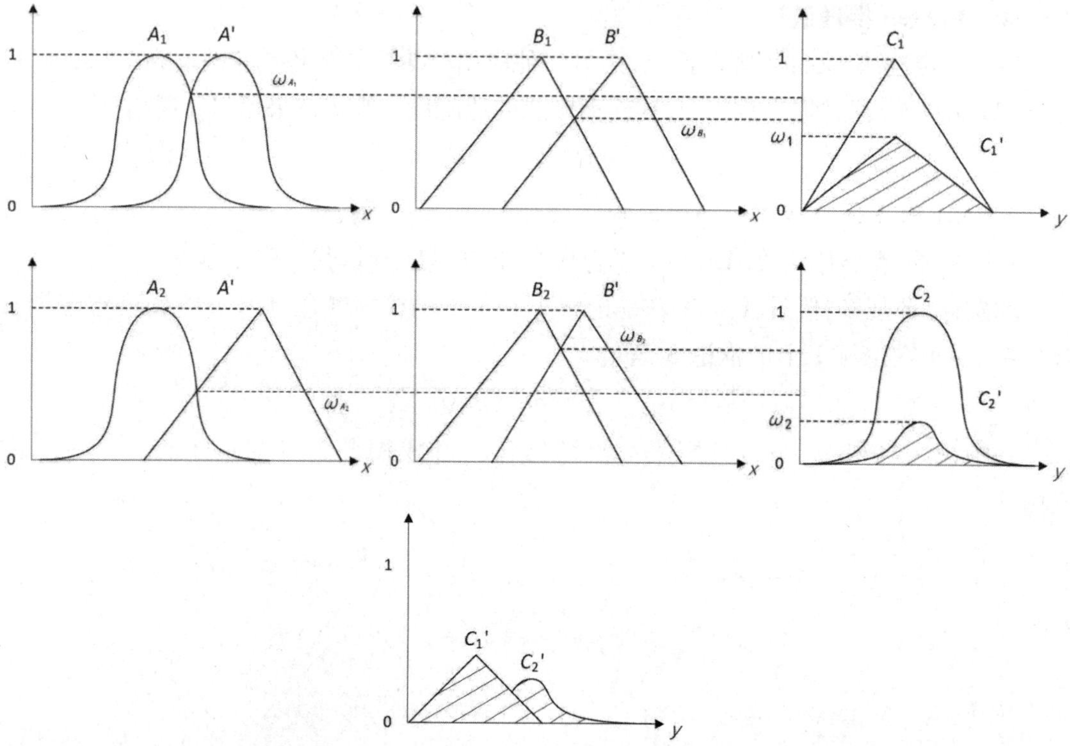

图 9－2－27　Larsen 多条件、多规则推理

● Zadeh 推理法

Zadeh 推理法提出比较早，与 Mamdani 推理相比，它也是采用取小合成运算法则，但是其模糊关系定义则较为复杂，实际意义表达不直观。因此，目前很少采用。

假设 A 和 B 分别是论域 X、Y 上的模糊概念，二者间的模糊蕴含关系 $R_Z(X, Y)$可描述为：

$$\mu_{R_z}(x_i, y_j) = [\mu_A(x_i) \wedge \mu_B(y_j)] \vee [1 - \mu_A(x_i)]$$

式中，$\mu_{R_z}(x_i, y_j)$表示模糊蕴含关系 R_Z对应于集合中特定元素 x_i和 y_j的隶属度。

假设 A 和 A'是论域 X 上的模糊概念，B 是论域 Y 上的模糊概念，$R_Z(X, Y)$为 A 和 B 之间的模糊蕴含关系，则 A'在论域 Y 上的推论 B'满足

$$B' = A' \circ R_z(X, Y)$$

即：

$$\mu_{B'}(y_j) = Sup_{x_i \in X}\{\mu_{A'}(x_i) \wedge [\mu_A(x_i) \wedge \mu_B(y_j) \vee (1 - \mu_A(x_i))]\}$$

式中，“∘”表示合成运算，*Sup* 表示对后面的算式取上界，若 Y 为有限论域时，*Sup* 等同于运算符∨。

● **Takagi-Sugeno 推理法**

Takagi-Sugeno 推理，也称为 T-S 推理。由于该算法便于建立动态系统的模糊模型，因此在模糊控制中得到广泛应用。推理过程中，其模糊规则的一般形式为：

如果 X 是 A，Y 是 B，则有 $z = f(X, Y)$

其中，A 和 B 是模糊概念，$f(X, Y)$ 为任意多项式函数。当 $f(X, Y)$ 为一阶多项式时，模糊推理系统被称为一阶 T-S 模糊模型；当 $f(X, Y)$ 为常数时，模糊推理系统被称为零阶 T-S 模糊模型，可以被看作是 Mamdani 推理系统的特例。

对于多条件模糊推理问题，每个条件都会有一个适配度，T-S 模糊推理的激励强度可根据所有条件的适配度求取：

$$\omega = \wedge\, \omega_i (\text{或}\ \omega = \prod \omega_i)$$

式中，ω 表示模糊推理的激励强度，ω_i 表示第 i 个模糊条件的适配度。

对于多规则模糊推理问题，每个规则都可以产生一个推理结果，而最终结论则可通过所有推理结果加权平均得到：

$$z = \sum w_i \cdot z_i$$

式中，z 表示模糊推理的最终结果，z_i 和 w_i 分别表示第 i 个规则的推理结果和权重。

由于 T-S 模糊推理得到的结果是精确的，其推理过程不需要进行耗时且不易分析的去模糊化运算。也正因如此，T-S 模糊推理是目前基于样本的模糊建模过程中最常用的算法。

2.3.2 智能搜索

对于开放系统，其解空间往往具有高维度特性。传统的遍历搜索算法（贪婪算法）往往难以在有效时间内从高维空间中找到问题解决的最优方案。因此，为了满足管理决策的需要，一系列“新颖”的智能搜索算法被提出，并应用于工程实践工作中。

智能搜索的本质是启发式的“不完全”搜索，其核心问题在于：“如何在不完全搜索的情况下，保证所找到的解是最优解”。常见的算法包括：模拟退火、遗传算法、粒子群算法等。

● **模拟退火**

模拟退火（Simulated Annealing, SA），是一种基于概率的算法，主要用于在一个大的搜索空间内寻找命题的最优解，避免使结果陷入局部最优。

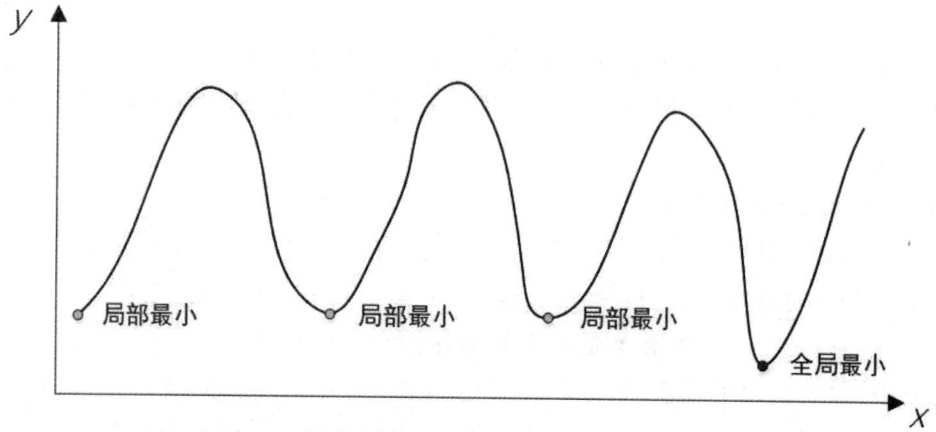

图 9-2-28　搜索空间中的局部最小与全局最小

"退火"原本是冶金学的专有名词。材料中的原子通常会停留在使内能具有局部最小值的位置，加热使能量变大，原子会离开原来位置，而随机在其他位置中移动。而退火则是将材料加热后再经特定速率冷却的过程。由于退火冷却时速度较慢，使得原子有较多可能可以找到内能比原先更低的位置，因此可以增大晶粒体积、减少晶格中的缺陷。

模拟退火算法包含两个部分，即：Metropolis 准则和退火过程。

Metropolis 准则，使得搜索结果能够从局部最优解中跳出来，是"退火"的基础。其核心思想是，在特定环境温度下，当能量增加时，以一定概率接收其状态改变，而不是一味地拒绝。其接收概率可描述为以下通用表达式：

$$p = \begin{cases} 1, & E(n+1) < E(n) \\ \exp\left(-\dfrac{E(n+1)-E(n)}{T}\right), & E(n+1) \geqslant E(n) \end{cases}$$

式中，p 表示系统在受到扰动后由前一状态 $x(n)$ 变为 $x(n+1)$ 的接收概率，$E(n)$ 和 $E(n+1)$ 分别表示两个不同状态下的系统能量大小，T 为当前的环境温度。环境温度 T 越高，系统对于各类随机扰动的接收概率越大。

退火过程，主要是通过改变温度 T，来控制算法收敛速度。在退火初期采用较大的 T 值，随着退火的进行，逐步降低。ΔT 如果过大，会导致退火太快，达到局部最优值就会结束迭代；而如果 ΔT 取值较小，则计算时间会增加。其中，指数式下降是最简单的温度调整方式：

$$T_k = \lambda^k \cdot T_0$$

式中，T_k 表示第 k 次退火后的环境温度，T_0 表示初始环境温度，λ 为温度下降指数，一般取 0.8～0.99 之间，以减缓收敛速度，使得对每一温度都有足够的状态转移尝试。

模拟退火算法的一般流程为：

(1) 设置初始温度 T_0，并随机产生一个初始解 $x_0(1)$，计算其对应的目标函数值 $E_0(1)$；

(2)假设当前温度为 T_k，当前解为 $x_k(n)$，目标函数值为 $E_k(n)$，对当前解施加随机扰动，在其邻域内产生一个新解 $x_k(n+1)$，计算其对应的目标函数值 $E_k(n+1)$，并按照 Metropolis 准则，判断是否接受新解，若不接受新解，则维持原状态和能量，$x_k(n+1)=x_k(n)$，$E_k(n+1)=E_k(n)$；

(3)在温度 T_k 下，重复 L 次扰动和接受过程(2)；

(4)判断温度 T_k 是否达到用户设定的阈值，若是则终止算法，否则令 $k=k+1$，根据退火过程调整环境温度 T_k，并返回步骤(2)。

● **遗传算法**

遗传算法(Genetic Algorithm, GA)，起源于对生物系统所进行的计算机模拟研究。它是模仿自然界生物进化机制发展起来的随机全局搜索和优化方法。其本质是一种高效、并行、全局搜索的方法，能在搜索过程中自动获取和积累有关搜索空间的知识，并自适应地控制搜索过程以求得最佳解。

在利用遗传算法进行问题求解时，问题的每一个可能解都被编码成一个“染色体”，即个体，若干个个体构成了群体(所有可能解)。而其搜索计算过程则可以看作是一定数量可行解的群体进化过程：一开始，遗传算法总是随机产生一些个体(初始解集)，根据预定的目标函数对每一个个体进行评估，给出一个适应度值，基于此适应度值，选择一些“好”的个体用来产生下一代，其选择过程体现了“适者生存”的原理；选择出来的个体，经过交叉、变异等操作进行再组合，生成新的一代，这一代的个体由于继承了上一代的一些优良性状，因而在性能上要优于上一代；经过多次进化，其新一代个体将逐渐逼近问题的最优解。

遗传算法的一般流程包括5步：初始编码、基因复制、基因重组、基因突变、迭代进化。

初始编码：随机生成具有 n 个初始解的群体 $X_0=\{x_0(1), x_0(2), \cdots, x_0(n)\}$，并对初始解进行编码。为了方便遗传进化过程中个体的交叉、变异操作，一般采用二进制编码方式。对于有限范围的数值解，其二进制编码长度满足特定要求

$$2^{L-1} < (b-a) \times 10^{pre} \leqslant 2^{L}-1$$

式中，L 表示编码长度，pre 表示小数点以后的精度位数，[a, b]为数值解的取值范围。

基因复制：假设当前群体为 X_k，为保证“还不错的基因”被保留下来，根据目标函数计算群体中每个个体的适应度，并依据适应度的大小，确定不同个体的基因复制概率

$$P_k(i) = \frac{F(x_k(i))}{\sum_{j=1}^{n} F(x_k(j))}$$

式中，$P_k(i)$ 表示第 k 代中第 i 个个体的复制概率，$F(\cdot)$ 为适应度函数。

其选择过程可采用“轮盘赌”方式，通过产生[0, 1]范围内的 n 个随机数(旋转 n 次

轮盘),判断每个随机数与个体累积概率间的数量关系,来确定被复制到下一代的个体(概率大的个体可能被复制多次)

$$Q_k(i) = \sum_{j=1}^{i} P_k(i)$$

式中,$Q_k(i)$ 表示第 k 代中第 i 个个体的累积概率,$Q_k(0)=0$,如果第 t 个随机数 $r_k(t)$ 满足 $Q_k(i-1) < r_k(t) \leqslant Q_k(i)$,那么则选择复制第 i 个个体,即 $x_{k+1}(t)=x_k(i)$。

基因重组:按照一定概率 Pc 对 X_{k+1} 的个体编码进行交叉操作,通过优秀基因的随机重组,产生一些比上一代更优秀的个体。其重组方式有单点交叉和多点交叉。

交叉概率 Pc 的取值一般在 0.6~0.9 之间。进行交叉操作的两个个体是随机的,且两者的交叉点选择也具有随机性。

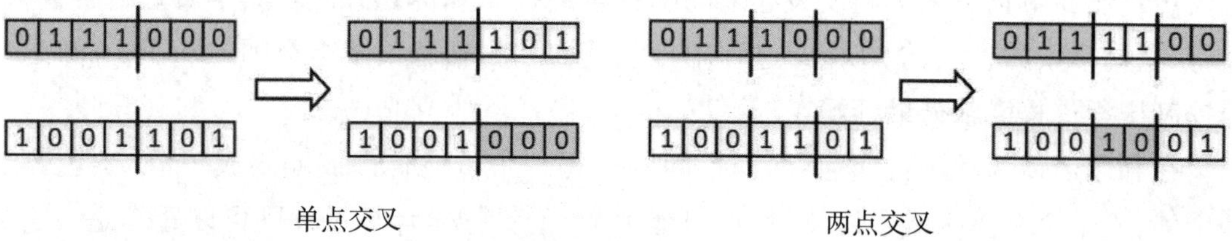

图 9-2-29 个体编码的交叉

基因变异:按照一定概率 Pm 对 X_{k+1} 的个体编码进行变异操作(如:将二进制编码特定位置的值由 0 变 1 或由 1 变 0),通过基因的局部调整,使群体保持其多样性,避免出现不成熟的收敛。

变异概率 Pm 的取值不宜过大,通常小于 0.01(如果 $Pm > 0.5$,遗传算法就退化为了随机搜索)。根据概率 Pm,变异个体和变异基因都随机产生。

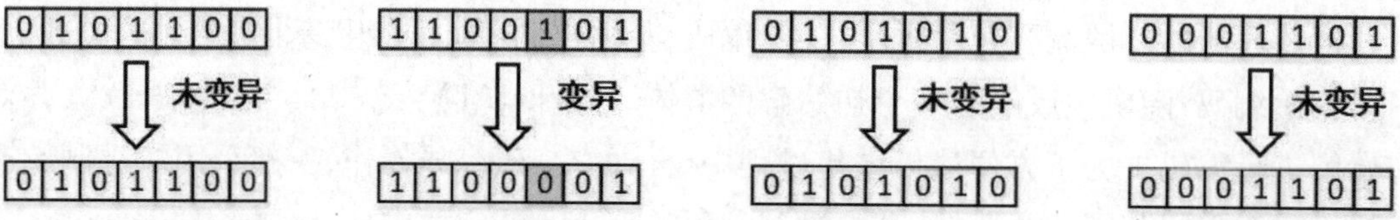

图 9-2-30 个体编码的变异

迭代进化:对基因复制、基因重组、基因变异的步骤进行迭代,直至达到终止条件(如:最大进化代数 G 或适宜度阈值 F_t),选出适应度最大的个体作为最优值。

● **粒子群算法**

粒子群算法(Particle Swarm Optimization, PSO),是应用最为广泛的群体智能算法之一(类似的算法还有:蚁群算法、菌群算法、蜂群算法等)。它本质上是通过模拟鸟群的捕食行为来实现最优解的全局搜索。假设区域里就只有一块食物(即最优解),鸟群在食物搜寻的过程中相互传递信息,让其他鸟也知道自己的位置,通过这样的协作,来判断自己找到的是不是最优解,同时也将最优解的信息传递给整个鸟群,最终使整个鸟群都能聚集在食物周围。

粒子群算法要求每个粒子在寻找最优解的过程中维护两个向量,速度向量 v 和位置向量 x。速度向量决定了粒子最优解搜索的方向和快慢,而位置向量则描述了粒子在解空间中的点位,是最优解评估的基础。此外,每个粒子都各自维护一个自身的历史最优位置向量 $pBest$,所有粒子也共同维护一个全局最优位置向量 $gBest$。在搜索过程中,每个粒子根据自己找到的历史最优位置 $pBest$ 和整个粒子群共享的全局最优位置 $gBest$ 来调整自己的速度和位置,直至最终找到最优解。

粒子群算法的一般流程包括 4 步:粒子生成、状态更新、全局调整、迭代优化。

粒子生成:随机生成 n 个粒子,初始化它们的速度 $V_0 = \{v_0(1), v_0(2), \cdots, v_0(n)\}$ 和位置 $X_0 = \{x_0(1), x_0(2), \cdots, x_0(n)\}$,并将每个粒子的历史最优位置设置为当前位置,将全局最优位置设置为所有粒子历史最优位置的最佳值

$$pBest_0(i) = x_0(i)$$

$$gBest_0 = \max_f(pBest_0(i))$$

式中,$pBest_0(i)$ 表示第 i 个粒子历史最优位置的初始值,$gBest_0$ 表示粒子群全局最优位置的初始值,f 为粒子的适应度评估函数。

状态更新:假设当前 n 个粒子的速度和位置分别为 V_k 和 X_k,可根据个体经验(每个粒子的历史最优位置)和群体经验(全局最优位置)对粒子群的状态进行更新,得到其下一时刻的速度 V_{k+1} 和位置 X_{k+1}

$$v_{k+1}(i) = \omega v_k(i) + C_1 random(0,1)(pBest_k(i) - x_k(i)) + C_2 random(0,1)(gBest_k - x_k(i))$$

$$x_{k+1}(i) = x_k(i) + v_{k+1}(i)$$

式中,$v_k(i)$ 和 $v_{k+1}(i)$ 分别表示第 i 个粒子在 k 和 $k+1$ 时刻的速度向量,$x_k(i)$ 和 $x_{k+1}(i)$ 分别表示第 i 个粒子在 k 和 $k+1$ 时刻的位置向量,$random(0, 1)$ 为$[0, 1]$范围内的随机数,ω 为惯性因子,C_1 和 C_2 为加速常数,用于调节个体和群体学习速度。

为了避免粒子的位置改变太快而错过最优解,通常还会设定 v_{max} 来对其速度向量进行限制,而 v_{max} 各维度阈值一般可以取相应维度取值范围的 10% -20%。当速度超过阈值或者位置更新出现异常值时,可以重新选取随机数对速度和位置矢量进行更新或者将其限定为相应边界值。

全局调整:计算每个粒子当前的适应度,并对其历史最优位置进行更新,确定新的全局最优位置

$$pBest_{k+1}(i) = \begin{cases} pBest_k(i), & f(x_{k+1}(i)) \leqslant f(pBest_k(i)) \\ x_{k+1}(i), & f(x_{k+1}(i)) > f(pBest_k(i)) \end{cases}$$

$$gBest_{k+1} = \max_f(pBest_k(i))$$

式中,$pBest_k(i)$ 和 $pBest_{k+1}(i)$ 分别表示第 i 个粒子在 k 和 $k+1$ 时刻的历史最优位置,$f(x_{k+1}(i))$ 和 $f(pBest_k(i))$ 分别表示第 i 个粒子在 $k+1$ 时刻所在位置的适应度和在 k 时

刻历史最优位置的适应度，$gBest_{k+1}$表示粒子群在 $k+1$ 时刻的全局最优位置。

迭代优化：重复状态更新和全局调整步骤，对粒子的速度和位置矢量进行迭代更新，直至终止条件，比如，达到更新次数阈值，或更新前后的最优位置变化在某个指定范围内。

3. 城市计算前沿领域

3.1 多粒度计算

粒度计算，是数值信息处理的一种新技术、新方法和新范式，通常用于城市认知计算。针对不清晰、不确定、不完整和海量的数据要素，它提供了一种基于粒度和粒度之间关系的问题求解方法。其核心是如何在问题求解过程中使用粒度框架，包括：如何通过粒度对现实问题进行抽象描述，如何定义不同粒度间的转换关系，如何利用粒度计算分析和解决问题。

现如今，单一粒度的数据计算已不能满足许多应用的现实需求，多粒度计算（Multi-granular Computing）逐渐成为粒度计算研究的前沿和热点领域。相比于单一粒度框架下的知识表示与数据处理方法，多粒度计算强调对现实世界的多视角、多层次理解与描述，力求通过不同粒度的综合计算，获得更加合理和令人满意的求解结果。

其一般技术方法包括：多粒度粗糙集计算、多粒度数据分析、贯序三支决策等。

● **多粒度粗糙集计算**

在粗糙集理论中，信息知识被认为是一种分类能力。若两个对象具有相同的信息，则它们是不可区分的，即根据已有的信息知识无法将其划分开；而当加入新的分类信息知识，原本不可区分的对象则有可能被进一步划分。不同目标对象的不可分辨关系反映了其所对应信息知识的颗粒性。知识库中的信息知识越多，目标对象分类识别的颗粒度就越小；而随着新知识不断加入到知识库中，分类识别的颗粒度会不断减小，直至将每个对象区分开来。

在特定知识库中，肯定包含有给定元素的类型集合称为“下近似集”，而肯定包含和可能包含给定元素的所有类型集合则称为“上近似集”。从多粒度角度，其粗糙的“下近似集”和“上近似集”可通过不同粒度的计算结果综合得到，比如，采用交集（取小）、并集（取大）的方式计算悲观多粒度粗糙集和乐观多粒度粗糙集。

● **多粒度数据分析**

除了信息知识，算法对于事物的分类识别也至关重要。在认知计算过程中，不同的分析尺度和条件参数会产生不同粒度的类型识别结果。分析尺度越小，条件参数越苛刻，目标对象的类别划分就越细致;反之,类别划分就越粗略。细粒度的分类识别,能够更好地反映目标对象的微观结构,却容易产生过分类问题;粗粒度的分类识别,能够很好地描述目标对象的宏观结构,但会带来一些识别错误。因而,多粒度数据分析得到了越来越多的应用。

分析尺度,在城市管理中既可以是社区、街道、区县、城市等不同的空间概念,也可是分钟、小时、天、月、年等不同的时间概念,还可以是个体、群体、整体等不同的语义概念;而条件参数,则可以是人口、经济、环境等各方面阈值。多粒度分析就是基于不同尺度的多层次探讨,基于不同参数的多标准判断。

● **贯序三支决策**

不同于"非黑即白"的二支决策,三支决策除了"是"(正域)和"否"(负域)之外,还有一支"待定区"(边界域)。其基本思想是,在认知计算时,将不确定的事物放进"待定区",不立刻做出决定,而等到有更多依据和支撑后再进行判断。三支决策是概率粗糙集语义的自然扩展,能够有效避免直接接受或拒绝带来的风险。而序贯三支决策则主要是使用由序贯属性集序列构造的多粒度空间来实现多步骤的三支决策。

使用序贯三支决策方法对目标对象进行分类判别时,其判别的"待定区"可按照序贯粒度逐步减小,直到获得确定的判定结果为止。由于该计算方法贴近人类"三分而治"的一般思考模式,因而得到了广泛认可和推广,并在空间模式识别、城市问题诊断、运行风险评估等领域中取得了良好的应用效果。

3.2　并行计算

并行计算(Parallel Computing),也称为平行计算,是相对于串行计算来说的。它是同时使用多个处理器或多种计算资源来协同求解同一问题,即将被求解的问题分解成若干个部分,各部分均由一个独立的处理机来并行计算。其目的是提高计算速度,扩大问题求解规模,进而解决大型且复杂的计算问题。

不同于一般意义上的城市计算方式,并行计算是面向问题和任务的计算模式。按照处理的问题类型不同,它可以分为基于代数运算的"数值算法"和基于关系运算的"非数值算法";按照运算内容间的相互关系不同,它又可以分为所有进程都必须同时执行的"同步算法"和各个进程可以相互独立执行的"异步算法";而按照算法设计和实现所依赖的计算系统不同,它还可以分为基于多节点网络协同的"分布式算法"和基于超级计算机的"超大规模集成电路(Very Large Scale Integration, VLSI)算法"。

常见的并行计算模式有:几何分解模式、任务并行模式、分治模式、递归数据模式、流水线模式等。其中,任务分解模式是并行计算的经典模式之一,其核心思想是将多个可以并发执行的任务分配到不同处理节点上并行执行;分治模式不强调任务的分解,而是将原问题分解为一系列相似的子问题,并将这些子问题分摊到不同的计算节点上,以减少单节点的计算量,从而实现系统运算效率优化的目的;几何分解模式是分治模式的一个特例和常用处理方式,它将数据按照几何区域分块,既保证了各个子问题计算内容的一致性,也确保了每个节点原始问题求解的完整;递归数据模式主要是针对算法中包含有递归计算结构的问题设计的;而流水线模式则需要考虑任务不同阶段间的协调计算机制。

针对特定应用,并行计算将计算工作与具体任务紧密结合,并充分考虑问题划分、消息通信、同步控制、数据分配、计算开销、负债均衡、可伸缩性等各方面问题。

3.3 类脑计算

类脑计算,是一种模仿神经生理学和生理心理学机制,以计算建模为手段,通过软硬件协同实现的机器智能计算。特殊的大脑结构及脑内信息传递方式是大脑具备真正智能的关键。而类脑计算的本质,则是基于“神经形态工程”,模拟人的学习、记忆和推理过程,从而实现通用人工智能的技术方法。

我们的大脑中存在将近 10^3 亿个神经细胞和超过 10^6 亿个神经突触,这些神经细胞和突触以分层结构的形式存在,构成了人类最基本的感知、理解和分析系统。这个系统中既存在着由低到高的正向信息传递,也存在着由高到低的反向信息反馈。而“深度学习”作为类脑计算的典型代表,则很好地模拟了人脑的多层次神经信号处理过程,并在图像处理、自然语言处理、内容搜索、数据挖掘、个性化推荐等领域取得了诸多成果。

除了整体上的多层次结构,通过对大脑的局部构造和功能机制进行模拟,一系列更有针对性地类脑计算算法被提出,比如,卷积神经网络(Convolutional Neural Networks, CNN)、循环神经网络(Recurrent Neural Network, RNN)、脉冲神经网络(Spiking Neural Network, SNN)等。

- **卷积神经网络**

卷积神经网络是一种前馈神经网络,它模拟了人脑对于环境信息的分层综合(卷积)过程。卷积神经网络由多个“卷积层”构成,每个“卷积层”包含有多个“卷积核”。以这些“卷积核”为基础,按照一定顺序(如:从上到下、从左到右)依次扫描整个数据集,即可获得数据集的特征输出结果。前面的“卷积层”具有相对较小感知范围,主要捕捉数据集的局部、细节信息;后面的“卷积层”感知范围逐渐加大,能够捕获更加复杂,更为抽象的信息。而经过多个“卷积层”的累积运算,我们最终可以得到目标对象的本质特征。

根据信息处理的维度不同,卷积算法可分为一维卷积、二维卷积、多维卷积。卷积是数学分析中的一种积分变换方法。在数值计算时,通常采用其离散形式,即:将“卷积核”的各个元素与它在数据集上对应位置的元素相乘求和。一个“卷积核”可以学习并提取数据集的一种特征,多个不同的“卷积核”则可以提取不同的数据特征。

● **循环神经网络**

循环神经网络是一类具有短期记忆能力的神经网络，它模拟了人脑注意力（指向性、集中性）的动态变化过程。循环神经网络的神经元不但可以接受其他神经元的信息，也可以将其输出结果作为下一阶段输入信息的一部分，作用到自身，从而形成具有环路的网络结构，即“循环核”。“循环核”由多个记忆体构成，这些记忆体是循环神经网络储存历史状态信息的直接载体，记忆体的个数则决定了历史状态信息存储能力的大小。每个“循环核”构成一个循环计算层；根据应用的需要，从原始输入到最终输出，循环神经网络可以设置一定数量的循环计算层。

循环神经网络特殊的信息传递结构，使得目标对象的上下文信息能够得到有效保留和理解。也正因如此，它可以很好地处理前馈神经网络所不能处理的时序信息，比如，视频、语音、文本等数据内容。而在此基础上，为了模拟人类长时间间隔的信息记忆功能，以满足特定应用需求，长短时间记忆网络（Long Short-Term Memory，LSTM）也得到进一步探讨。

● **脉冲神经网络**

脉冲神经网络被誉为第三代人工神经网络，相比于第一代的神经元感知器和第二代的 BP 神经网络（Back Propagation Neural Network），它是目前人类最有机会产生“强人工智能”的前沿技术。脉冲神经网络从神经科学的角度出发，对真实的生物神经元进行模拟，即：神经元不是在每一次迭代传播中都被激活，而是在其膜电位达到某一个特定值才会被激活。只有当神经元被激活，它才会产生信号传递给其他神经元，进而提高或降低其他神经元的膜电位。一个输入脉冲会使神经元的激活水平升高，持续一段时间，然后逐渐衰退。

在脉冲神经网络中，所有的数据和信息都会被转换为具有特定频率和时间间隔的脉冲。神经元发放脉冲的频率可以反映刺激的强弱程度，而神经元受到刺激后的首个脉冲时间和脉冲时序逻辑则可以记录一系列重要信息。按照不同的编码方式，这些脉冲序列在不同应用中可以被解译为不同的数字结果。

第十章　城市建模

城市作为一个复杂巨系统,具有开放性、动态性、自组织性、非平衡性等耗散结构特征。其发展变化受到自然、社会、经济、文化、政治、法律等多种因素的影响。为了精确、真实地展现城市物理形态特征,全面、深刻地描述其各方面作用机制和演化规律,有必要从不同角度对城市空间环境和要素关系进行系统建模,将零散的信息和知识转为标准化的内容表达形式和逻辑分析框架,为城市管理决策和应用服务提供直接的信息支撑。

1. 城市建模技术内涵

1.1　系统建模

系统模型不是现实世界的真实系统,而是真实系统的描述、模仿和抽象。系统是复杂的,系统的属性也是多方面的。然而,大多数研究和应用并不会关注系统的全部属性,系统模型也只是系统某一方面本质属性的描述。本质属性的选取完全取决于研究和应用的最终目的。同一个系统,根据不同的应用目标,可以建立起不同的系统模型。

系统建模是通过特定的抽象描述手段,记录和研究系统组成、功能及其发生、发展变化规律的重要方法。建立系统模型的过程,又称为模型化,它是研究系统的重要手段和前提。凡是用模型描述系统的物理状态或作用关系的过程都属于系统建模的过程。

常见的系统建模方式大体可以分为三类:概念建模、数学建模、数字建模。

● **概念建模**

概念模型,是作用于信息世界的基础模型,它是现实世界到信息世界的第一层抽象。为了把现实世界中的具体事物抽象、组织为数据库管理系统支持的数据模型,人们首先需要将现实世界中的客观对象描述为某种信息结构,这种信息结构并不依赖于具体的计算系统,而是一种面向现实、面向用户的形式化知识。

概念建模,就是从认知层面对现实世界中事物的组成及其相互关系进行抽象描述,进而构建相应信息结构的过程和技术方法。

例如:学生选课系统可以通过“班级”“学生”“课程”的概念模型进行抽象描述。

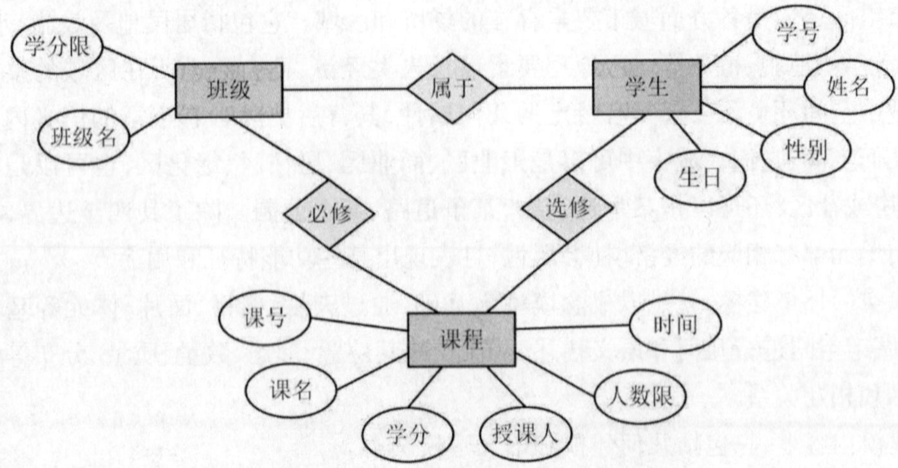

图 10-1-1　学生选课系统的概念模型

●　数学建模

数学模型,是采用数学语言,对事物系统的特征或数量依存关系进行概括或近似表述的一种数学结构。它能解释某些客观现象,预测未来的某种发展规律,或者为控制某一现象的发展提供最优策略。数学模型所表达的内容可以是定量的,也可以是定性的,但必须以定量的方式体现出来。

数学建模,就是针对实际问题建立数学模型,并根据其计算结果解决问题的过程。

例如:学生选课的基本要求可以描述为以下课程学分的数学模型

$$\sum x_i \geqslant A\ ,\ \sum y_j \geqslant B$$

其中,x_i为学生第 i 门必修课的学分,y_j为学生第 j 门选修课的学分,A、B 分别为该班级学生必修课和选修课学分的最低限制要求。

●　数字建模

数字化,是将复杂多变的信息转变为可以度量的数字、数据,再将这些数字、数据引入计算机内部,进行统一管理、分析和利用的技术手段。而数字建模,则是用计算机可存储和处理的数据模型对事物的各种属性、特征、变化、影响和关系进行记录,从而形成对现实世界的精确、有效描述的过程。

例如:学生选课系统中“班级”“学生”“课程”的各方面属性可通过特定的数据结构进行记录和描述,并存储于数据库系统的不同表格中。

1.2　城市建模

根据建模对象的不同,城市建模过程主要可分为两类:空间环境建模和要素关系建模。

● **空间环境建模**

城市空间环境是各方面城市要素存在的场所和区域。它包括居民地及设施、水系、交通、管线、境界、地貌、植被等城市地理要素以及人类经济、社会活动所在区域的整体组织形式。城市空间环境不仅仅具有特定的几何属性,其背后更蕴含着丰富的语义内涵。地理上的几何空间,它们在城市中可以是工业区、商业区、居住区、绿化区,也可以是具体的地块、厂房或社区,还可以是某个建筑物、某条道路、某个公园。除了其四至边界,每一个地理空间单元都有相应的经济、社会属性,且表现出某些功能特征和用途。

城市空间环境建模,就是以概念模型为基础,通过矢量、栅格、面片、体元等基本数据模型,对城市空间进行几何和语义描述,从而反映其位置、形态、数量、质量、分布等各方面属性信息和相互关系。

在建模内容上,它包括几何建模和语义建模两类。

几何建模,主要关注实体对象的空间位置、几何形态和拓扑关系。

面对差异化的建模技术和方法,对于城市空间环境建模的效果进行评价,需要重点把握两个基本概念,即:精度和精细程度。

精度,是指实体对象形状、尺寸和空间位置的误差大小。

精细程度,是指实体对象细节要素描述的完整性。

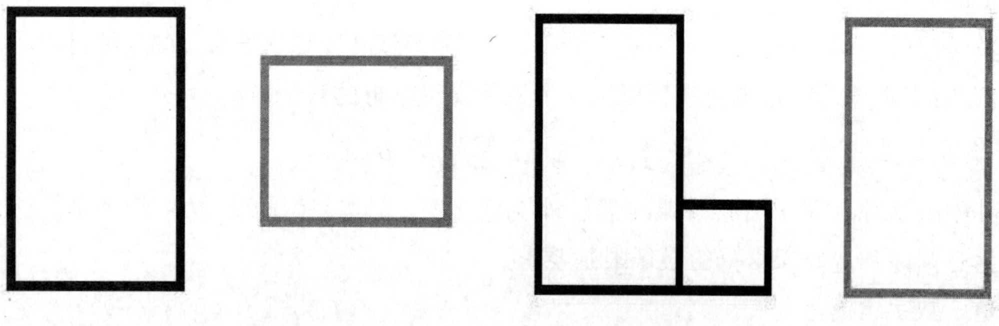

精度问题描述　　　　精细程度问题

图 10-1-2　精度和精细程度问题

(深色线框为真实对象,浅色线框为几何模型)

在不考虑系统误差,且建模方法和流程都完全正确的情况下:分辨率能够决定几何建模的精度,而观察尺度决定了几何建模的精细程度。

根据人类的视觉认知规律,通常:观察尺度越大,分辨率越低;观察尺度越小,分辨率越高。而与之对应,城市环境建模也存在着多尺度方案,即构建不同分辨率的多细节层次(Levels of Detail, LoD)模型,以满足实际工作中的多样化应用需求。

图 10－1－3　多细节层次几何模型

语义建模，主要关注实体对象的空间定义、语义内涵和组织关系。

几何模型与概念模型的一致关联构成了语义模型。而语义建模的过程就是以概念模型为参考，对几何模型进行语义描述，实现语义信息和几何数据的统一存储管理。

根据语义描述对象的不同，城市空间环境的概念模型大体上可以分为“面向组成要素”的概念模型和“面向地理空间”的概念模型两类。前者通常以各方面模型标准为依据，对城市组成要素进行语义描述；后者则是从土地和建筑物的实际利用情况出发，对城市地理空间进行结构化定义。

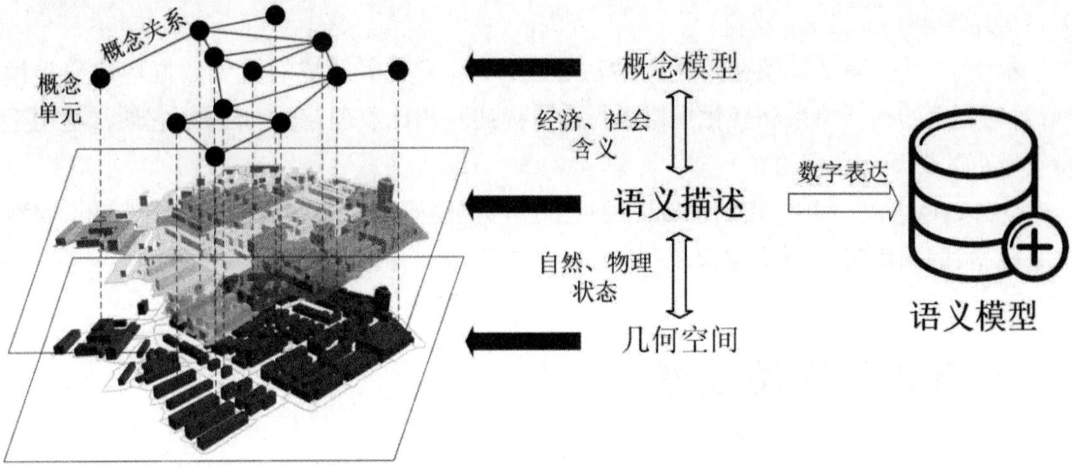

图 10－1－4　城市环境语义描述与建模

● **要素关系建模**

真实世界的各方面要素（如：人口、政治、经济、文化等）都不是孤立存在的。城市中每一个要素都以多种不同的方式与其他要素之间产生着联系。正是在各要素的相互制约和综合影响之下，城市才得以不断发展，并最终带来“量”和“质”的变化，即：城市数量、规模的改变和功能、体系的调整。

城市要素关系建模，就是以理论或经验为支撑，采用数学建模方法，对城市要素的相互影响状况、作用机理和发展变化规律进行有效描述。

从建模方法上，它包括理论驱动建模和数据驱动建模。

理论驱动建模，是通过对城市学的一般规律和经典理论进行数学建模，进而量化阐释城市要素间相互关系的技术方法。

理论驱动建模是一个"白箱"建模过程。它不仅能反映系统的"输入 - 输出"关系，而且可以很好地描述系统各要素间的关联作用机理。建立这类模型的前提是必须对所描述的要素关系有清晰的认识，同时对于其要素变量也有深刻理解。但由于城市问题本身的复杂性，目前还没有一个可以完全应用于实际工作的理论模型。

在本质上，理论驱动建模就是采用演绎法建模，即利用先验知识构建数学模型，对各要素的相互作用关系和影响进行定量描述。由于它通常是从某些前提、假设、原理和规则出发，通过数学逻辑推导来建立模型，因而适用于一般性的宏观问题探讨。

数据驱动建模，是在对城市历史数据进行分析的基础上，总结和归纳城市要素间的相互关系，并通过数学模型对其进行精准刻画的技术方法。

不同于理论驱动建模，数据驱动建模是将系统看作"黑箱"，忽略其内部机理，而主要根据研究对象"输入 - 输出"数据间的量化关系建模。它通过分析系统的历史数据，对不同变量的关联关系和作用规律进行数学描述，进而从统计学角度建立有效的城市模型。由于数据驱动建模的计算调整能力更强，因而能够满足高度非线性和严重不确定的要素关系描述需求。

本质上，数据驱动建模是采用归纳法建模，即基于真实系统的历史数据构建数学模型，对各要素的相互关系和变化规律进行定量描述。相比于理论驱动建模，它通常适用于特定城市的微观问题探讨。

此外，在实际应用中，我们也可以通过上述两类建模技术的综合运用来构建城市要素关系模型，即采用"混合法"建模。

2. 城市建模常用技术

2.1 空间环境建模

2.1.1 几何建模

城市空间环境的几何建模通常采用计算机辅助建模方式，即：基于精确的测绘数据或设计参数，利用计算机辅助制图软件（如：CAD、Microstation 等），进行矢量图绘制或三维模型制作。由于引入了一定程度的人工操作，计算机辅助建模可以建立非常复杂的几何模型，但同时也存在着建模成本高、效率低等问题。

几何建模的关键在于“空间信息获取”和“空间形态描述”。

针对不同数据源，“空间信息获取”的常见技术手段包括：图纸读取、实地测绘、摄影测量和激光测量。

图纸读取，是以各类规划设计图纸为依据，直接识别和读取地物目标的空间位置和几何形态信息。相应地物目标可以是实际存在的地理要素，也可以是假想或规划中的目标对象。由于现实环境的复杂性，与真实数据相比，图纸数据往往存在一定偏差。

实地测绘，是利用全站仪、GPS 等现代测绘仪器，对现实环境中的地物目标进行实地测量，获取其空间位置和几何形态信息。测绘误差的大小取决于测绘仪器的精度和所采取的地物测量方式。控制测量和冗余观测是降低测绘误差的有效方法。

摄影测量，是对航天、航空和地面获取的遥感影像数据进行几何纠正和空间配准，并通过立体像对前方交汇方法，计算三维空间坐标。随着相关技术发展，其空间信息获取的自动化程度不断提升。摄像设备的品质和观测距离决定了空间信息获取的范围和分辨率。

激光测绘，是通过激光扫描仪，准确测量激光脉冲从发射到被反射回的传播时间，进而获取城市场景中地物目标表面各离散点的三维坐标。它具有快速、高精度、低成本的特点。从机载、车载到手持设备，不同的测量平台能够满足城市空间信息获取的各层面需求。

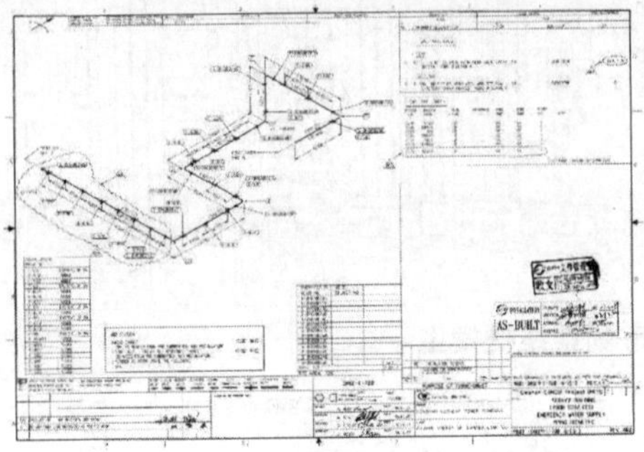

图纸读取

实地测绘

摄影测量

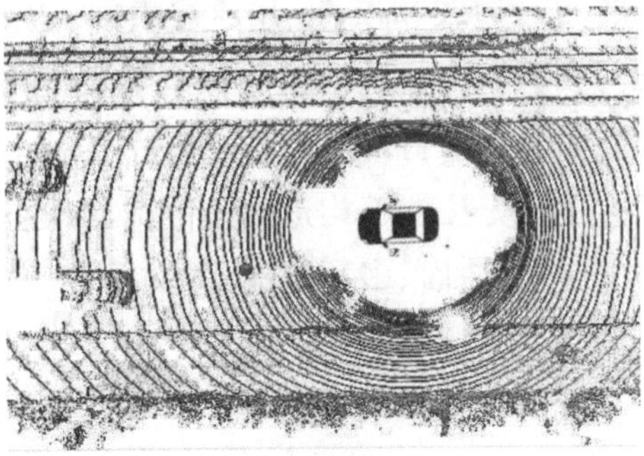

激光测绘

图 10－2－1　城市空间信息获取

从城市空间环境表达的现实要求出发,其“空间形态描述”的一般方式则包括:线框模型、表面模型、实体模型。

● **线框模型**

线框模型(Wireframe Model),是利用线要素定义地物目标棱线边界而构成的框架图几何模型。它由一系列的直线、圆弧和自由曲线组成,主要用于描述地物目标的轮廓外形。根据描述的维度不同,线框模型一般可分为:二维线框模型和三维线框模型。

线框模型所需信息最少,数据运算简单,所占存储空间较小,对计算机硬件的要求不高。但它所构造的几何模型只有离散的边,而没有边与边的关系。正是由于信息表达的不完整,基于线框模型对物体的几何形态进行判断容易产生多义性。

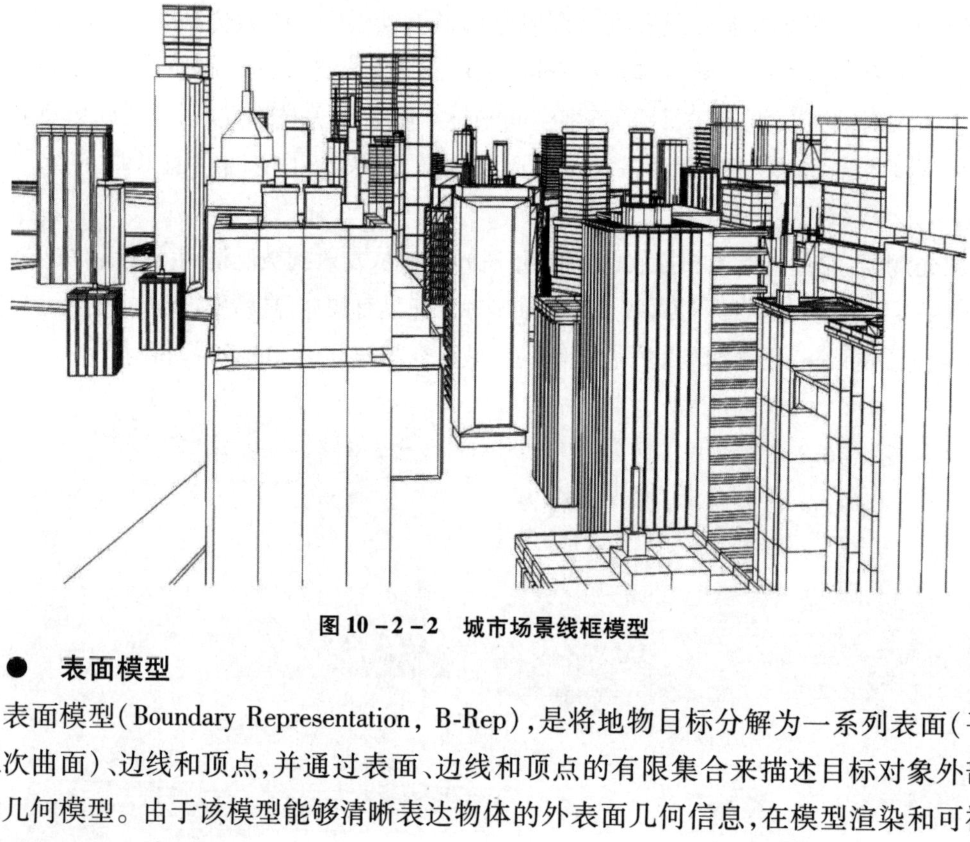

图 10-2-2 城市场景线框模型

● **表面模型**

表面模型(Boundary Representation, B-Rep),是将地物目标分解为一系列表面(平面或二次曲面)、边线和顶点,并通过表面、边线和顶点的有限集合来描述目标对象外部形态的几何模型。由于该模型能够清晰表达物体的外表面几何信息,在模型渲染和可视化应用等方面具有独特优势。

表面建模方法能够构造复杂的曲面模型,而常用的曲面描述手段主要有:网格曲面、拉伸曲面、样条曲面、多项式曲面等。

图 10－2－3　城市场景表面模型

● 实体模型

实体模型(Constructive Solid Geometry, CSG),是利用一些基本体素,比如,长方体、圆柱体、球体、锥体、圆环体以及扫描体等,通过交(Intersection)、并(Union)、差(Difference)三种空间布尔运算,实现地物目标复杂形体描述的几何模型。

实体模型能够同时记录目标对象的几何表面和实体空间。它不仅定义了物体的内部结构形状,而且完整描述了物体的所有几何信息和拓扑信息,在地物目标的物理特性计算、有限元分析等方面得到广泛应用。

图 10－2－4　城市场景实体模型

2.1.2 语义建模

城市环境语义建模一般可采用两种不同的方式：

一种，是几何建模的同时进行语义建模，比如，采用计算机辅助制图软件进行几何建模，在建模的同时，将实体对象与相应的空间概念对应，明确几何要素的语义属性；

另一种，是基于几何模型进行语义建模，也即先进行几何建模，然后再对几何模型的不同组成元素赋予特定含义，并参照概念模型框架在不同元素间建立语义关联。

图 10－2－5　几何建模的同时进行语义建模

城区环境几何模型　　　　城区语义功能区划分

图 10－2－6　基于几何模型进行语义建模

（右图：不同灰度区域为不同语义功能区）

无论采用哪种方式，语义建模的关键在于“语义对象定义”和“语义属性描述”。

城市空间环境的“语义对象定义”，本质上是其概念模型的构建过程。它既可以根据相关应用的现实需求定制开发，也可以参照开放地理信息系统协会（Open GIS Consortium，OGC）制定的 CityGML（City Geography Markup Language）和计算机辅助设计领域的

IFC(Industry Foundation Classes)等标准进行结构化定义,或在此基础上做相应扩展。

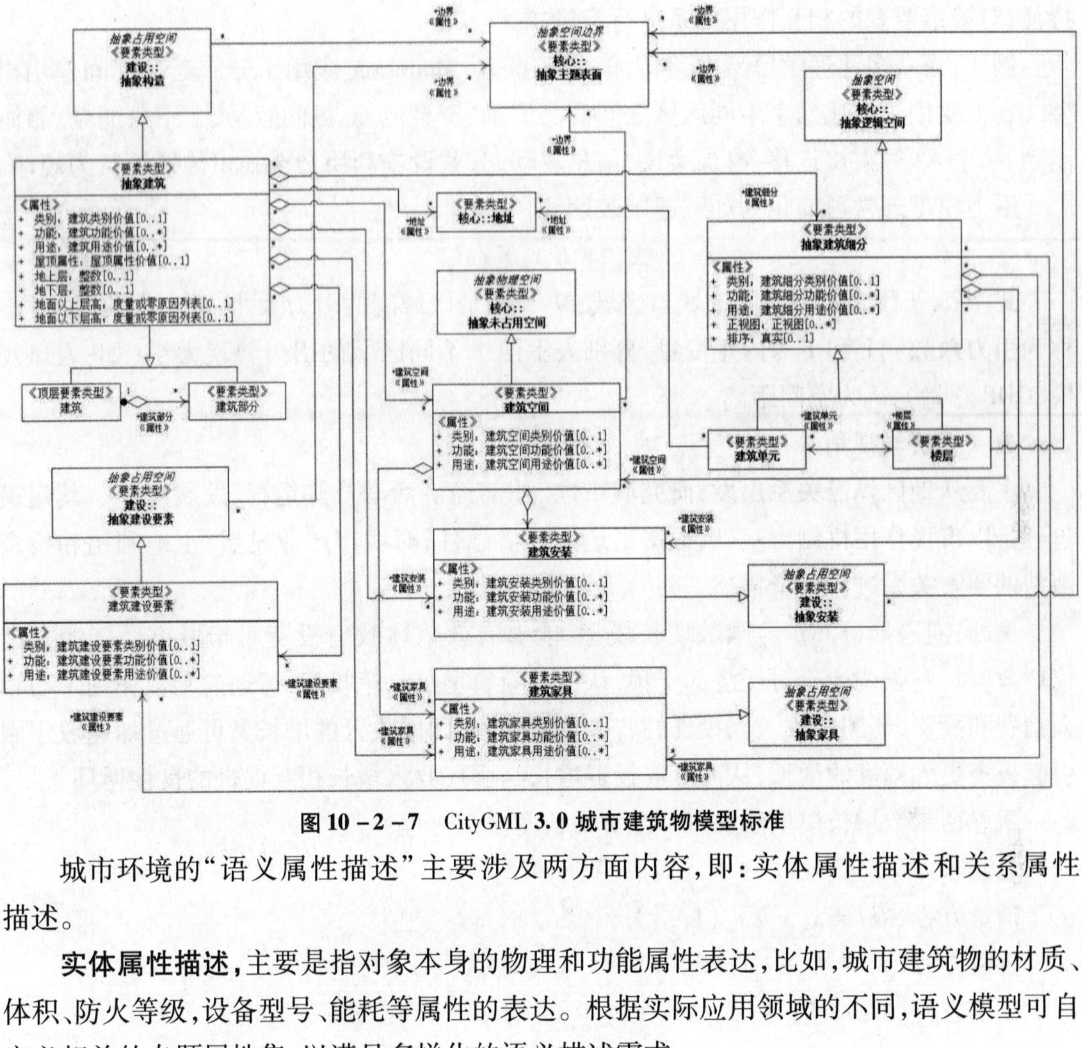

图 10-2-7 CityGML **3.0** 城市建筑物模型标准

城市环境的"语义属性描述"主要涉及两方面内容,即:实体属性描述和关系属性描述。

实体属性描述,主要是指对象本身的物理和功能属性表达,比如,城市建筑物的材质、体积、防火等级,设备型号、能耗等属性的表达。根据实际应用领域的不同,语义模型可自定义相关的专题属性集,以满足多样化的语义描述需求。

关系属性描述,它主要是指实体之间的组织和作用关系表达,比如,社区、街道与行政区之间的归属管辖关系,基层医疗机构与大型医院间的"医联体"合作关系,以及居住社区与中、小学教育机构间的对口入学关系的表达。

2.2 要素关系建模

2.2.1 理论驱动建模

从城市建设发展角度,常见的城市要素关系建模理论视角包括:地理学视角、经济学视角、社会学视角、生态学视角等。

- **地理学视角**

主要从空间观点出发,研究个别城市或区域城镇体系的功能结构、层次结构和地域结构属性。其建模过程是以地理空间规律为基础，根据产业、人口和各方面功能要素的分布特征，对城市要素的相互作用关系进行定量描述。

例如：在众多地理学模型中，引力模型（Gravity Model）是应用十分广泛的空间作用模型。它主要用于描述两个不同区域之间商品流动、资金流动、区间贸易、上下班通勤、旅游流动、学生入学、人口迁移、参加会议、信息流动、公共设施利用乃至知识传播等行为规律。

引力模型通常可简化为如下通用表达式：

$$M_{ij} = K Y_i Y_j / d_{ij}^2$$

式中，i，j 代表两个不同的城市区域，M_{ij}为两个区域间的引力大小，K 为常数（通常也称为引力系数），Y_i和 Y_j为内生变量，分别表示两个不同区域的引力要素大小（如：人口规模、GDP 总量），d_{ij}为空间距离。

● **经济学视角**

主要从地区供需关系出发，研究城市内、外部经济活动及其运行、发展规律。其建模过程是以市场作用机制为基础，根据当地的经济条件，对城市产业发展、土地利用和投资消费的要素关系进行定量描述。

例如：凯恩斯（Keynes）乘数增长模型，能够有效描述政府投资对于城市经济增长的倍增效应。它强调政府对经济的干预，认为政府每增加一笔投资，可通过乘数作用带动私人消费和投资，使国民收入以投资的若干倍增长；而国民收入的增长又可通过加速数作用引起投资更大幅度的增长，从而形成投资增长与国民收入增长相互促进的良性循环。

凯恩斯乘数增长模型涉及多个经济增长变量和方程：

总需求方程，$Y_u = C_u + I_u + G_u + X_u - M_u$

消费方程，$C_u = a + b Y_u(1-t)$

投资方程，$I_u = I_0 + e Y_u(1-t)$

支出方程，$G_u = G_0 - f Y_u(1-t)$

输入方程，$M_u = c + d Y_u(1-t)$

式中，Y_u表示城市的总收入，C_u表示城市的消费量，I_u表示该城市的总投资水平，G_u表示城市政府的支出，M_u表示城市从其他地区输入的商品总额。

联立上述方程，可得到城市总收入的倍增效应方程：

$$Y_u = \frac{a - c + I_0 + G_0 + X_u}{1 - [(b-d) + (e-f)](1-t)}$$

式中，$1/\{1-[(b-d)+(e-f)](1-t)\}$ 即是城市经济增长的乘数。

它表明：当地投资、政府支出或输出增长一个单位的时候，城市地区的总需求就会按照这个乘数的数量来增长。

● **社会学视角**

主要从人的主体地位出发，研究城市社会各组成部分的属性特征及其相互关系。其建模过程是以社会结构、社会组织、社会心理等相关理论为基础，对城市的社会发展规律和各要素影响机制进行定量描述。

例如：城市规模分布模型，作为地区社会发展研究的经典模型，能够很好地反映一个城市的人口规模与该城市的规模位序之间的量化关系。它从宏观层面描述了城市等级规模金字塔结构的存在形式和演变规律。

城市规模分布模型可简化为如下通用表达式：

$$P_i = P_0 R_i^{-q}$$

式中，P_i为城市 i 的人口总数，P_0为规模最大的城市人口数，R_i为城市 i 的位序数，q 为城市规模变化系数。

$q=1$，说明城市规模分布接近"捷夫模式"，被认为是一体化城市体系下人口规模分布的最优模式；

$q>1$，说明规模分布比较集中，人口分布呈不均衡分布，大城市很突出，而中小城市不够发育，首位度较高，城市体系发育不成熟；

$q<1$，说明城市人口比较分散，人口较为均衡地分布在各等级城市里。

当 q 值变大，说明城市规模分布趋于集中的力量大于分散的力量；而当 q 值变小，则说明分散的力量大于集中的力量。

- **生态学视角**

主要从系统观点出发，研究有机体与其周围环境间的相互影响和作用关系。其建模过程综合考虑不同子系统的结构、功能和物质、能量代谢规律，并对城市环境的调节功能和变化机理进行定量描述。

例如：洛特卡－沃尔泰拉（Lotka-Volterra）模型，作为生态系统研究的标志性模型，能够很好地反映系统内两个不同种群间的动态竞争关系。该模型描述了两个种群为争夺生存空间而相互竞争的一般规律，并在此基础上分析产生各种结局的条件。

Lotka-Volterra 模型可表达为以下两个微分方程：

$$\frac{dN_1}{dt} = r_1 \cdot N_1 \cdot \left(1 - \frac{N_1}{K_1} - \alpha \cdot \frac{N_2}{K_1}\right)$$

$$\frac{dN_2}{dt} = r_2 \cdot N_2 \cdot \left(1 - \beta \cdot \frac{N_1}{K_2} - \frac{N_2}{K_2}\right)$$

式中，N_1、N_2分别为两个物种的种群数量，K_1、K_2为两个物种的环境容纳量，r_1、r_2为两个物种的种群增长率，α 为物种 2 对物种 1 的竞争系数，即每个 N_2个体所占用的空间相当于 α 个 N_1个体所占用空间，β 为物种 1 对物种 2 的竞争系数，即每个 N_1个体所占用的空间相当于 β 个 N_2个体所占用空间，t 为时间变量。

当物种 1 的环境容纳量为 K_1时，种群中每个个体对自身种群的增长抑制作用为 $1/K_1$；同理，种群 2 中每个个体对自身种群的增长抑制作用为 $1/K_2$。

N_1/K_1和N_2/K_2可以理解为两个种群已经利用的空间（称为“已利用空间项”），$(1-N_1/K_1)$和$(1-N_2/K_2)$则可以理解为尚未利用的空间（称为“未利用空间项”）。

种群2中每个个体对种群1的影响为α/K_1，种群1中每个个体对种群2的影响为β/K_2。因此，当物种2可以抑制物种1时，可以认为：物种2对物种1的影响大于物种2对自身的影响，即$\alpha/K_1 > 1/K_2$，整理后得：$K_2 > K_1/\alpha$。

同理有：

物种2不能抑制物种1：$K_2 < K_1/\alpha$；

物种1可以抑制物种2：$K_1 > K_2/\beta$；

物种1不能抑制物种2：$K_1 < K_2/\beta$。

这样，在竞争的过程中，由于K_1、K_2、α以及β的数值不同，会产生四种不同结果。

2.2.2 数据驱动建模

数据驱动的城市模型包括多种不同类型。按照建立模型的数学方法来分，有初等模型、几何模型、微分方程模型、统计回归模型、数学规划模型等；按照模型的表现特性分，有确定性模型和随机性模型、线性模型和非线性模型、离散模型和连续模型等；而按照建模目的来分，则有描述模型、预测模型、优化模型、决策模型、控制模型等。

但无论是何种模型，其建模思路在整体上是一致的，主要涉及5方面内容，即：数据评估、数据选择、数据预处理、模型训练与评价、模型建立。

数据评估：初步了解所采用的数据，认知数据结构、把握数据内容，对数据建模可能产生的问题以及模型的复杂程度进行估计，并在此基础上选择适合的建模方法。最初，建模方法的选择可以不唯一，而等到模型评估之后再根据其实际效果进行模型筛选。

数据选择：从原始数据中选择模型训练和模型测试所用的数据子集。其中，训练数据集一般是按3/4的比例从原始数据中等概率、随机选取产生，并将剩余1/4的数据作为测试数据集，以评价模型的实际应用效果。

数据预处理：选择好训练数据和测试数据后，必须对数据进行预处理，使其满足模型训练和计算的要求，其处理过程包括数据归一化、缺失值填补、异常值检测等。一般的数据预处理过程（如：数据归一化）只需进行一次，而有些预处理过程（如：缺失值填补、异常值检测）可能会反复进行多次，以提升数据质量。

模型训练与评价：经过数据预处理后，利用训练数据集对模型进行参数训练，得到相应数学模型；然后再利用测试数据进行模型检验，将输出结果与目标数据进行比对，根据预先确定的规则进行模型评价。

模型建立：基于模型评价结果，构建完整的城市模型，数据驱动建模过程结束。

数据是进行数据驱动建模的基础，数据质量的好坏直接决定了所建模型的准确性与有效性。然而，现实世界中我们很难直接得到完美的数据。

数据质量（Data Quality），是指数据的正确性和能够满足使用者需要的程度。它本质上是一个相对且多维度的概念。对于不同的应用，数据质量的含义也不尽相同。一般而言，城市建模数据的质量可从以下几个方面进行描述和评价：

- 无错性，数据中不含有错误的信息内容；
- 真实性，数据能够真实记录和反映现实状况；
- 客观性，数据能够对现实事物进行无偏差描述；
- 一致性，数据之间不存在自相矛盾的情况；
- 完整性，数据能够提供建模所需的完整信息；
- 适量性，数据量大小能够满足建模任务需要；
- 相关性，数据与建模内容直接或间接相关；
- 代表性，数据样本能够代表其所属的总体集合；
- 时效性，数据能够反映当前最新的现实状况；
- 可及性，能够快速地从数据中提取所需信息；
- 安全性，数据中不含有隐私和保密的信息内容；
- 简洁性，数据的形式和格式应尽量简洁；
- 易操作性，能够方便地对数据进行各种处理；
- 可解释性，数据能够清晰恰当地表达其含义；
- 有价值性，数据要具有一定程度的信息价值。

此外，所有模型具有一定的可信度，它反映了模型对于真实系统进行抽象描述的可靠性。模型的可信度不仅取决于建模数据的质量，还取决于建模方法是否合理、建模过程是否严谨。建模中任何一个环节的失误，都会对模型可信度产生负面影响。

从统计学角度，对模型的可信度进行度量和评价，通常可采取适合度检验和显著性检验的方法。

适合度检验，主要是检验模型对于样本观测值的拟合程度，其检验统计量包括：可决系数 R^2 和校正可决系数 $\bar{R}^2$。

$$R^2 = \frac{ESS}{TSS} = \frac{\sum (\hat{Y}_i - \bar{Y})^2}{\sum (Y_i - \bar{Y})^2}$$

式中，Y_i 为样本 i 的观测值，$\hat{Y}_i$ 为样本 i 对应的模型计算值，$\bar{Y}$ 为样本均值，TSS 为总体平方和（Total Sum of Squares），反映样本观测值总体离差的大小；ESS 为回归平方和（Explained Sum of Squares），反映由模型中解释变量所解释的那部分离差的大小。

$0 < R^2 < 1$，该统计量越接近于1，模型的拟合优度越高。

在应用过程中我们会发现，如果在模型中增加一个解释变量，模型的解释功能增强了，可决系数 R^2 计算公式中的分子——回归平方和 ESS 就会增大，因而 R^2 增大。这就给人一种错觉：似乎要使模型拟合得好，就必须增加解释变量。但是，在样本容量一定的情况下，增加解释变量必定使得自由度（Degree of Freedom，DF）减少。所以，用以检验拟合优度的统计量必须能够防止这种倾向，我们可以用自由度来调整 R^2，用 $\bar{R}^2$ 来表示调整后的可决系数，以剔除解释变量数目与样本容量的影响，使具有不同样本容量和解释变量数目的回归方程可以进行拟合优度的比较。

由于模型的残差平方和（Residual Sum of Squares，RSS）随着解释变量个数的增加而减少，可以将该式除以一个随变量个数增加而减少的因子（自由度 df：$n-k-1$），这样可以抵消单纯由变量个数增加导致的残差平方和减少的影响。

$$\bar{R}^2 = 1 - \frac{RSS/(n-k-1)}{TSS/(n-1)} = 1 - (1 - R^2)\frac{n-1}{n-k-1}$$

式中，TSS 为总体平方和，RSS 为残差平方和，R^2 为可决系数，n 为样本总数，k 为模型解释变量的个数。

$\bar{R}^2 \leqslant R^2$，且 $\bar{R}^2$ 可以为负数。

显著性检验，主要是检验因变量 Y 与自变量 X 之间到底有无真正的线性关系，其检验统计量包括：F 值 和 t 值（变量显著性检验）。

***F* 值**，主要用于对模型方程本身进行显著性检验。

$$Y_i = \beta_0 + \beta_1 X_{k1} + \beta_2 X_{k2} + \cdots + \beta_k X_{ki} + \mu_i \quad i = 1, 2, \cdots, n$$

按照假设检验的原理与程序，首先提出原假设”模型线性关系不成立”，即

$$H_0: \ \beta_1 = \beta_2 = \cdots, = \beta_k = 0$$

相应的备择假设则为

$$H_1: \ \beta_1, \beta_2, \cdots, \beta_k \text{不全为零}$$

F 值的计算公式为

$$F = \frac{ESS/k}{RSS/(n-k-1)} = \frac{R^2/k}{(1-R^2)/(n-k-1)}$$

式中，ESS 为回归平方和，RSS 为残差平方和，R^2 为可决系数，n 为样本总数，k 为模型解释变量的个数。

F 统计量服从自由度为 $(k, n-k-1)$ 的 F 分布。选定一个显著性水平 α，查阅 F 分布表，可以得到相应的临界值 $F_\alpha(k, n-k-1)$。

如果所计算的 $F > F_\alpha(k, n-k-1)$，则在 $(1-\alpha)$ 的置信概率下拒绝原假设 H_0，即模型的线性关系显著成立，模型通过方程显著性检验；如果所计算的 $F \leqslant F_\alpha(k, n-k-1)$，则在 $(1-\alpha)$ 的置信概率下接受原假设 H_0，即模型的线性关系显著不成立，模型未通过方程显著性检验。

***t* 值**，主要用于对模型的特定变量进行显著性检验。

如果变量是显著的，那么回归系数应该显著地不为 0。于是，在变量显著性检验中设计的原假设为

$$H_0: \quad \beta_j = 0$$

相应的备择假设则为

$$H_1: \quad \beta_j \neq 0$$

t 值的计算公式为

$$t = \frac{\widehat{\beta_i} - \beta_i}{S(\widehat{\beta_i})} = \frac{\widehat{\beta_i}}{S(\widehat{\beta_i})}$$

式中,β_i为模型变量 i 的回归系数(根据 H_0假设,$\beta_i = 0$),$\widehat{\beta_i}$为相应的参数估计量,$S(\widehat{\beta_i})$为参数估计量 $\widehat{\beta_i}$的标准差。

计算出 t 统计量后,选定一个显著性水平 α,结合自由度($n-k-1$),查阅 t 分布表,可以得到相应的临界值 $t_{\alpha/2}(n-k-1)$。

如果计算出的 t 统计量的绝对值 $|t| > t_{\alpha/2}(n-k-1)$,则在($1-\alpha$)的置信概率下拒绝原假设 H_0,表明在($1-\alpha$)的置信概率下,$\widehat{\beta_i}$显著地不为0,即变量 x_i对模型总体的影响是显著的;如果$|t| \leqslant t_{\alpha/2}(n-k-1)$,则在($1-\alpha$)的置信概率下接受原假设 H_0,表明在($1-\alpha$)的置信概率下,$\widehat{\beta_i}$等于0没有什么差别,即变量 x_i对模型总体的影响不显著。

3. 城市建模前沿领域

3.1　自动化城市环境建模

随着城市管理数字化应用的发展,大规模、快速的城市环境建模需求与日俱增。为了缩短建模周期、提高工作效率、降低建模成本,自动化建模技术方法得到了国内外学者的广泛研究和探讨,并逐渐成为城市空间环境建模的前沿领域。

- **自动化几何建模**

不同于传统的计算机辅助建模方式,自动化几何建模是基于计算机中预设的建模算法,在不需要人工参与(或少量人工参与)的情况下,对采集到的原始数据进行分析、处理,自动完成目标对象几何建模的过程与方法。

常用的建模技术手段包括:模板匹配、数据拟合等。

模板匹配:由于大部分城市要素都具有一定的标准化特点,因此,当数据存在完整性缺陷或对于模型的细节特征要求不高时,城市空间环境建模可根据目标对象的模型模板,按照统一样式,对离散的城市要素进行匹配描述。

针对公共设施、道路交通、市容环境、园林绿化、房屋土地、其他设施、扩展部件等不同类型城市要素,采用模板匹配方法进行自动化建模,首先需要构建目标对象的模型模板或者标准化模型库。

不同于一般意义上的几何模型，模型模板是具有一定形态自由度的“弹性模型”。根据实际应用的需要，它通常包含一系列全局和局部可变参数（如：模型或模型部件的长、宽、高等），以匹配不同规格的城市要素。

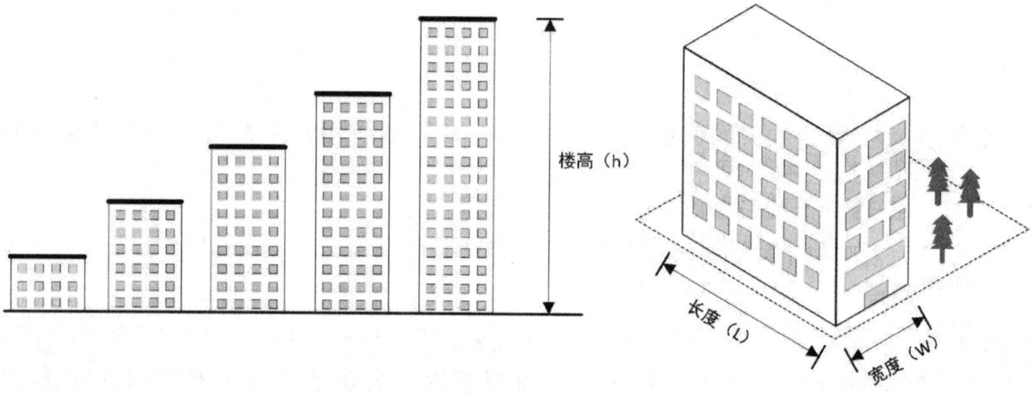

图 10－3－1　城市建筑物的几何建模模板

在获得目标对象的建模模板后，就可以根据城市环境的真实数据进行自动化建模。其建模过程涉及一系列规则，包括：数据匹配规则、模型构造规则、模型命名规则等。

数据匹配规则，主要定义如何从原始数据中找到城市要素，并根据数据特征确定城市要素类型，获取城市要素的各项模型参数；

模型构造规则，主要定义如何根据城市要素的模型参数对其模型模板进行全局和局部形态调整，以构造相应几何模型；

模型命名规则，主要定义如何根据模型类型、模型形态、建模场景和上下文关系确定每个几何模型的名称属性。

数据拟合：当原始数据较为完整且对于模型的真实性要求较高时，城市环境建模需要以客观数据为基础，利用特定算法，对城市要素的几何形态进行自动化拟合。相比于模板匹配建模，数据拟合建模没有预设的模板，因而其建模过程具有更强的自由度。

数据拟合的常见算法包括：样条拟合、随机采样一致性方法等。

样条拟合，作为经典的数据拟合方法，为城市高精度建模提供了有效途径。它采用分段拟合的方式，将建模数据分为多个数据段，每一段数据都采用低次多项式进行拟合，通过设置一定的拟合条件，保证分段拟合边界的平滑性。常用的样条拟合算法包括：B 样条、NURBS 样条、三次样条等。

随机采样一致性（Random Sample Consensus，RANSAC）方法，作为多噪声背景下的数据拟合手段，为城市复杂环境建模提供了有效途径。它能够在包含各种噪声的数据集中，通过迭代抽样，对有效样本数据进行自动化拟合，从而构建具有一致参数的最佳几何模型。

图 10－3－2　大规模城市场景的数据拟合建模

● 自动化语义建模

随着计算机图形学的发展，自动化语义建模技术也逐渐从研究探索走向实践应用。无论是在几何建模的同时进行语义建模，还是基于几何模型进行语义建模，语义对象的识别都是其自动化建模的关键。

常见技术方法主要包括：基于特征的语义对象识别、基于结构的语义对象识别。

基于特征的语义对象识别：主要是根据模型的某些显著性几何特征，对城市目标对象或目标对象表面的某些功能部件进行有效识别。针对不同层面、不同类型的城市要素，该方法可基于特定的几何特征算子（如：SURF 算子）或通过某些特征分割算法（如：面分割、环分隔）对语义对象进行定位和提取。

基于结构的语义对象识别：相比模型的几何特征，其空间组成结构能够有效反映目标对象的整体形态构成，是城市场景或城市要素基本组成单元语义识别的重要依据。在语义对象识别过程中，除了结构分割算法的运用，为了保证语义对象识别结果的正确性，各方面参考信息（如：同类事物结构、先验知识）的引入也至关重要。

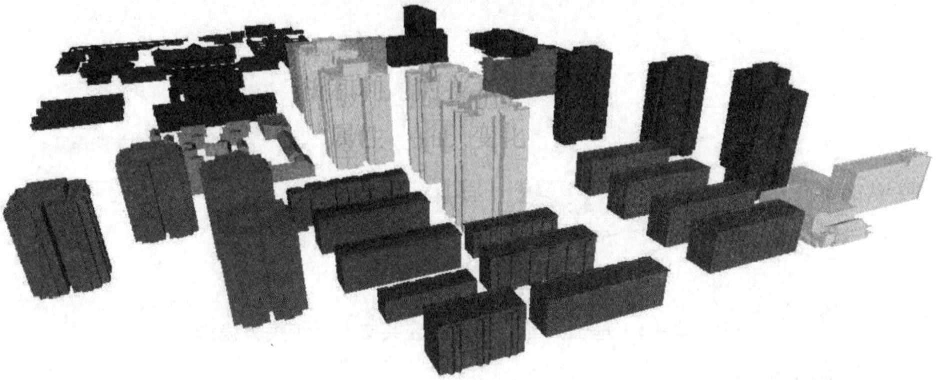

图 10－3－3　基于几何特征的城区建筑群语义对象识别

（不同灰度的几何模型对应于不同的建筑群语义对象）

3.2 复杂系统关系建模

传统的城市要素关系建模方法，通常只从某一个或某几个方面对事物间的相互作用机理和规律进行数学描述，但城市是一个复杂巨系统，其各方面要素关系错综复杂，因而，传统建模方法所得到的结果与现实世界之间往往存在着较大误差。对复杂系统的要素关系进行建模，需要综合考虑各方面因素间的交叉影响，并将事物间作用的规律性与随机性相结合。

错综复杂的要素关系可以被抽象为网络结构，而常用的复杂系统关系建模技术包括：贝叶斯网络、人工神经网络等。

- **贝叶斯网络**

贝叶斯网络(Bayesian Network)，也称为信念网络(Belief Network)或有向无环图(Directed Acyclic Graph，DAG)模型。它由一系列结点和连接这些结点的有向边构成。结点代表不同的变量，结点间的有向边代表了各变量间的互相关系。关系的强度反应为条件概率，而结点变量则可以是任何问题的抽象描述，比如，测试值，观测现象，意见征询等。

贝叶斯网络本质上是一系列要素关系模型的集合，每一条有向边代表了特定概率下的要素作用关系。它以理论和经验为导向，能够表达和分析具有不确定性和概率性的事件，并从不完全、不精确或不确定的知识或信息中做出推理，应用于多种因素控制下的有条件决策。

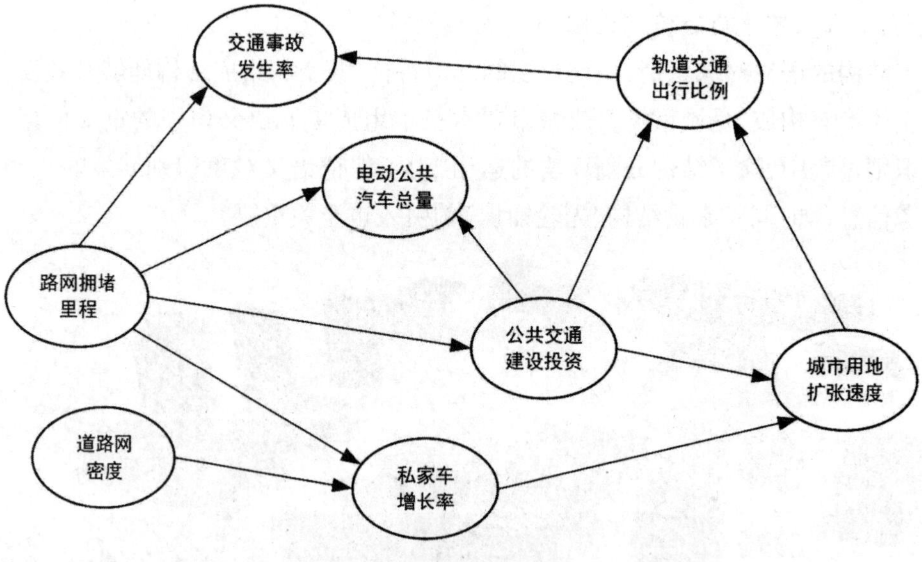

图 10-3-4 基于贝叶斯网络的公共交通系统关系模型

- **人工神经网络**

人工神经网络(Artificial Neural Network，ANN)，在工程与学术界也常常被简称为神经网络，或者类神经网络。它是一种由大量节点(神经元)相互连接所构成的复合运算模型。每一个节点代表一种特定的输出函数，称为激励函数(Activation Function)；每两个节点间的连接代表函数间计算结果的传递，连接属性记录了结果传递的权重大小。整个神经网络的输出结果根据网络连接方式、连接权重配置和节点激励函数的不同而有所不同。

人工神经网络有多层和单层之分，每一层包含若干神经元，各神经元之间以特定方式连接。神经网络通过对已知信息的学习和训练，逐步调整神经元连接的权重，最终达到信息处理、输入输出模拟的目的。它不需要知道输入输出之间的确切关系，不需大量参数，只需要知道引起输出变化的非恒定因素，即非常量性参数。与传统的数据处理方法相比，神经网络技术在处理模糊数据、随机性数据、非线性数据方面具有明显优势，对规模大、结构复杂、信息不明确的系统尤为适用。

根据连接的拓扑结构差异，神经网络模型可以分为：前向网络和反馈网络。而根据模型训练环境的不同，神经网络的学习方式可分为：监督学习和非监督学习。

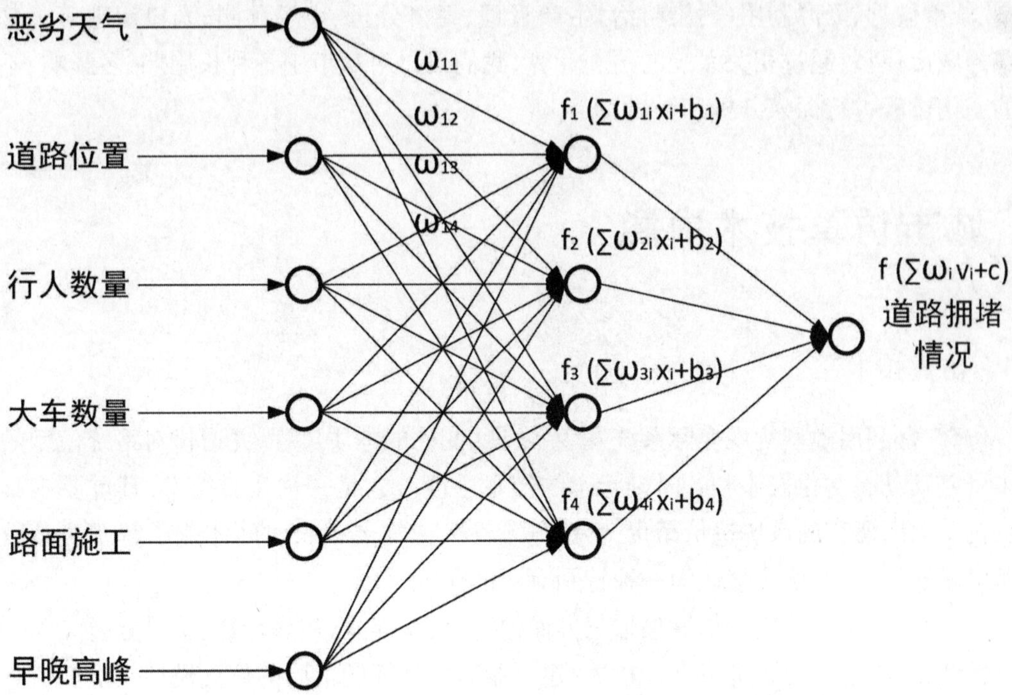

图 10－3－5　基于人工神经网络的交通拥堵要素关系模型

第十一章 城市仿真

在20世纪五六十年代,模拟仿真主要应用于航空、航天、电力、化工等工程技术领域,以节省训练和实验的经费成本,提升其实际工作效率。而现如今,随着计算机技术和相关理论的发展,模拟仿真也被日益广泛地应用于城市经济、社会生活的方方面面,比如,交通控制、城市规划、资源利用、污染防治、生产管理、经济分析、市场预测、人口治理等。基于特定的城市模型,通过相关系统的仿真计算,我们可以对城市中各种长周期、多影响、不可逆的变化过程进行深入分析和探讨。

1. 城市仿真技术内涵

1.1 仿真技术

仿真,是利用模型复现实际系统发生、发展、变化的本质过程,并通过对系统模型的实验来研究其动态变化规律和各时刻状态的技术手段。它是一种实验技术,其重要工具是计算机。当所研究的系统造价昂贵、实验危险性大或需要很长时间才能了解系统参数变化所引起的后果时,仿真就成为一种特别有效的研究手段。

一般而言,系统的模拟仿真包括三方面内容:模型建立、仿真计算、结果分析。

模型建立,是对问题进行定量描述,建立能够反映问题本质的仿真模型。模拟仿真是一种基于模型的分析、探索活动,是用模型模拟来代替真实系统进行实验研究。因此,首先就要对相关问题进行抽象描述,建立系统的仿真模型。对于连续系统,通常采用常微分方程、传递函数,或者偏微分方程对其进行描述;而对于离散事件系统,则通常采用概率模型对其状态转移过程进行描述。

仿真计算,是对所建立的仿真模型进行数值实验和求解的过程。不同的仿真模型有不同的求解方法。但要得到这些模型方程的解析解几乎是不可能的,因此其仿真计算过程通常采用数值解法,尤其是对于离散事件系统而言,比如,随机服务系统、随机库存系统、随机网络计划等。面对复杂的仿真对象和日益增强的实时性仿真需求,城市仿真计算需要更加灵活、高效的仿真算法作为支撑。

结果分析，是对仿真结果进行整理，并利用各种数据分析手段进行科学推断。早期的仿真软件都是以数据形式输出仿真结果，因此要想通过模拟仿真得出正确、有效的结论，必须对仿真的结果数据进行必要的统计分析。现代仿真软件广泛采用了可视化技术，通过图形、图表，甚至动画生动逼真地展示出被仿真对象的各种状态，使模拟仿真的输出信息更加丰富、更加详尽、更加有利于仿真结果理解。

1.2　城市仿真

城市仿真是一类特殊的城市过程建模方法，它是以城市空间环境和要素关系模型为基础，通过微观层面的动态模拟，对城市系统的发展、变化过程进行完整描述和分析。

常见的城市仿真应用包括：政策仿真、土地利用仿真、交通仿真等。

- **政策仿真**

政策仿真是利用特定参数值条件下的经济、社会模型，计算出不同政策方案的预期后果，以便进行政策评价。进行政策模拟时，首先给出不同政策方案的假设条件，即政策变量的数值，或结构参数的变动值，然后用模型计算出不同假设条件下内生变量的数值。由于经济和社会现象的影响因素很多，在现实环境下，往往难以对各方面因素进行准确控制；而在实验室环境下，则可以在假定其他因素不变的条件下，利用计量模型测算一个或几个因素变化所造成的影响，进而确定某种因素的单独作用效果，回答“如果这样，将会怎样”的问题。这对于提高决策水平具有重要意义。

政策仿真的结果，是一种计算机实验结果。但不同于工程实验，政策仿真一般不能将各种模拟结果都作用于现实世界来加于验证，因为政策一旦发挥作用就改变了现实世界，其实验环境无法回到原始状态。因此，政策仿真的科学性主要来自于理论的正确性、模型的准确性和算法的完整性。

- **土地利用仿真**

土地利用是人类通过与土地结合，获得物质产品和服务的经济活动过程。在这一过程中，人类与土地进行着各种物质、能量、价值和信息的交流、转换。土地利用仿真是通过仿真技术，模拟经济、社会和政策等因素对城市土地利用结构的影响和随之带来的动态变化过程，从而实现土地的定量描述与分析。

从数量模拟到空间格局模拟，从单一模型到耦合模型，土地利用仿真涉及一系列技术手段和方法。地理空间尺度是土地利用模拟仿真的核心问题。大部分土地利用仿真以不同分辨率的遥感数据为基础，基于规则像元进行模型构建。针对不同的研究区域和研究对象，其仿真建模过程主要解决复杂资源环境因素的参数化和相关参数的仿真计算问题。

- **交通仿真**

交通仿真是利用模拟仿真手段研究交通行为，进而对交通运动的时空变化过程进行跟踪描述的技术方法。它涉及描述交通运输系统在特定时期内实时运动的数学模型,并具有一定的随机特性。通过交通仿真,我们可以清晰地分析和预测交通堵塞的地段和原因,可以对城市规划、交通工程和交通管理的方案进行比较和评价,还可以在交通问题成为现实之前进行管理预案。

根据交通仿真模型研究对象尺度的不同,可以分为:微观仿真、中观仿真和宏观仿真。

微观交通仿真:其对交通系统各要素及行为细节的描述程度最高。微观交通仿真模型对交通流的描述是以单个车辆为基本单元的,车辆在道路上的跟车、超车及车道变换等微观行为都能得到较真实的反映。

中观交通仿真:对交通系统各要素及行为的细节描述程度较高。中观交通仿真模型对交通流的描述往往是以若干辆车构成的队列为单元的,能够描述队列在路段和节点的流入、流出行为,对于车辆的车道变换行为也可以通过简单公式近似描述。

宏观交通仿真:对交通系统各要素及行为的细节描述程度较低。宏观交通仿真模型对交通流的描述通常以流量、速度、密度关系等一系列集聚性宏观参数为基础。对于车辆车道变换之类的细节行为不作描述。

2. 城市仿真常用技术

2.1 系统动力学仿真

系统动力学(System Dynamics, SD),是根据系统组成要素间的因果反馈关系,从系统内部结构出发,寻求问题发生根源的技术方法。它以系统论为基础,吸收了控制论、信息论的精髓,是一门综合自然科学和社会科学的交叉学科。

系统动力学对问题的理解,是基于系统各要素间的相互作用机制和依赖关系,通过数学模型的构建和行为过程的模拟,反映引起事物变化的因果关系结构。所谓"关系结构"是指一组环环相扣的行动或决策规则构成的网络,比如,指导组织成员每日行动与决策的准则、惯例或政策,其"关系结构"决定了组织的一般行为特性。

相比于其他城市仿真技术,系统动力学仿真具有其自身的应用特点。

适用于长期性和周期性的问题解析:自然界的生态平衡、城市的可持续发展,以及现实生活中的诸多经济、社会问题都呈现出某些周期性规律,而系统动力学方法则能够为复杂环境下的长期变化提供科学解释。

适用于参考数据资料不足的问题研究:在系统建模过程中,难免出现数据不足或某些要素难于量化的情况,而系统动力学仿真则能够根据要素间的因果关系和有限数据资料对相关问题进行模拟观测、分析和理解。

适用于结果精度要求不高的问题探讨：对于复杂的经济社会问题进行研究、探索，通常需要对高阶、非线性、动态的计量方程进行数学解算，而系统动力学方法则能够通过计算机的模拟求解过程获得相关问题的主要信息。

适用于不同环境条件下的问题推断：现实世界中，事物的发生、发展和变化，都与其外在环境条件密切相关，而系统动力学方法则能够根据环境条件的不同，通过"原因－结果"的动态推理，对事物未来状态进行有效预测。

整体而言，系统动力学仿真一般包括5个步骤，即：

(1)问题认知，通过调查、收集相关数据资料，明确所要解决的核心问题，并在此基础上初步划分系统边界，确定系统的内生变量、外生变量、功能常量及其主要行为模式；

(2)系统分析，对系统进行层次和模块划分，分析系统各要素间的相互作用关系，并在此基础上确定系统的因果反馈回路及其耦合特性，识别主要回路，把握动态变化规律；

(3)模型建立，确定系统中的状态、速率和辅助变量，根据主要变量之间的关系，设计各类方程和非线性表函数，并在参数估计的基础上，对所有方程和表函数进行赋值；

(4)模拟仿真，以系统动力学理论为指导进行模拟仿真实验，并取得实验结果；

(5)结果分析，深入剖析系统问题，寻找解决问题的方案，并在此基础上对模型进行修改、完善，包括结构和参数的调整与修改。

针对不同的应用需求，常用的SD建模方法有：框图法、环路法、流图法。

- **框图法**

它是用带方向的弧段连接系统各核心要素，从而对系统要素间的因果关系进行简单描述的模型图。它通常应用于系统动力学分析的初步阶段，以实现系统的边界划分、结构分解和相关要素的耦合关系探讨。

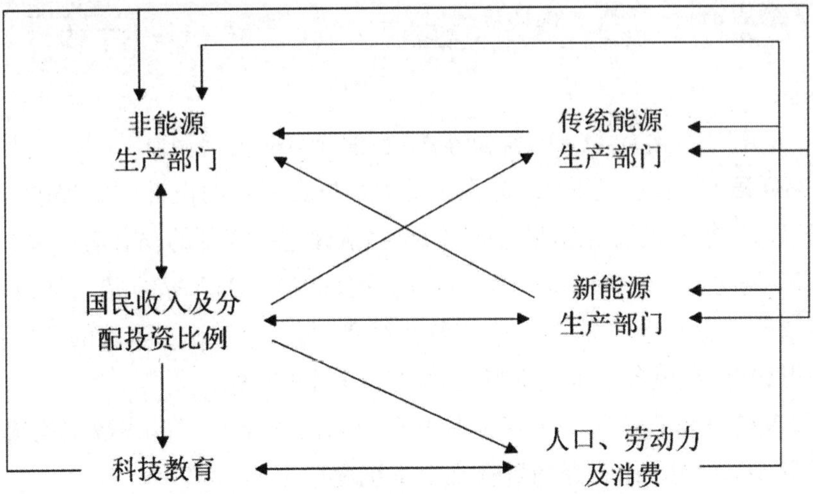

图11－2－1　国家能源生产的系统动力学框图

● **环路法**

它在框图法的基础上，进一步明确系统要素间因果链和因果回路的作用方式（正向影响、负向影响）的模型图。它通常应用于系统动力学分析的中间阶段，以实现系统动态变化过程的深度解析和综合理解。

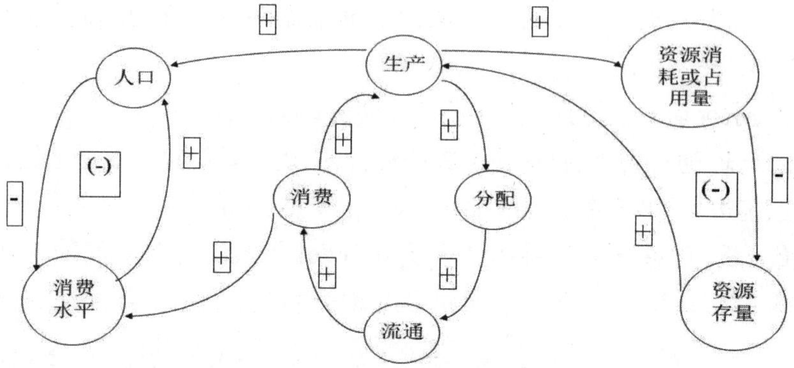

图 11－2－2　城市“生产－消费”的系统动力学环路

● **流图法**

它在环路法的基础上，进一步用不同性质的变量、符号和方程来表示系统要素和各要素间因果作用关系的模型图。它通常用于系统动力学分析的后续阶段，以实现系统反馈和控制过程的精准刻画。

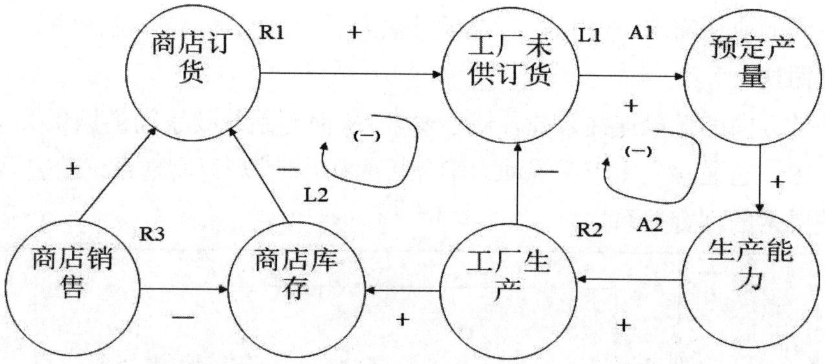

图 11－2－3　商品“生产－销售”的系统动力学流图

DYNAMO 语言：作为一种专门为系统动力学仿真开发而设计的编程语言，它通过计算一组变量随时间推移的变化结果，使人们能够掌握这些变量的动态演变情况。

DYNAMO 是动态模型（Dynamic Model）的混合缩写。DYNAMO 语言通过差分方程的形式描述系统的动态变化过程，每一个方程都简单、明了地描述了系统的某一部分是如何运行的。在形式上，它包含三个关键概念：变量、时间和方程。

变量：DYNAMO 语言的每一个变量课由 6 个以内的英文字母或数字构成，除了用户的自定义变量，DYNAMO 语言还内置有 9 个系统变量。

表 11-2-1 DYNAMO 语言的系统变量

变量名称	变量含义
DT	仿真的时间间隔,其大小由用户自行设定
TIME	仿真的开始时刻
LENGTH	仿真的终止时刻
METHOD	仿真的方法选择
PRTPER	绘制图形时两相邻点的时间间隔
DTMAX	时间间隔最大值(用于变间隔系统仿真)
DTMIN	时间间隔最小值(用于变间隔系统仿真)
EMAX	误差最大值(用于变间隔系统仿真)
EMIN	误差最小值(用于变间隔系统仿真)

时间符号:为了表示在仿真过程中所对应的时刻变量值,可采用在变量后加“ · ”,再加表示时刻的时间符号。时间符号有 J、K、L 三个,J 表示前一个 DT 时刻,K 表示现在时刻,L 表示一个 DT 之后的将来时刻,JK 表示由 J 到 K 的时间间隔,KL 表示由 K 到 L 的时间间隔。

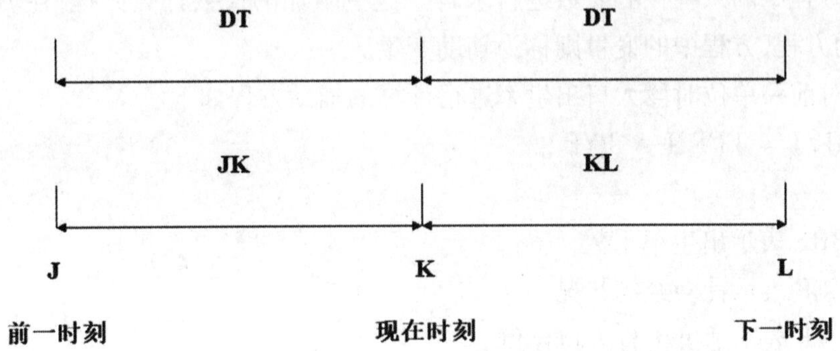

图 11-2-4 DYNAMO 语言的时间符号

例如:某库存系统的动态变化过程可用 DYNAMO 语言表示为以下方程

INV. K = INV. J + DT ·(ORRE. JK - SH. JK)

式中,INV. K 为 INV 当前时刻的库存量;

INV. J 为 INV 前一单位时刻的库存量;

ORRE. JK 为 ORRE 在前一 DT 时期内的入库速率;

SH. JK 为 SH 在前一 DT 时期内的发货速率。

方程:DYNAMO 方程包括多种不同类型,分别以字母 L、R、A、N、C 为标志进行标识。L 方程,又称为状态变量方程、State 方程或 Level 方程。在 SD 中,凡是能对输入和输出变量进行积累的变量称为状态变量,计算状态变量的方程称为状态变量方程。

例如:对人口状态变量进行计算的状态方程如下

L　POP. K = POP. J + DT * (BIRHS. JK - DEATHS. JK)

式中,

POP 表示人口数量;

BIRTHS 表示出生率;

DEATHS 表示死亡率。

R 方程,又称为速率方程或 Rate 方程。在状态变量方程中代表输入与输出的变量称为速率,它由速率方程求出。与状态变量方程不同的是,速率方程没有标准格式,只能根据系统的具体情况书写。

例如:对前一单位时段人口出生率进行计算的速率方程如下

R　BIRTHS. JK = BRF. J * POP. J

式中,

BIRTHS 表示出生率;

BRF 表示出生率系数;

POP 表示人口数量。

A 方程,又称辅助方程或 Auxiliary 方程。在建立速率方程之前,往往需要通过代数计算,对速率方程中的某些核心参数进行求解。这些附加的代数计算方程,在 DYNAMO 语言中为辅助方程,方程中的变量则称为辅助变量。

例如:对前一单位时段人口出生率进行计算的辅助方程如下

A　BRF. J = ECF. J * PYF

式中,

BRF 表示出生率系数;

ECF 表示社会经济状况;

PYF 表示适龄生育人口比例。

N 方程,又称为初始条件方程。初始条件方程的主要用途是为状态变量方程赋予初始值。在 DYNAMO 模型程序中,N 方程通常紧跟着状态方程。

例如:对人口状态变量赋值的初始条件方程如下

N　POP = 100,000

式中,

POP 表示人口数量。

C 方程,又称为常数方程或 Constant 方程,它主要用于给常数赋值。

例如:对适龄生育人口比例赋值的常数方程如下

C　PYF = 0.3

式中，

PYF 表示适龄生育人口比例。

DYNAMO 程序中通常有两类语句：模型描述语句、程序控制语句。

模型描述语句，用来描述系统动力学流图中的元素和变量的状态及其变化过程。L 方程、R 方程、A 方程、N 方程、C 方程等都属于模型描述语句，模型描述语句的集合构成了系统动力学模型的主体。

程序控制语句，用来控制仿真系统的运行，比如，规定仿真过程的步长及输出报告的内容和格式等。以 PRINT、GRAPH、PLOT、NOTE 等开头的语句都为程序控制语句。

2.2　随机博弈仿真

随机博弈，是 20 世纪 50 年代早期，罗伊德·沙普利（Lloyd Shapley）提出的概念。它是一种包含一个或多个参与者进行的、具有特定状态转移概率的动态博弈过程。相比于传统博弈理论，随机博弈过程在参与人、收益矩阵和策略的标准表述中，增加了状态信息（Stage Position）。

随机博弈由多个阶段组成：在每一个阶段的开始，博弈处在某个特定状态下，参与者选择自身的策略，并获得由当前状态和策略决定的相应报酬；然后其博弈过程按照概率分布和参与者策略随机转移到下一个阶段，在新的状态阶段，重复上一次的策略选择过程，直至博弈结束。

在长期的重复博弈中，不同阶段的环境状态会发生改变，而与此同时，不同环境状态下的收益结果也会受到影响。参与者在随机博弈中获得的全部报酬一般用各个阶段报酬的贴现值来计算，或者用各个阶段报酬平均值的下限来计算。

重复博弈（Reapted Games），是指多次重复发生具有相同结构单轮博弈（Stage Games）的过程，每一次博弈都具有相同的参与者集合、策略空间、以及收益函数。影响重复博弈结果的主要因素是博弈重复的次数和信息的完备性。

整体而言，重复博弈具有以下 3 方面特征：

一方面，单轮博弈相对独立，在时间维度上，前次或前面多次博弈不改变后面的博弈结构，博弈结构从初始确定后就不发生改变，参与者的动态交互仅限于信息的获取以及策略的更新，并不会对博弈参与人、策略空间以及收益函数产生影响；

另一方面，历史决策公开透明，参与人通过多次博弈可以互相了解对手的策略偏好情况，从中释放意向并获取有效信息，从而构建对手印象并调整更新策略，以期最大化长期收益，这也是交互的主要表现；

与此同时，博弈过程关注全局，不同于一锤子买卖的单次博弈，参与者不是希望在每一轮博弈中都获得最大收益，而是为了实现最优的全局利益，有时可以适当牺牲短期利益，以谋求长期利益的叠加优化。

基于上述思路，随机博弈模型可通过一个五元组 $G=<N, S, A, T, \pi>$ 来表示，其中：

$N=\{i_1, i_2, \cdots, i_n\}$ 表示博弈参与者的集合，n 为博弈者数量（$\geqslant 2$）；

S 表示该博弈所有可能的状态集合；

A 是所有参与者在特定状态下可能行为的集合；

T 表示阶段性的转移函数（$T: S\times A\rightarrow S$），用于描述博弈参与者在某个 S 状态下，经过行为 A，转移到下一状态 S 的变化过程；

π 表示博弈各阶段的收益函数 $\pi(S,A)$。

不同于传统的确定性过程，随机博弈描述的是变量随时间可能的变化。在这个过程里，每一个时刻系统的状态都由一个随机变量表述，而整个过程则构成状态空间的一个轨迹。由于随机过程具有无限多可能性，因此若想描述每一步的变化，其复杂度将会呈指数爆炸。因此，研究随机过程的关键就是能够实现问题维度的减少，而马尔可夫过程的提出解决了这一关键问题。

马尔可夫过程（Markov Process），用数学语言表述就是马尔可夫链，它以链式串联的方式推动变化一步一步向前进行。其最重要的性质，也是广泛为人们所运用的特点就是，其每一步的结果最多只与上一步有关，而与其他因素无关。

用马尔可夫链对随机博弈过程进行描述，可以使其复杂度得到大幅度简化。原先指数增长的复杂度被降低到一维空间，其内核也被最终抽象为一组对应的条件概率，根据这组概率可以衍生出整个变化过程。其经典表述如下：

$$P_r(X_{n+1} \mid X_1 = x_1, X_2 = x_2, \cdots, X_n = x_n) = P_r(X_{n+1} \mid X_n = x_n)$$

式中，$P_r(X_{n+1} \mid X_1 = x_1, X_2 = x_2, \ldots, X_n = x_n)$、$P_r(X_{n+1} \mid X_n = x_n)$ 分别表示状态 X_{n+1} 在 $X_1 = x_1, X_2 = x_2, \ldots, X_n = x_n$ 和 $X_n = x_n$ 前提下的条件概率。

虽然马尔可夫过程的数学表述，表面看起来，第 $n+1$ 步只与第 n 步有关，而与之前历史无关，但是第 n 步其实又包含了 $n-1$ 步的信息，因此通过链式法则，历史的信息还是可以传递到现在。因此当一个随机过程可以由马尔可夫链来刻画时，就同时获得了计算简化的优良性质。

通过马尔可夫链的简化思想，用前一步和后一步的条件概率衍生整个过程。进一步对这一简化后的问题特殊化，假设马尔可夫过程每步的条件概率与时间无关，也就是满足：

$$P_r(X_{n+1} = x \mid X_n = y) = P_r(X_n = x \mid X_{n-1} = y)$$

式中，$P_r(X_{n+1} = x \mid X_n = y)$、$P_r(X_n = x \mid X_{n-1} = y)$ 分别表示状态 $X_{n+1} = x$ 在 $X_n = y$ 前提下和状态 $X_n = x$ 在 $X_{n-1} = y$ 前提下的条件概率。

此时，我们称这个过程是“稳态”的，“稳态”过程只需要这样一个关系就可以描述整个过程。在这样更为简化的模型下，马尔可夫过程可以表达为在一个状态空间里的跃迁轨迹。

具有“稳态”性质的随机过程在一段时间后系统会进入一个平稳状态，即系统的分布

函数将不再随时间变化。因此,这样的过程也可以通过马尔可夫转移矩阵来描述:

$$P=\begin{bmatrix} p_{11} & p_{12} & \cdots & p_{1n} \\ p_{21} & p_{22} & \cdots & p_{2n} \\ \cdots & \cdots & \cdots & \cdots \\ p_{n1} & p_{n2} & \cdots & p_{nn} \end{bmatrix}$$

矩阵中,第 i 行第 j 列元素 p_{ij} 表示状态 i 到状态 j 的状态转移概率。所有转移概率之和满足 $\sum p_{ij}=1$。

从宏观上来看,随机博弈中的环境变化遵从马尔可夫过程的状态转移形式;从微观来看,每一个阶段的单轮博弈中,参与人的行为与当前环境息息相关,并与当前环境一起影响环境转移的走向,其收益则由当前环境和所采取的博弈策略共同决定。

如果随机博弈中参与者的数量有限并且每个博弈阶段可能的状态数量有限,那么一个具有有限博弈阶段的随机博弈一般都存在一个"纳什均衡"。同样的,对于一个具有无穷阶段的随机博弈,如果使用各个阶段报酬的贴现值来计算整个博弈阶段的报酬,那么这个随机博弈也是具有"纳什均衡"的。

纳什均衡(Nash Equilibrium),又称"非合作博弈均衡",是一种策略组合,每个参与人的策略是对其他参与人策略的最优反应。因此,任何一位参与者在此策略组合下单方面改变自己的策略(其他参与者策略不变),都不会提高自身的收益。

纳什均衡可以分成两类:"纯策略纳什均衡"和"混合策略纳什均衡"。"纯策略纳什均衡"认为,参与者在特定情境下的策略选择是确定的,即选择一个对其最有利的策略;而"混合策略纳什均衡"则是对每个纯策略分配一个概率,面对其他参与者选择的不确定性,每个参与者都会根据概率选择那个期望值最高的策略排除所有其他策略,以谋求收益的最大化。

严格来说,每个纯策略都是一个"退化"的混合策略,即:令某一特定纯策略的概率为1,其他策略的概率则为0。因此,对于"纯策略纳什均衡"而言,其中所有参与者都使用纯策略;而相应的"混合策略纳什均衡",其中则至少有一位参与者使用混合策略。

2.3　多代理系统仿真

多代理系统(Multi-Agent System, MAS),是由多个具有环境变化响应能力的行为个体所构成的自组织系统。系统中的每一个个体称之为一个 Agent,它们可以根据规则独立采取行动,以适应所在环境的变化,进而产生出一系列复杂的涌现现象。

采用多代理模型进行模拟仿真的核心在于:"Agent 的自组织"和"系统变化的涌现"。

自组织,关注的是一个机体或组织自产生、自维持的现象。在社会、经济、管理领域,系统中也存在大量的自组织聚集的现象,比如,城市、供应链、企业集群、专业市场等。

涌现,这个概念在复杂性系统研究中非常重要。当低层次单元间的交互导致高一层次的新现象发生时,我们称之为涌现,比如,温度是分子运动的涌现,单个分子没有温度特性,但是许多分子就涌现出温度。

Agent 智能体,是一种具有智能的实体,它有经验积累、知识学习和推理计算的能力。这种实体可以是智能软件、智能设备、智能机器人或智能计算机系统等。在城市中,Agent 通常用来代表人、汽车、公司等具有独立选择能力的各类对象。

Agent 智能体具有一系列特性,包括:自治性、反应性、主动性、社会性、进化性等。

自治性(Autonomous):Agent 能根据外界环境的变化,自动地对自身行为和状态进行调整,而不是仅仅是被动地接受外界刺激,具有自我管理、自我调节的能力。

反应性(Reactive):Agent 能对外界的各种刺激做出相应反应。

主动性(Proactive):对于外界环境的改变,Agent 能主动采取行动。

社会性(Social):Agent 具有与其他 Agent 或人进行合作的能力,不同的 Agent 可根据各自的意图与其他 Agent 进行交互,以达到解决问题的目的。

进化性(Evolutive):Agent 能积累经验、学习知识,并修改自己的行为以适应新环境。

Agent 理论模型描述了 Agent 的基本成分、各成分之间的关系以及其行为推理算法。针对不同的应用,我们可以构建不同的理论模型。常见的理论模型包括:反应式 Agent、慎思型 Agent、“信念 - 愿望 - 意图”型 Agent 和复合式 Agent。

● **反应式 Agent**

反应式 Agent,是最简单的 Agent 模型。它没有决策能力,其行为仅仅是刺激和反应之间的简单映射。反应式 Agent 通过感知器来获取有关外部信息,接收来自外界的刺激;而在其模型内部则对每种情况的处置进行明确定义,并设置了刺激处置的不同紧急程度与优先级别。当感知到外部某一信息时,不用通过复杂的逻辑推理,只要进行比较简单的匹配操作,用来判断动作的触发条件是不是满足。对于所有触发条件满足的动作,会根据优先级别的高低来选取动作的执行。

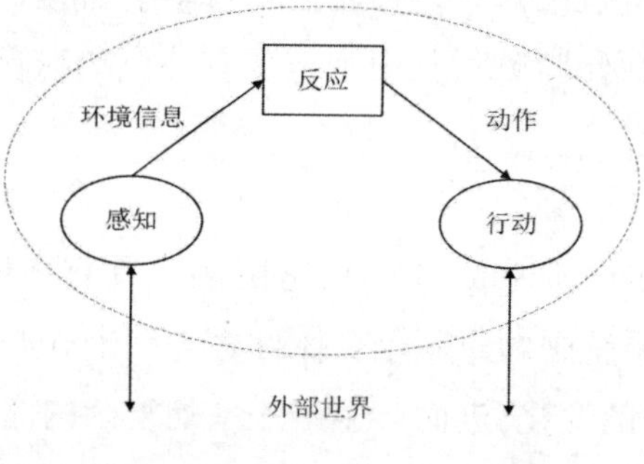

图 11-2-5 反应式 Agent 模型

● **慎思型 Agent**

慎思型 Agent,是一种基于当前给定的输入集,对将要执行的动作进行慎重考虑的 Agent 模型。为了选择将要执行的最优动作,慎思型 Agent 综合了传感器、状态、动作的先验结果及其他信息,而不是仅将传感器直接映射到动作器。在动作选择模块中有多种机制可供选择,包括生产式系统、神经网络和其他的智能算法。慎思型 Agent 的优点在于能够解决比反应型 Agent 复杂得多的问题,能够执行规划,实施一系列动作,从而实现目标。因为要谨慎地选择动作,所以执行速度比反应式 Agent 慢,这是它的缺点。

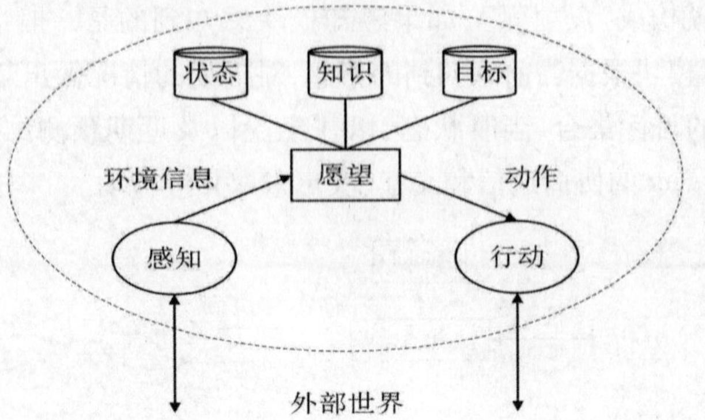

图 11－2－6　慎思型 Agent 模型

- **“信念－愿望－意图”型 Agent**

“信念－愿望－意图”(Belief-Desire-Intention, BDI)型 Agent,是一种基于逻辑的 Agent 模型。它把 Agent 看作是理性主体,是基于外部环境信息,然后通过信念(Belief)、愿望(Desire)和意图(Intention)来决定的行为。信念代表了 Agent 对世界的看法,是系统状态的一部分,它承载着信息并且在每个感知活动后都会发生相应变化;愿望是目标,定义了 Agent 的动机,它可以包括多方面需求,但这些需求必须是相容的;最后,意图指 Agent 行为选择,它可以选择一个或多个动作,满足愿望,进而影响外部环境。

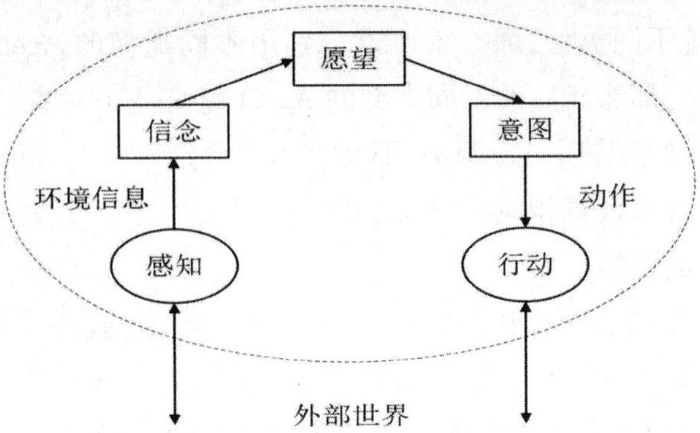

图 11－2－7　“信念－愿望－意图”型 Agent 模型

- **复合式 Agent**

复合式 Agent,包含感知(Perception)、反应(Reaction)、行动(Action)、分析(Analysis)、规划(Planning)、通信(Communication)、决策(Decision)等模块。它主要通过感知模块来接收现实世界的信息,并对环境信息做出一定的抽象。感知模块把经过抽象的信息,根据其类型的不同,送到不同的处理模块。如果感知模块感知到的是紧急情况或者简单情况,此信息就会被送至反应模块,反应模块就对所传入的信息立马做出决定,并把动作命令传送至行动模块,行动模块就会根据所传入动作命令做出相应动作,此种感知反应动作的信息传递过程就构成"反射弧";如果感知模块感知到的是一般情况,相应信息就被送至分析模块,分析模块根据当前感知到的信息,对近期的情况做出某种预测,而每个 Agent 则会根据自身的目标集合、当时状态、以往经验以及近期预测结果来规划自身的行为,并通过与其他 Agent 的协商通信和交互,决定采取相应行动。

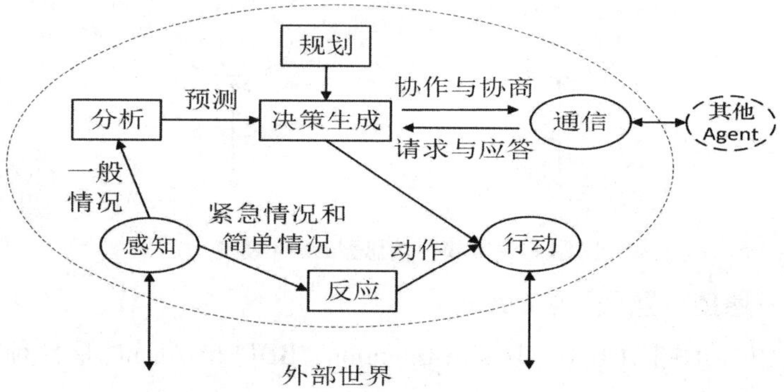

图 11-2-8　复合式 Agent

整体而言,多 Agent 建模涉及 4 方面内容:确定 Agent 类型及数目、确定 Agent 的属性、分析 Agent 的行为、明确 Agent 采取行动的条件。

● **确定 Agent 类型及数目**

其建模过程首先需要分析被模拟对象的基本组成,比如,社会系统中的社会组织包括权利组织、盈利组织等不同类型,那么就可以分别用不同类型的 Agent 来代表,其中权利组织、盈利组织有几个,那么相应的不同类型的 Agent 就有几个对象,又比如,管理系统中的"人"大致分为管理者和普通员工两类,那么就可以分别用两类 Agent 来代替,并根据管理者和普通员工的人数来设置相应的对象个数。

● **确定 Agent 的属性**

Agent 的属性就是模拟仿真的输出结果。一般来说,模拟仿真的目的就是要获得这些属性值随时间的变化,比如,"人"的人性特征有社会型、经济型等,工作态度可分为积极、消极等,又比如,每个盈利组织个体包括组织文化、生命周期阶段、市场竞争力等不同属性。

● **分析 Agent 的行为**

现实系统中每个 Agent 的行为分析,要从两两 Agent 之间的相互作用入手,包括不同类型 Agent 以及同类型 Agent 之间的作用关系,比如,在经济系统中,政府 Agent 调整银行 Agent 的贷款利率,那么这个"调整"就是政府 Agent 的行为,也即政府对象发给银行对象的消息，又比如，居民 Agent 之间就是否购买房产商 Agent 的商品房，相互传播观念，那么，“观念”就是居民 Agent 的属性，“更改观念”是居民 Agent 的行为。

- **明确 Agent 采取行动的条件**

Agent 的行动条件，包括 Agent 之间的互动规则以及 Agent 采取行动所要具备的外部环境，比如，管理系统中，企业 Agent 根据经济效益，决定是否裁减员工 Agent，员工 Agent 根据员工群体之间的行为规范要求以及管理者 Agent 在物质上的激励措施，权衡自己是否为企业卖力（提高自身的工作努力度），又比如，股票市场中，每个投资者的行为（买、卖、持有），除了受相互之间的影响，还受到外部环境的影响，这个外部环境就是政府的宏观政策。

在 MAS 仿真系统中，各 Agent 主体主要是通过消息流的方式进行沟通交流。除了共享的外部环境，信息流是唯一连接多 Agent 系统的桥梁。在 MAS 模拟仿真过程中，我们需要充分了解和分析每一抽象层次及层次间消息流的表现形式、类型、传递方式和流动结构。

一般而言，MAS 仿真系统的信息流动结构主要包括三种类型：网络结构、联盟结构、黑板结构。

网络结构：每个 Agent 只能与自身相关的其他 Agent 通信，由于关联关系受限，个别因素对全局过程的影响较小。

联盟结构：一类特殊的网络结构，Agent 相互被分成不同的群组，群组内的 Agent 均可自由通信，群组间的 Agent 通信则借助特定的“协助 Agent”传达，由于 Agent 间的平均通信距离缩短，其动态过程容易构成全局平衡。

黑板结构：Agent 间的通信不受网络关系制约，仅与其空间位置有关。

在城市环境中，每个 Agent 的空间位置可以是移动的，也可以是静止的。在模拟仿真过程中，研究人员可以运用计算机语言搭建一个平台，模仿 Agent 之间的相互影响和相互作用，并通过不断更新和调整系统中的知识、参数，设定不同的规则，控制仿真流程，观察仿真数据，使构建的仿真系统无限接近真实系统。

现有的 MAS 建模与模拟软件有很多，比如，Swarm、Reparst、NetLogo、AnyLogic 等。

2.4　元胞自动机仿真

元胞自动机（Cellular Automata，CA），是一定数量具有离散、有限状态的元胞（Cell）单元，依据一定的局部规则，在格网上按时间逐渐演化的动力学系统。

不同于一般的动力学模型，元胞自动机不是由严格定义的物理方程或函数确定，而是用一系列模型构造的规则构成。凡是满足这些规则的模型都可以算作是元胞自动机模型。因此，元胞自动机是一类模型的总称，或者说是一个方法框架。其特点是时间、空间、状态都离散，每个变量只取有限多个状态，且其状态改变的规则在时间和空间上都是局部的。

元胞，又可称为单元、细胞或基元，是元胞自动机的最基本组成部分。元胞分布在离散的一维、二维或多维欧几里得空间的晶格点上。

元胞状态,是元胞所具有的属性值。元胞具有状态记忆功能,并依据规则不断更新其状态。它既可以是二进制形式,也可以在一个有限整数集内取值。

元胞空间,是格网空间中元胞格点的集合。理论上,元胞空间是无限的;但在实际应用中,通常存在边界,需要考虑元胞的边界状态。

常用的边界状态条件包括:

周期型边界,即各维度的首尾边界相互连接所形成的元胞空间;

定值型边界,即所有边界外的元胞均取固定常量;

绝热型边界,即边界外邻居元胞的状态始终和边界元胞的状态保持一致;

反射型边界,即在边界外邻居元胞的状态是以边界元胞为轴的镜面反射。

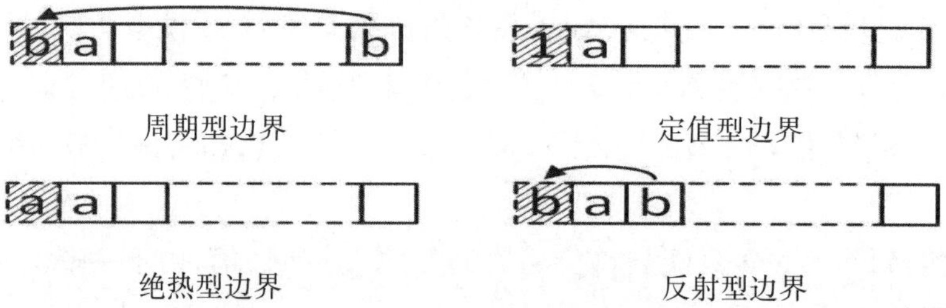

图 11-2-9　元胞空间的边界状态

元胞邻域,是指对元胞状态产生直接影响的局部范围。

一般而言,元胞领域可分为三类:

冯-诺依曼(Von. Neumann)型邻域,即二维空间中的上、下、左、右;

摩尔(Moore)型邻域,即上、下、左、右、左上、右上、右下、左下;

扩展摩尔型邻域,即将摩尔领域的半径扩展为 r(r≧2)。

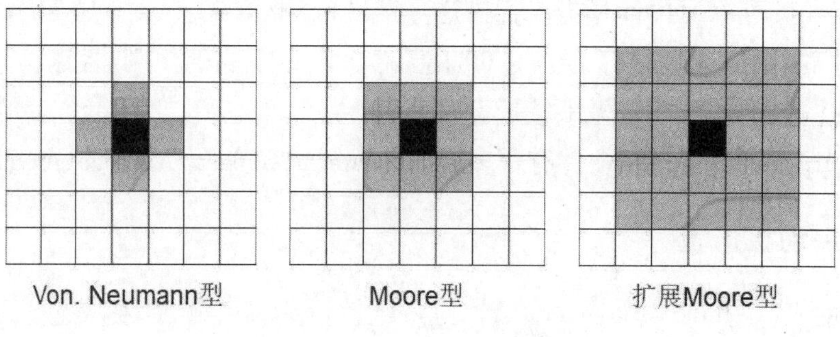

图 11-2-10　元胞邻域类型

变化规则,是下一时刻元胞状态变化的动力学函数。

元胞自动机是一个动态系统,它在时间维上的变化是离散的,也即时间变量是一个整数值,而且连续、等间距。

将一个元胞的所有可能状态连同负责该元胞的状态变换规则一起称为状态转移函数,该函数构造了一种简单的、离散的"空间/时间"局部物理成分。一个元胞下一时刻的状态决定于本身状态和它邻居元胞的状态。

基于上述思路，元胞自动机可以概括为一个用数学符号来表示的四元组 $A=\langle L_d, S, N, f\rangle$，其中：

A 表示一个元胞自动机系统；

L_d 表示元胞空间，d 为空间维数；

S 表示元胞有限的离散状态集合；

N 表示邻域内所有元胞的组合（包括中心元胞在内）；

f 是局部转换函数，也就是元胞状态的离散变化规则，通常被构建为特定的 Logit 模型。

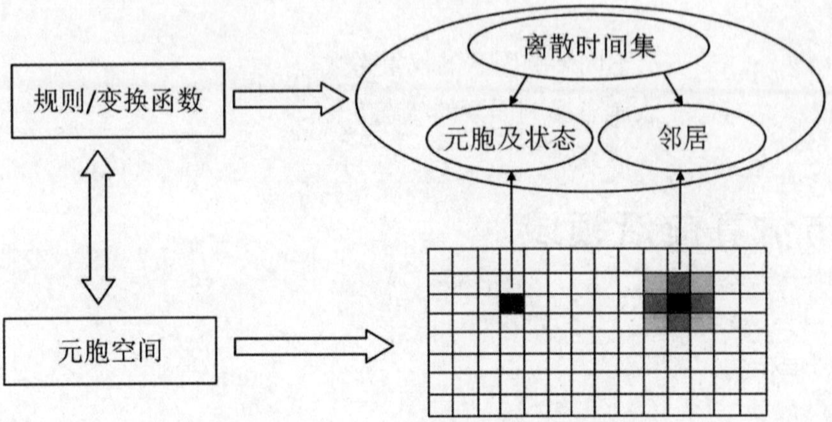

图 11－2－11　元胞自动机构成示意图

Logit 模型，也称为"逻辑回归"（Logistic Regression）。作为最早和应用最广的离散选择模型之一，它是社会学、生物统计学、临床、数量心理学、计量经济学、市场营销等统计实证分析的常用方法。在元胞自动机模型的模拟仿真过程中，Logit 模型很好地描述了不同元胞状态间的离散转变。

Logistic 函数是一种常见的 S 形曲线。它是皮埃尔·弗朗索瓦·韦吕勒在 1844 年或 1845 年在研究人口增长过程时命名的。

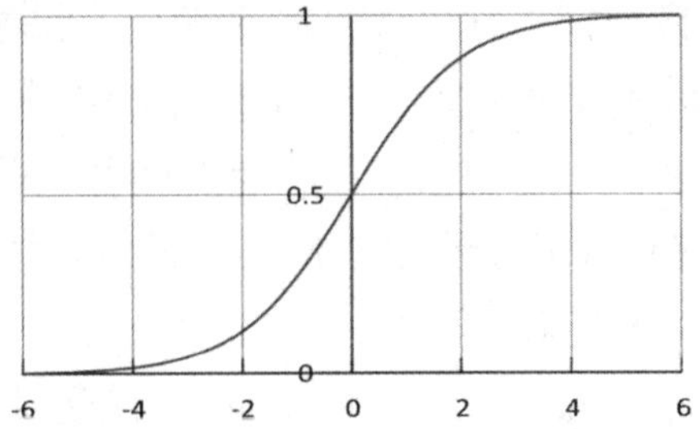

图 11－2－12　Logistic 函数曲线

该曲线是描述资源有限条件下种群增长规律的一个最佳数学模型。

然而，1976 年罗伯特·梅在英国《Nature》杂志上发表了研究 Logistic 方程的成果《表现非常复杂的动力学的简单数学模型》，引起学术界的极大关注，其内容已远远超越了生态学领域，揭示出 Logistic 方程深处蕴藏的丰富内涵，即：该方程可以有效描述确定性系统的随机性行为，揭示从有序到混沌的演化过程。

$$P(t) = \frac{1}{1+e^{-t}}$$

式中，t 为状态变量，$P(t)$ 为特定事件的发生概率。

在实际应用中，Logistic 方程的状态变量 t 通常被扩展为一系列影响因素所组成的线性函数：

$$t = ax_1 + bx_2 + cx_3 + \cdots$$

式中，

$a, b, c, \cdots$ 表示不同影响因素的权重系数；

$x_1, x_2, x_3, \cdots$ 表示各影响因素的状态变化。

3. 城市仿真前沿领域

3.1 大数据仿真

大数据时代，仿真理论发生了革命性改变。传统仿真理论以模型为驱动，根据模型再现系统的状态、行为以及性能特征，用于分析系统配置是否合理、性能是否满足要求，预测系统可能存在的缺陷，为系统设计提供决策支持和科学依据。而大数据仿真则以数据为驱动，更多地关注数据本身，挖掘数据之间的关联性、相似性。

大数据仿真，不仅可以建立认识问题的“数据模型”，而且可以解决因模型复杂度高，导致计算量大，使模型精度降低的问题。大数据仿真，接受数据的多样性、不确定性、非精确性，更加注重强调相关性及对问题进行更深入的分析。

首先，大数据仿真是从随机样本到全体数据的转变。它终结了还原论，转向整体论。与传统仿真相比，大数据无论在数据规模上，还是分析方法、分析工具、分析对象上都有很大不同。一方面，大数据仿真对系统的数据计算能力提出了更高的要求，并行计算、高性能计算对于模拟仿真程序的有效运行至关重要；另一方面，大数据仿真的数据来源是实时同步的，仿真数据获取后，数据本身还会随时间发生变化。

其次，大数据仿真是从精确性到混杂性的转变。传统仿真过程执迷于数据的精确性，而在大数据时代，只有 5% 的数据是能够被精确利用的结构化数据。因此，大数据仿真必须接受数据的不精确性。虽然这样会导致模型和参数训练的不确定性，但同时也为系统演化模式、群体行为和网络智慧的涌现提供了更为广阔的呈现空间。

再次，大数据仿真是从因果关系到相关关系的转变。传统仿真依靠分析少量的数据样本，探求难以捉摸的因果关系，而大数据仿真则放弃对事情因果关系的追究，转而关注事物的相关关系，知道"是什么"就够了，并不强调知道"为什么"。由于许多事物的因果关系难以明确，或者根本不存在，大数据方法认为，通过海量数据的相关关系，实际可以发现更接近实际情况的规律，比如，基于大数据生物资料，对人类大脑错综复杂的神经回路进行模拟仿真。

随着数据获取技术和计算机仿真技术的发展，越来越多的大数据仿真平台被应用于交通运行控制、城市环境治理、网络舆情管理等领域。

3.2 虚拟仿真

从本质上讲，城市仿真的核心是模拟计算。它并不要求有专门的结果表达功能，而只需要通过数值计算给出一系列仿真模拟结果即可，这就是数值仿真（Numerical Simulation）。数值仿真的优点是对机器要求不高、速度快，但它却不直观、不容易验证仿真程序的对错。

虚拟仿真，是在数值仿真的基础上，加入虚拟现实（Virtual Reality, VR）技术，从而构建一个可体验、可感知的虚拟世界的技术方法和过程。它包括可视化仿真（Visual Simulation）、多媒体仿真（Multimedia Simulation）、沉浸式仿真（Immersive Simulation）、交互式仿真（Interactive Simulation）等内容。

可视化仿真，是为数值仿真过程和结果增加文本提示和图形、图像、动画表现，从而使仿真过程更直观，结果更容易理解，并为仿真过程的验证提供有效途径。

多媒体仿真，是在可视化仿真基础上，进一步加入声音、气味、触觉等感官刺激，进而得到信息更加丰富的仿真表达结果。

沉浸式仿真，是将用户的视角及感觉完全包容在仿真世界内部，通过 VR 头盔、4D 影院等技术手段，使用户看到、听到、碰到乃至闻到和尝到的都是仿真事物和仿真环境。

交互式仿真，是将仿真世界与物理世界联系起来，通过用户的操作、控制和仿真参数的动态调整，实现对仿真过程和仿真环境的主动干预和影响。

3.3 分布式仿真

分布式仿真（Distributed Simulation），是指采用协调一致的结构、标准、协议和数据库，通过局域网或广域网，将分散在各地的仿真设备联系在一起，形成综合性仿真环境，并利用分布式计算平台对大规模复杂系统进行模拟仿真的一种技术方法和过程。一方面，它把分布在不同地理位置的仿真模型连接起来，组成一个仿真联邦，共同完成仿真任务；另一方面，它把复杂的仿真计算分布到不同的计算机上并行运行，使得系统的模拟仿真能力得到大幅提升。过去，分布式仿真被大量应用于军事、制造、娱乐等领域，而现如今，随着城市复杂度的不断提升，该技术方法在城市管理领域的应用也日益广泛。

1983 年,美国国防部高级研究计划局(Defense Advanced Research Projects Agency, DARPA)制定了一项称为“SIMENT”(Simulation Networking)的计划,希望将各军单兵使用的仿真器连接到网络上,形成一个共享的仿真环境。后来,在 SIMENT 的基础上美国军方和工业界又发展了异构型网络互联的分布式交互仿真技术(Distributed Interactive Simulation, DIS),进一步扩展和标准化了 SIMENT,以将不同时期的仿真技术、不同厂家的仿真产品和不同用途的仿真平台集成在一起,实现交互功能。1992 年,在 DIS 发展的同时,DARPA 发起了一个聚合级分布式作战仿真的实验,并提出了聚合级仿真协议(Aggregate Level Simulation Protocol, ALSP),用来将现有的多个聚合级作战仿真应用通过局域网或广域网互联。1995 年,美国国防部又发布了建模与仿真主计划(M&S Master Plan, MSMP),建立了一个通用的仿真技术框架,该框架的核心 HLA(High Level Architecture)在 1996 年 8 月完成基础定义,并于 2000 年 9 月被 IEEE 接受为标准。

HLA 是分布式交互仿真的高层体系结构,它定义了联邦和联邦成员构建、描述与交互的基本准则和方法,提供了一种通用的仿真技术框架,从而便于联邦成员通过运行支撑平台集成,最终实现它们之间的互操作性和重用性。

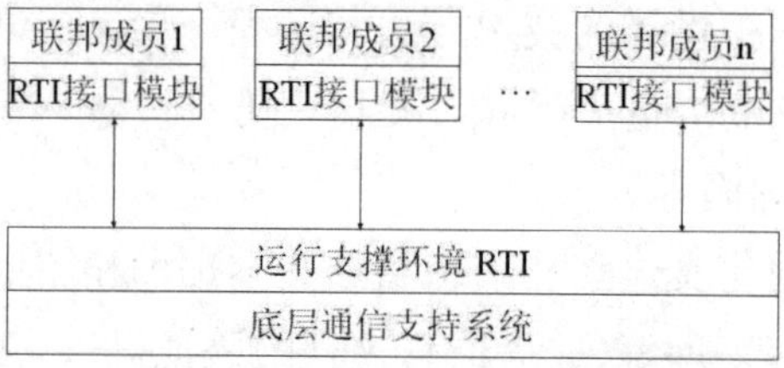

图 11-3-1　HLA 框架结构

联邦(Federation),是指用于达到某一特定仿真目的的分布仿真系统,它由若干个相互作用的联邦成员组成,而每个联邦成员则是一个具体的仿真器或是一个参与联邦执行的应用程序,且 HLA 采用面向对象的思想和方法来构建仿真系统,所以每个联邦成员都由一些对象来组成。

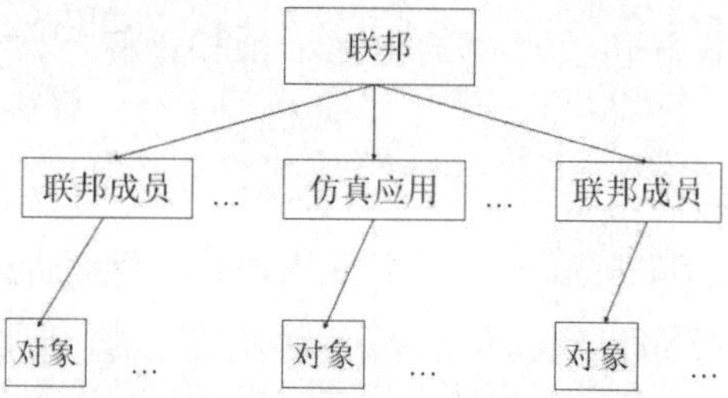

图 11-3-2　基于 HLA 的联邦层次结构

运行支撑平台(Run Time Infrastructure, RTI),是按照 HLA 接口标准规范构建的网络软件系统。它提供了仿真运行管理功能和数据通信传输服务,是分布式仿真的核心部件。在 RTI 的支撑下,仿真系统有了较好的扩充性,能够实现各个联邦成员的协同计算。

第十二章　城市 GIS

地理空间是物质、能量、信息的数量及行为在地理范畴中的广延性存在形式，它特指形态、结构、过程、关系、功能的分布方式和分布格局在某一静止时刻的延续。古往今来，几乎人类所有活动都是发生在地球上，都与地球表面位置（即地理空间位置）息息相关。随着计算机技术的日益发展和普及，为了对城市地理空间进行精确描述和管理，地理信息系统（Geographic Information System, GIS）以及在此基础上发展起来的“数字地球”“数字城市”在人们的生产和生活中起着越来越重要的作用。

1. 城市 GIS 概念定义

1.1　GIS 系统与科学

GIS 是地理信息系统的缩写，它是在计算机软、硬件支持下，运用信息科学和管理科学，对空间地理信息进行综合处理、分析和应用的系统。其概念最早来源于 20 世纪 60 年代加拿大测绘学家所提出“利用计算机和数据库技术结合管理地球空间信息”的概念体系。1967 年，世界上第一个真正投入应用的地理信息系统 CGIS（Canada Geographic Information System）在加拿大渥太华研发成功，并被用于存储、分析和利用加拿大土地统计局收集的各类土壤、农业和生态数据。1982 年，美国 ESRI 公司则发布了全球首款商用 GIS 基础平台 ArcInfo。而目前，世界范围内常用的 GIS 系统包括：ArcGIS、MapInfo、Supermap 以及各类定制化的 WebGIS。

GIS 的核心是电子地图，即利用计算机技术，以数字方式展现地理空间信息的方法和技术。其功能本质是空间位置与属性信息的关联，图形表达与数据分析的结合。而随着空间数据管理和分析功能的不断扩展，GIS 已逐渐成为运用信息科学和管理科学对地理空间信息进行存储、管理、分析、传输、表达的开放式系统和平台。

在系统构成上，GIS 主要包括五方面要素，即：人员、数据、硬件、软件、过程。

● **人员**

人员是GIS中最重要的组成部分。开发人员需要定义GIS中被执行的各种任务和相关开发处理程序；熟练的操作人员通常可以克服GIS软件功能的不足，而相反，最好的软件也无法弥补操作人员对GIS一无所知所带来的副作用。

● **数据**

GIS的基本数据包括空间数据、属性数据和时域特征。空间数据用于记录地理实体的位置、形态、大小、分布等几何信息；属性数据用于记录地理实体相关的数量和等级参数或特性；而时域特征（Time Stamp）则主要用于记录地理实体所对应的时间刻度。

● **硬件**

硬件的性能影响到软件对数据的处理速度，使用是否方便，以及可能的输出方式。从服务器、台式机、笔记本电脑到移动智能终端和云平台，GIS可以被部署到各种不同的计算设备上，以满足多样化的功能应用需求。

● **软件**

不仅包含GIS软件，还包括各种数据库，绘图、统计、影像处理及其他程序。地理信息只是一堆数字记录，需要有合适的软件将其表示出来；与此同时，为了将地理数据信息化，地理信息数据库的建立，亦有赖于合适软件的帮助。

● **过程**

GIS应用涉及输入、处理、管理、查询、分析、可视化等一系列标准化过程。在利用GIS进行制图和分析时，需要明确其核心问题和相关概念定义，采用一致的方法，生成正确、可验证的结果。

如今，GIS作为一门综合性技术，已经被广泛应用于经济、社会生活的各个领域。随着GIS的发展，也有人称GIS为"地理信息科学"（Geographic Information Science），甚至是"地理信息服务"（Geographic Information Service）。"地理信息科学"的概念，最早是1992年由美国学者GoodChild提出，与地理信息系统相比，它更加侧重于将地理信息视作为一门学科，而不仅仅是一种技术实现，探讨如何应用计算机技术对地理信息进行处理、存储、提取、管理和分析以及在此过程中产生的一系列基本问题。

1.2 城市地理信息系统

城市地理信息系统（Urban Geographic Information System, UGIS）是专门针对城市地理空间信息及相关非空间信息进行管理、分析和应用的技术系统。它包罗万象，既依赖于城市地理空间环境，涵盖多层面的社会、经济图文信息，又以计算机技术为支撑，具备多方面的时空分析能力。

作为城市现代化管理、规划和科学决策的先进工具，城市地理信息系统能够为政府部门进行城市决策提供准确的资料、档案，使城市管理逐渐从定性走向定量。

其常见应用领域包括:城市资源管理、城市空间规划、城市运行管理等。

面向城市资源管理,它可以建立城市基础地理信息数据库、地籍数据库和地下管网数据库等,实现城市空间要素和设施、设备的数字化管理。

面向城市空间规划,它可以对城市各方面要素进行综合分析,通过指标参数的精确测算和环境变化的动态模拟,实现城市规划方案的有效评估。

面向城市运行管理,它可以直观展现城市的当前状态,并通过各种信息通信技术的有效应用,实现城市功能系统的动态调控和优化。

不同的应用会涉及各种不同的地理信息要素。根据信息内容的差异,城市地理信息大体可以分为两类:基础地理信息和专题地理信息。

基础地理信息,主要包括各种控制点、建筑物、道路、水系、境界、地形、植被的坐标及属性信息,用于表示城市基本面貌,并作为专题信息的载体。

专题地理信息,主要包括城市规则、土地利用、交通、综合管网、房地产、地籍、环境等某一专业领域要素的空间分布及其规律。

2. 城市 GIS 数据模型

在 GIS 中,城市地理信息是以数字化形式存在的要素集合。它按照一定的比例、一定的投影原则,有选择地将复杂的地理实体描绘、记录在特定的数据模型中,并分层次进行组织和管理。地图上各种要素之间的关系,是按照地图投影建立的数学规则,它使得地表各点和地图平面上的相应点位保持一定的函数关系。

2.1　地理实体

地理实体,是地球表面地理空间中可相互区分的事物和现象,它在现实世界中占据一定的空间位置,并具有特定的语义属性或功能。

GIS 数据组织和管理的直接对象是地理实体,它们通常涵盖 5 方面信息,即:空间位置、空间关系、非几何属性、时态特征、衍生信息。

空间位置,主要指地理实体的位置信息(如:笛卡尔坐标系中 X、Y 坐标)和位置信息的扩展(如:形态、组成)。

空间关系,主要指地理实体间的拓扑关系,即:邻接、关联、包含和连通关系。

非几何属性,地理实体的各类数量和质量特性。

时态特征,地理实体的行为、功能以及随时间变化的属性信息(如:岛屿的侵蚀、水体污染的扩散、建筑的变形)。

衍生信息，地理实体的其他相关信息（如：一个实体有多个名称）。

而作为实体对象的泛化描述，其相应本体概念对于 GIS 数据建模和应用都有着极其重要的指导意义。

本体（Ontology），其概念最初起源于哲学领域，定义为“对世界上客观存在物的系统描述”。它是关于事物存在及其本质和规律的学说，主要探究世界上客观存在物的固有特性和相互关系。2000 年以后，本体论研究在计算机科学中作为一种能在语义和知识层次上描述信息系统的概念模型建模工具，日益受到重视。尤其是在诸如知识工程、数据库设计、信息建模、信息检索与提取、知识管理和组织等领域，其重要性更得到了广泛认同。

其在科技领域兴起的最主要原因，是这些领域需要本体作为其发展的基础理论，特别是基于语义的互联网、建模和集成技术。通过把本体思想引入到这些学科领域，可以把现有的数据、知识和信息从面向对象的应用形式还原成一个合理的语义体系，以便计算机可以处理，用户能够共享。

地理本体，是本体在地理空间信息领域的延伸和应用，属于本体的一个子集，是地理信息领域中概念模型的形式化说明。根据地理科学领域的知识，它将现实世界抽象成一个个具有共识的概念元素，并按照一定关系组成相应概念体系。地理本体目前被广泛应用于地理信息集成、地理信息检索、空间智能体系统设计与开发、社会及生态环境研究等多个应用领域。

2.2 坐标参考

在现实世界中，为了定量地描述地理实体的位置、形状和大小，必须选取特定的空间坐标参考系统。从广义上讲，事物的一切抽象概念都是参照于其所属的坐标系而存在的。同一个事物在不同的坐标系中就会有不同抽象概念来表示，而坐标系的维度则决定了该抽象概念所能反映的信息量大小。

地理空间的常见坐标系主要有 4 类：空间直角坐标系、大地坐标系、地理坐标系、平面直角坐标系。

- **空间直角坐标系**

空间直角坐标系，也称为笛卡尔坐标系，其坐标系原点位于地球的质心或参考椭球的中心，Z 轴指向地球或参考椭球的北极，X 轴指向本初（起始）子午面与赤道的交点，Y 轴位于赤道面上，且按右手系与 X 轴呈 90 度夹角。

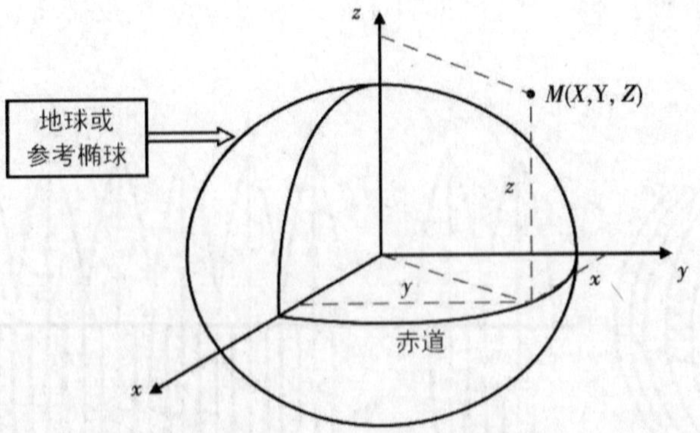

图 12-2-1　空间直角坐标系

● 大地坐标系

大地坐标系,是在大地测量中以参考椭球面为基准面建立起来的坐标系。地面点的位置用大地经度、大地纬度和大地高度表示。

大地坐标系的确立包括选择一个椭球、对椭球进行定位和确定大地起算数据。一个形状、大小和定位、定向都已确定的地球椭球叫参考椭球。参考椭球一旦确定,则标志着大地坐标系已经建立。大地坐标系是一种伪地理坐标系。

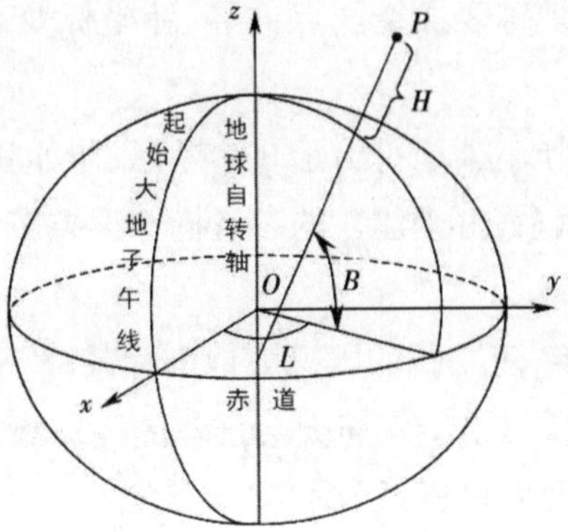

图 12-2-2　大地坐标系

● 地理坐标系

作为大地坐标系的一部分,地理坐标系（Global Coordinate System, GCS）仅通过空间点的经度和纬度值对其位置进行描述和引用,而不记录地面高度。

● 平面直角坐标系

利用投影方式,将空间坐标通过某种数学变换,映射到平面上而得到的二维平面坐标系。

由于地球是一个赤道略宽、两极略扁的不规则梨形球体,故其表面是一个不可展平的曲面,所以运用任何数学方法进行这种转换都会产生误差和变形。为了缩小误差,按照不同的需求,就产生了各种投影方法,比如,UTM 投影、Lambert 投影等。我国一般采用的是高斯－克吕格投影。

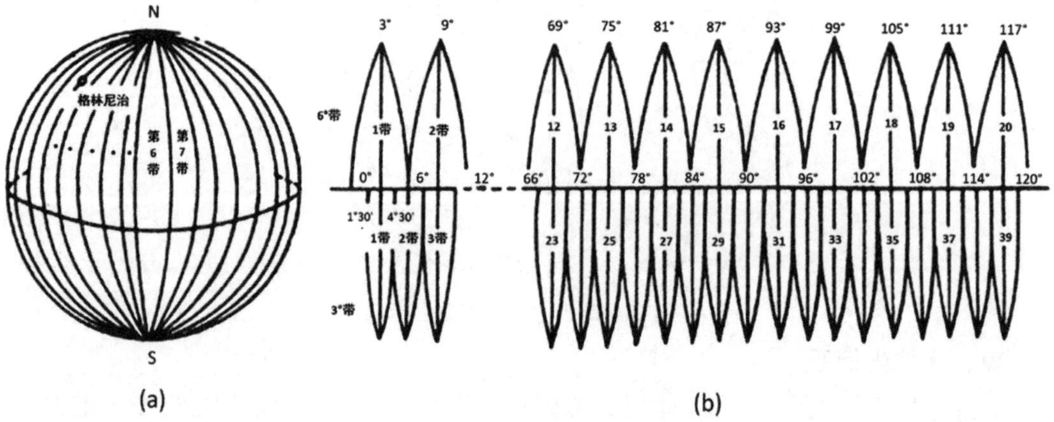

图 12－2－3　地球表面的平面投影变换

从应用角度,国内目前常用的坐标系有:WGS84 坐标系、北京 54 坐标系、西安 80 坐标系、2000 国家大地坐标系、地方独立坐标系。

WGS84 坐标系,它是 GPS 所采用的大地坐标系(B, L, H),是根据美国国防部研制确定的地球椭球参数,计算地球表面空间点的经、纬坐标及高程,是当前国际上通用的一种协议地球坐标系。

北京 54 坐标系,新中国成立以后,出于政治考虑,与苏联 1942 年坐标系进行联测,通过计算建立的参心大地坐标系,由于建立的参考椭球误差较大,而且大地原点在原苏联的普尔科沃,因而误差较大。

西安 80 坐标系,1978 年,建立新的国家大地坐标系统,采用国际地理联合会(International Geographical Union, IGU)第十六届大会推荐的椭球参数,大地原点在陕西省泾阳县永乐镇的大地坐标系,又称西安坐标系。

2000 国家大地坐标系(CGCS2000),2008 年,由国土资源部正式上报国务院批准采用的最新国家大地坐标系。

地方独立坐标系,在许多城市测量与工程测量中,为避免采用国家坐标系而远离中央子午线,导致长度投影变形较大,难以满足工程或实用的精度要求,所建立的局部坐标系。

2.3　矢量数据模型

矢量数据模型,是将地理实体抽象成点、线、面等基本几何要素,并通过 x、y 坐标来表示其位置信息的空间数据描述形式。

点对象,它的维数为零,只有位置性质,表示为单个 xy 坐标。

线对象,它是一维的,有长度特性,表示为一组连续点集序列所组成的弧段。

面对象,它是二维的,有面积和边界性质,表示为一组弧段组成的封闭多边形。

点及其坐标是矢量数据模型的基本单元,线要素由点要素构成,而面要素由线要素定义。

面要素可以在其他面要素内形成“岛”,两个或多个面要素可以重叠产生“叠置区”。“岛”和“叠置区”在简单数据模型中均被视为单独对象。

矢量数据模型的存储、管理,可采用两种基本数据结构:坐标序列法、拓扑结构法。

● **坐标序列法**

直接采用坐标序列依次描述组成几何元素的节点位置。

例如:区域(5,3),(5,5),(10,5),(10,3),(5,3)

其缺点是:数据冗余,无法有效描述地理实体间的几何关系。

● **拓扑结构法**

单独记录所有组成节点的坐标信息,几何元素的组成节点通过其序号描述,节点的排列顺序反映几何元素的构成方式和方向。

例如:节点(5,3),(5,5),(10,5),(10,3)

区域 0,1,2,3,0

拓扑结构法是国内、外各大 GIS 系统广泛采用的矢量数据结构。

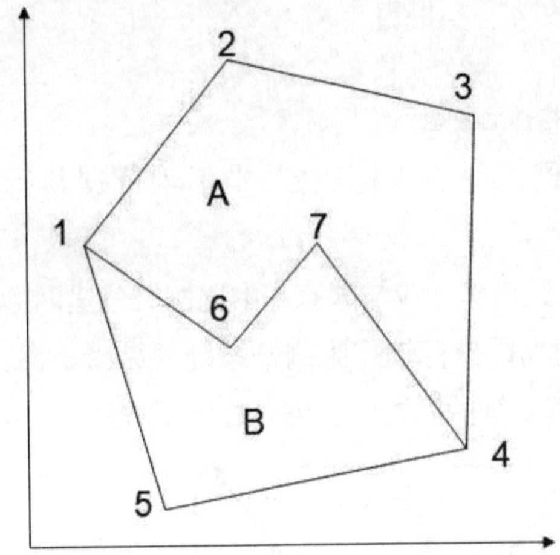

多边形	编码	点号串
A	T123	1,2,3,4,7,6,1
B	t124	1,6,7,4,5,1

点位字典

点号	坐标
1	$x1, y1$
2	$x2, y2$
3	$x3, y3$
4	$x4, y4$
5	…

图 12-2-4　GIS 矢量数据的拓扑结构表示法

矢量数据模型的拓扑结构有两大核心空间关系,即:关联性、邻接性。

关联性,主要关注点、线、面等不同类型元素间的组成关系。

邻接性,主要关注点、线、面等相同类型元素间的连接关系。

2.4　栅格数据模型

栅格数据模型,是将整个空间划分成规则网格(Grid),通过对各个格网单元(多为矩形单元)赋以相应属性值,来描述地理现象的空间分布。

规则网格单元叫作单元格(Cell),每个单元格都有一定的尺寸和取值。单元格的尺寸对应一定的地理空间范围,而单元格的取值则表示不同地物类别或同一类地物的不同属性。点实体表现为一个单元格,线实体表现为一串彼此相连的单元格,面实体则由一系列相邻单元格构成。

单元格的大小表示栅格数据的分辨率;单元格尺寸越小,分辨率越高。单元格的合理尺寸应有效地逼近空间对象的分布特征,以保证数据精度。然而,不论采用的栅格多细小,与原始的地理实体相比较,都一定会有信息丢失。

栅格数据具有"属性明显""定位隐含"的显著特点,即:数据直接记录属性的指针或属性值,而位置信息则需根据栅格坐标系统的行列号进行间接换算。

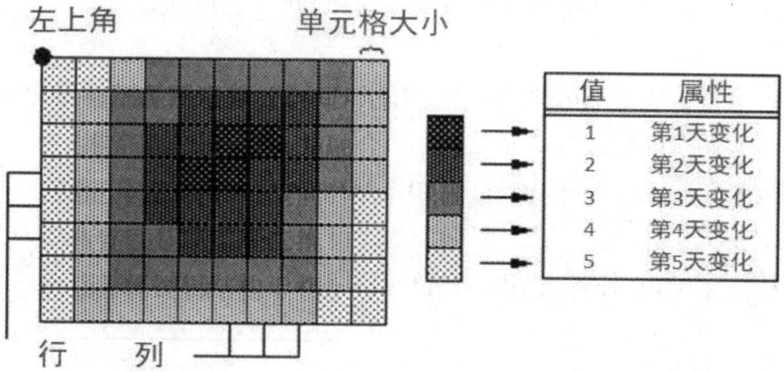

图 12-2-5　GIS 栅格数据模型

栅格坐标系统:由单元格尺寸、行列序号和栅格原点坐标决定,坐标轴依据其行列排列。

栅格坐标系统的原点,通常选为栅格的左上角,原点坐标应与国家基本比例尺公里网的交点相一致;栅格坐标系统的方位,大多采用公里网的纵横坐标轴作为栅格系统的纵横坐标,但也有以经纬网作为栅格方位的参考轴,这样就为栅格系统的隐含位置编码提供了方便。

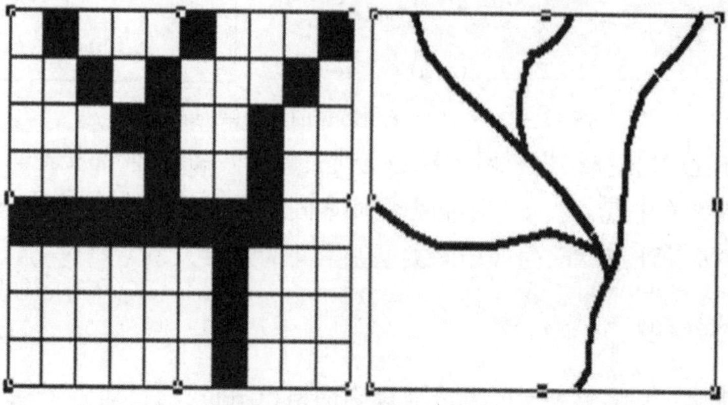

图 12-2-6　GIS 栅格数据的矢量转化

因此,依据栅格坐标系统,我们可以将栅格数据模型转换为矢量数据模型:

一方面,计算每个有效单元格的坐标,得到矢量数据节点;

另一方面,依次连接单元格节点,构建拓扑关系。

影像数据是一类特殊栅格数据。通过几何配准,可以确定每个单元格对应的空间坐标,像素的颜色值表示单元格对应的属性值。

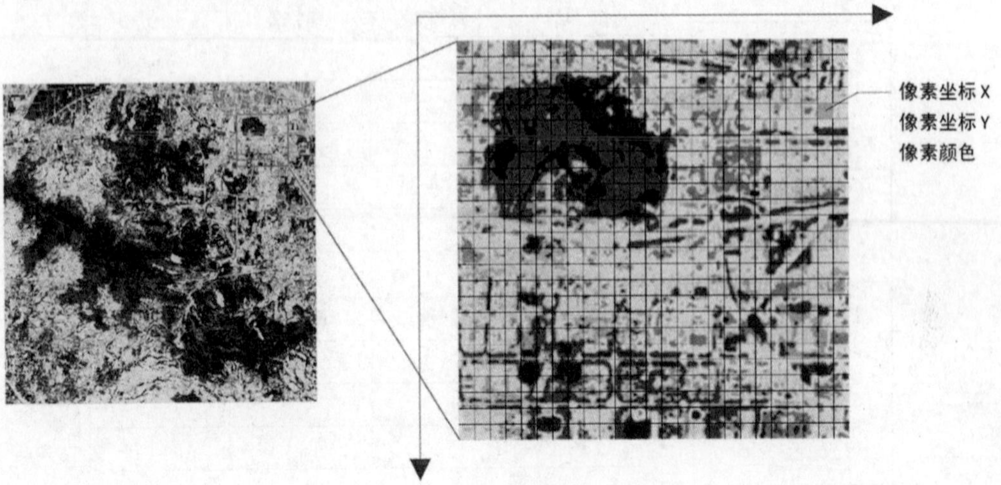

图 12-2-7　GIS 影像栅格数据

2.5　属性数据管理

除了用矢量或栅格形式表示的空间位置数据外,GIS 中还有另一种和空间位置相关,但主要用于反映事物某些特性的数据,即:空间属性数据。

空间属性数据是对空间数据的补充说明。它一般用数值、文字或其他示意性的图像、声音、动画等多媒体表示。

GIS 中的属性数据,可通过地图要素的标识 ID 码与空间数据关联起来,而每个地图要素只有唯一的 ID 码。属性数据保存在要素属性表中,表中包含有标识 ID 码和默认属性值;要素属性表由行和列组成,每一行代表一个地图要素,每一列代表该地图要素的某一项性质和特征。

为了提高属性数据的管理效率,我们通常采用数据库管理系统(Database Management System, DBMS)来存储和管理要素属性表。目前,大多数的 GIS 软件包都包含有数据库管理工具。

属性数据的 DBMS 可以采用多种形式,包括:文件数据库(如:Foxpro, Access 等)、单机数据库(如:SQL Server 等),网络数据库(如:Oracle 等)。

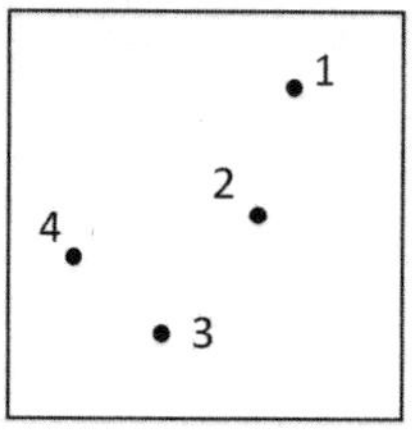

点 ID	属性1	属性2	…
1			
2			
3			
4			

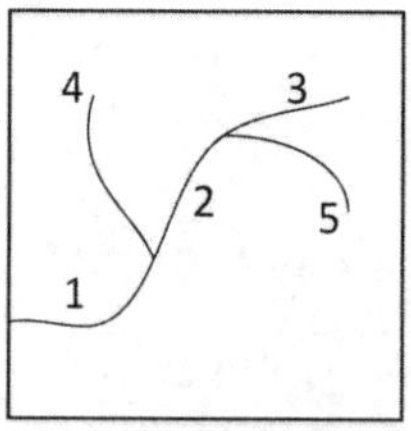

线 ID	属性1	属性2	…
1			
2			
3			
4			
5			

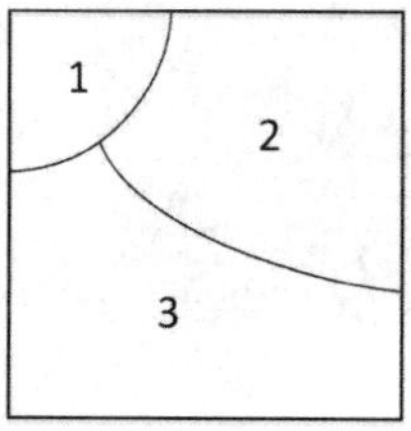

面 ID	属性1	属性2	…
1			
2			
3			

图 12 – 2 – 8　GIS 属性数据管理

2.6　图层管理

GIS 并不是统一存储所有数据,而是通过图层方式管理不同类型的专题地图。它就像是含有特定地理特征要素的胶片,一张张按顺序叠放在一起,组合起来,即可形成地理空间的完整描述。

每一个图层代表不同类型或特定时段的数据集合。图层方式不仅利于数据管理,而且便于数据分析和应用。基于图层管理方式,GIS 可以方便地实现多源数据融合。

UGIS 的常用图层包括:9 类传统地物要素、城市基础地理框架、城市规划地理要素等。

9 类传统地物要素,包括:控制点、居民地和垣栅、工矿建筑物及其他设施、交通及附属设施、管线及附属设施、水系及附属设施、境界、地貌和土质、植被。

城市基础地理框架,包括:房屋面、道路面、道路中心线、水系面、绿地面和工矿面等。

城市规划地理要素,包括:规划用地类型、用地现状等。

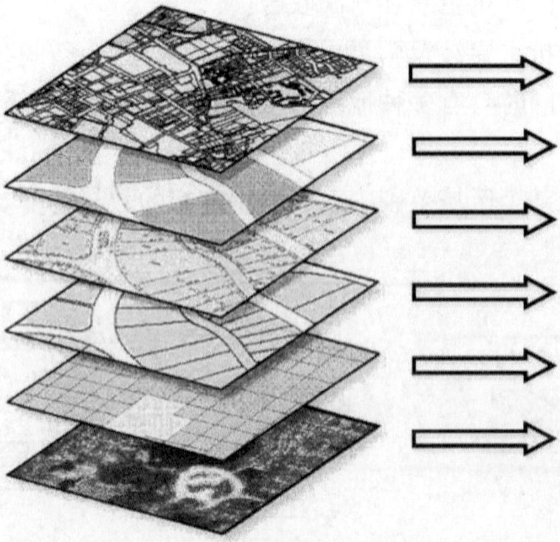

图 12－2－9　GIS 图层数据管理

3. 城市 GIS 空间分析

空间分析是以 GIS 数据为基础,运用逻辑推理、数理统计、代数运算等数学手段,对地理空间对象的位置分布和形态演变进行分析。其最终目的是解决经济、社会生活中涉及地理空间的各类实际问题。

根据目标数据类型的不同,城市 GIS 空间分析可分为:空间图形数据分析、空间属性数据分析,时空数据分析。

3.1　空间图形数据分析

3.1.1　空间叠置分析

叠置分析,又称为"叠加分析",是 GIS 中一项非常重要的空间分析功能。它是在统一的空间参考系统下,将同一地区两个专题图层进行叠合,以产生空间区域的多重属性特征,或建立不同地理对象的空间对应关系。

在叠置分析中至少涉及三组数据:其中一组数据为输入数据,另一组数据是叠加数据,还有一组数据是叠加后的结果数据,包含叠加后数据的几何信息和属性信息。

从原理上说,叠置分析是对新要素的属性按一定数学模型进行计算分析,其中往往涉及逻辑交、逻辑并、逻辑差等运算。根据操作要素的不同,叠置分析可以分成点与多边形叠加、线与多边形叠加、多边形与多边形叠加;根据操作形式的不同,叠置分析又可以分为识别叠加、交集操作、图层合并、修正更新和空间联合。

从应用角度,空间叠置分析主要涉及两类操作:空间合成叠合、空间统计叠合。

空间合成叠合,用于搜索同时具有多种地理属性的分布区域,或对叠合后产生的多重属性进行新的分类。

空间统计叠合,用于提取某个区域范围内某些专题内容的数量特征。

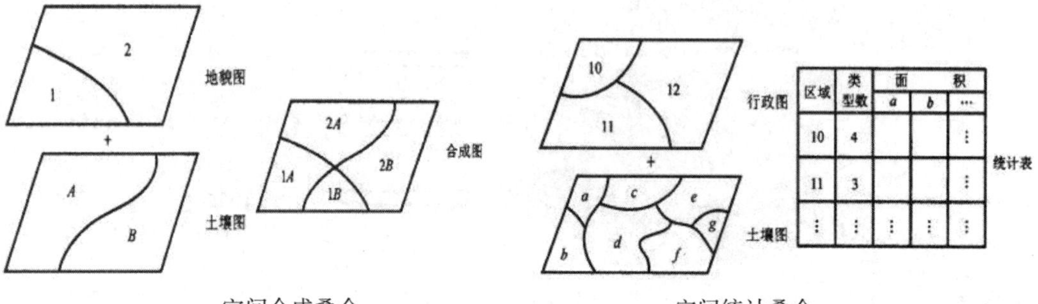

空间合成叠合　　　　空间统计叠合

图 12-3-1　GIS 空间叠置分析

3.1.2　缓冲区分析

缓冲区分析,是指以点、线、面的地理实体对象为基础,自动建立它们周围一定距离的多边形缓冲区,用以识别这些实体邻近对象的辐射范围或影响区域,以便为某项分析或决策提供依据。

缓冲区分析通常与叠置分析一同使用,通过将缓冲区多边形图层与目标图层叠加,以确定实体的邻近影响。其本质是空间临近性的图形化描述。

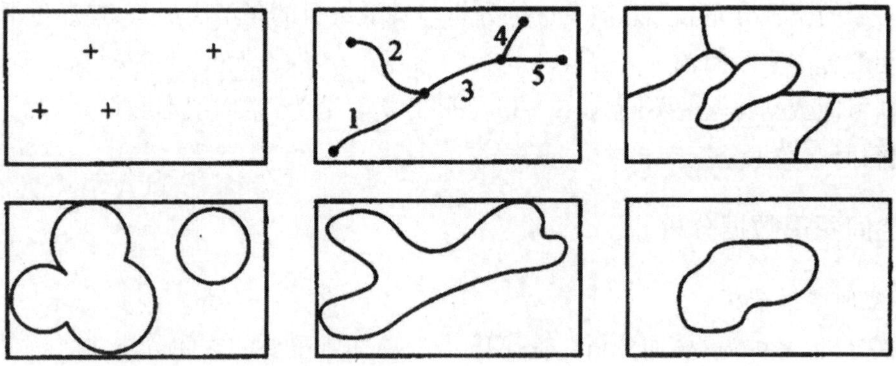

(a) 点的缓冲区　　(b) 线的缓冲区　　(c) 面的缓冲区

图 12-3-2　GIS 缓冲区分析

3.1.3　空间网络分析

空间网络分析(Spatial Network Analysis)是关于网络的图论分析、最优化分析以及动力学分析的总称。作为运筹学的一个基本模型,它主要研究、筹划一项网络工程如何安排,使其运行效果达到最好。空间网络分析被广泛应用于地理网络(如:交通网络)和城市基础设施网络(如:各种网线、电力线、电话线、供排水管线)的建设规划和运营管理过程中。

其常见的分析问题包括:路径分析、资源分配、连通分析。

● **路径分析**

路径分析包含两个基本内容,即:路径搜索、距离计算。路径搜索的算法与连通分析是一致的,都是通过邻接关系的传递来实现路径查找;而距离计算则是在路径搜索的基础上进行路段长度的累加。路径分析功能通常被用于解决最佳路径、最佳遍历方案和旅行商问题。

最佳路径求解,从网络模型的角度看,是在指定网络的两结点间,找一条阻碍强度最小的路径。最佳路径的产生基于网络连接和结点转角(如果模型中结点具有转角数据的话)的阻碍强度,比如,要寻找通行最快的路径,其阻碍强度就是预先设定的通过网络连接或在结点转角处所花费的时间;要寻找费用最小的路径,其阻碍强度就是各部分的通行费用。当网络在顺、逆两个方向上的阻碍强度都是该网络连接的长度,而结点无转角数据或转角数据都为 0 时,最佳路径就成为最短路径。在某些情况下,用户可能要求系统能一次求出所有结点间的最佳路径,或者要了解两结点间的第二、第三乃至第 x 条最佳路径。

最佳遍历方案求解,包括"网络最佳遍历方案"和"结点最佳遍历方案"的求解。网络最佳遍历方案,是给定一个网络连接集合和一个结点集合,求解最佳路径,使之由指定结点出发至少经过每条网络连接一次而回到起始结点;而结点最佳遍历方案,则是给定一个起始结点、一个终止结点和若干中间结点,求解最佳路径,使之由起点出发遍历全部中间结点而达到终点。

旅行商问题(Travelling Salesman Problem, TSP),是一个经典的组合优化问题,它可以描述为:一个商品推销员要去若干个城市推销商品,该推销员从一个城市出发,需要经过所有城市后,回到出发地,应如何选择行进路线,以使总的行程最短。从图论的角度来看,该问题实质是在一个带权完全无向图中,找一个权值最小的 Hamilton 回路。由于该问题的可行解是所有顶点的全排列,随着顶点数的增加,会产生组合爆炸,因此也是一个 NP 完全问题。早期的研究者尝试使用精确算法求解该问题,但随着问题规模的增大,在后来的研究中,国内外学者重点使用近似算法或启发式算法,比如,遗传算法、模拟退火法、蚁群算法、禁忌搜索算法、贪婪算法和神经网络等。

● **资源分配**

资源分配涉及定位与分配两个方面。因此,它包括了"目标选址"和"供应路径选择"两个子问题。以物流配送服务为例,从货物配送到服务供给,设施点的空间位置通常被视为私营机构或公共组织获得成功的最重要因素。而在可提供货物与服务的设施点以及消费这些货物及服务的请求点已经给定的情况下,资源分配的目标就是以合适的路径进行货物配送,以最高效的方式满足请求点的需求。

资源分配的分析图层由多种网络分析要素组成,包括:设施点类、请求点类、网络连接类、障碍类等。

表 12－3－1　资源分配问题的网络分析要素类

要素类	要素内容
设施点类	候选设施点、必选设施点和竞争设施点的要素对象
请求点类	对设施点提供的货物和服务有需求的人或物品的空间位置
网络连接类	既包含求解过程中由程序生成的线要素，也包含请求点与所分配到的设施点相连的线要素
障碍类	临时限制网络各部分的连接关系，向网络各部分添加阻抗，或者调整网络各部分的阻抗大小

资源分配的典型应用包括：P-中心问题、P-中位问题、覆盖问题等。

P-中心问题（P-Center Problem），也称作 minmax 问题，是探讨如何在网络中选择 P 个服务站，使得任意一需求点到距离该需求点最近的服务站的最大距离最小的问题。它在应急设施的选址上应用较为广泛，比如，警局、消防局、医院等公共服务的选址，都要求尽可能快到达。Hakimi 首先提出网络中的 P-中心问题，此后，Drezner 和 Wesolowsky 提出了 Drezner-Wesolowsky 方法以解决多服务站的 P-中心问题，Caruso 等通过求解一系列集覆盖问题的办法来解决 P-中心问题，Hassin，Levin，Morad 提出了运用词典区域局部搜索法来求解 P-中心问题，而 Yuri Levin 和 Adi Ben-Israel 则对大规模 P-中心问题给出了启发式算法。

P-中位问题（P-Median Problem），也叫 P-中值问题，是研究如何选择 P 个服务站使得需求点和服务站之间的距离与需求量的乘积之和最小。它在物流领域得到了非常广泛的应用。Hakimi 提出该问题之后，他给出了 P-中位问题的 Hakimi 特性，即：将网络连续选址的 P-中位问题简化到离散选址问题时，不会影响到目标函数的最优值。Goldman 给出了在树结构和只有一个环的网络上为单个服务站选址的简单算法，Miehle 对平面上的 1-中位问题进行了深入研究，而对于空间 P-中位问题，Rosing 则提出了最优解法。

覆盖问题（Covering Problem），分为最大覆盖问题和集覆盖问题两类。最大覆盖问题是研究在备选物流中心里，如何选择 P 个设施，使得服务的需求点数最多或需求量最大；集覆盖问题则是研究满足覆盖所有需求点的前提下，服务站总的建站个数或建设费用最小的问题。前者，最初由 Church 和 ReVelle 提出，他们将服务站最优选址点限制在网络节点上，而后 Church 和 Meadows 给出了一般情况下的最优算法。后者，最早由 Roth 和 Toregas 等提出，用于解决消防中心和救护车等的应急服务设施的选址问题，随后 Plane 和 Hendrick、Daskin 和 Stern 建立了服务站个数最小和备用覆盖的需求点最大的双目标集覆盖问题。2000 年以后，许多启发式算法被用于解决集覆盖问题。

● **连通分析**

连通性分析，是根据指定的起始和终止结点，分析两点之间是否连通，或指定多个点，分析多个点之间是否互通。

邻接矩阵法，是网络连通分析的常用方法。它采用邻接矩阵（Adjacency Matrix）来描述拓扑图中两点之间的连通关系，直观性较好。但由于程序中的数据存储空间开销与节点数 n 的平方成正比，在时间开销上，它的运算次数是 $O(n^2)$ 级。因此，当网络规模不大时，基于邻接矩阵的连通分析具有可行性；而当网络规模过大时，用于连通性检查的运算时间将随节点数 n 的平方增长，该方法将难以承受。

因此，针对不同问题，通常采用广度优先遍历或深度优先遍历方法进行连通性分析。

广度优先遍历法（Breadth-First-Search，BFS），又译作宽度优先搜索，或横向优先搜索，是一种图形搜索算法。简单地说，BFS 是从根节点开始，依次访问相邻节点，然后再进一步依次访问每一个相邻节点的下一级相邻节点，直至所有节点均被访问，算法中止。BFS 是一种盲目搜寻法，其目的是系统地展开并检查图中的所有节点，以找寻结果。换句话说，它并不考虑结果的可能位址，彻底地搜索整张图，直到找到结果为止。

深度优先遍历法（Depth-First-Search，DFS），是指搜索总是沿着从父节点到子节点的方向不断进行，直到无路可走时，才返回。深度优先搜索，除搜索失败（即搜索不到目标）而要求返回来搜索原先被搁置的其他节点之外，在每一级只检查一个节点。这种搜索方法体现了优先向深度发展的趋势，所以这种深度优先搜索法又称为纵向优先搜索法。这里需要提醒注意的是，深度优先搜索是一个冒失而危险的方法。为了避免其搜索过程在错误的路径上越走越远，人们常常给深度优先遍历规定一个深度界限或最大深度。在考察一个节点时，如果其深度等于深度界限，就可不再继续纵向搜索，而从原路返回，去探索其他路径。

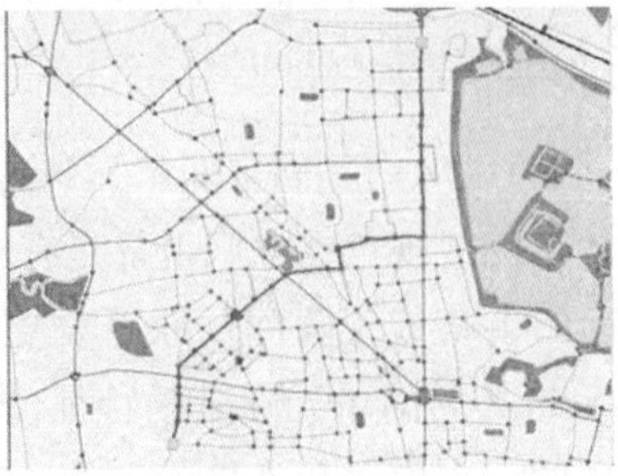

最短路径分析： dijkstra、A*

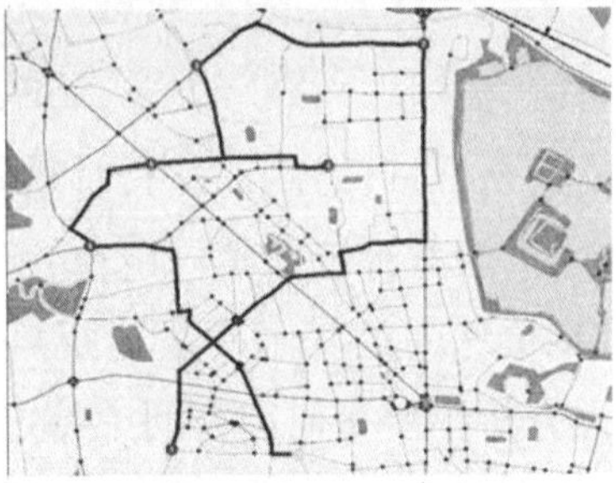

TSP问题： 启发式算法

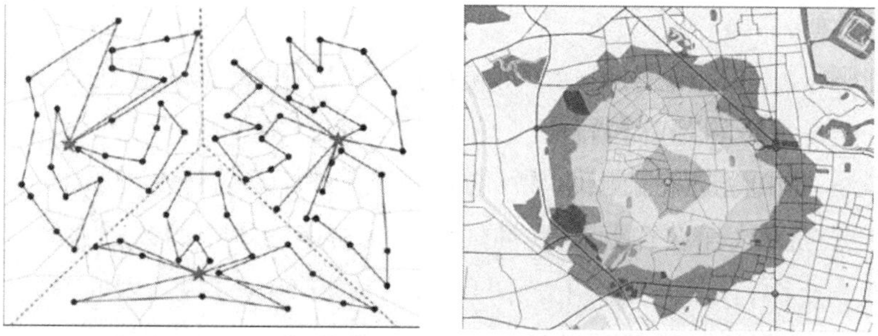

资源分配：P中心算法　　　　连通分析：最优生成树

图 12-3-3　GIS 空间网络分析

3.1.4　三维空间分析

三维空间分析，是在 x、y 平面的基础上，加入第三维变量（如：高程、降雨量、酸碱度）所进行的空间分析。

GIS 中常见的三维空间分析应用包括：趋势面分析、体积分析、坡度坡向分析、剖面分析、可视域分析等。

趋势面分析，是根据空间抽样数据，拟合一个数学曲面，用以描述特定变量的空间分布情况。该方法在使用过程中，需要预先确定拟合的曲面类型和拟合精度。

体积分析，是根据趋势面拟合结果，计算特定变量的累积区域影响。

坡度坡向分析，是根据趋势面拟合结果，计算特定变量的变化趋势和程度。

剖面分析，是根据趋势面拟合结果，研究特定方向上的属性值分布规律。

可视域分析，是根据三维地形分布，运用计算几何原理和计算机图形学技术，计算给定监控点的可视范围和视域大小。

3.2　空间属性数据分析

3.2.1　空间自相关分析

空间自相关（Spatial Correlation），是指同一分布区域内不同空间单元观测数据之间潜在的相互依赖性。根据地理学第一定律，所有的事物或现象在空间上都是有联系的，距离相近的事物或现象之间的联系一般比距离较远的事物或现象间的联系要更加紧密。因此，空间自相关分析主要是研究空间中特定单元与其周围单元在某项特征值上的相关性程度。通过空间自相关分析，可以揭示空间现象的分布模式和规律。

衡量空间自相关的指标参数主要有：Moran 指数 I、Geary 系数 C、Getis G 统计量等。

● **Moran 指数 I**

它是澳大利亚统计学家帕特里克·阿尔弗雷德·皮尔斯·莫兰（Patrick Alfred Pierce Moran）在 1950 年提出的用来度量空间相关性的一个重要指标。

其计算公式如下：

$$I = \frac{n}{\sum_{i=1}^{n}\sum_{j=1}^{n} W_{ij}} \cdot \frac{\sum_{i=1}^{n}\sum_{j=1}^{n} W_{ij}(x_i - \bar{x})(x_j - \bar{x})}{\sum_{i=1}^{n}(x_i - \bar{x})^2}$$

式中，n 表示区域空间单元总数，x_i，x_j表示随机变量 x 在地理单元 i 和 j 上的属性值，$\bar{x}$ 为 n 个空间单元样本属性值的平均值，W_{ij}为地理单元相互之间邻接关系的权重矩阵参数。空间权重矩阵参数可以根据邻接标准或距离标准来度量，邻接的空间单元为 1，不连接的空间单元为 0。

Moran 指数 I 的取值范围为[-1,1]，反映了空间单元属性值的分布情况：

当取值(0, 1]时，为正相关，表示具有相似的属性聚集在一起；

当取值[-1, 0)时，为负相关，表示具有相异的属性聚集在一起；

当取值接近于 0 时，表示随机分布，或不存在空间自相关性。

● **Geary 系数 C**

它也是一种较常用的空间自相关统计量，与 Moran 指数 I 存在负相关关系。

其计算公式如下：

$$C = \frac{(n-1)\sum_{i=1}^{n}\sum_{j=1}^{n} W_{ij}(x_i - \bar{x})^2}{2\sum_{i=1}^{n}\sum_{j=1}^{n} W_{ij} \cdot \sum_{i=1}^{n}(x_i - \bar{x})^2}$$

式中，各项参数 n，x_i，W_{ij}的含义与 Moran 指数 I 相同。

Geary 系数 C 的取值范围为[0, 2]，反映了空间邻近单元属性值的相关性程度：

当取值[0, 1)时，表示空间正相关，越接近 0 表示正相关程度越强；

当取值(1, 2]时，表示空间负相关，越接近 2 表示负相关程度越强；

当取值接近于 1 时，表示随机分布，或不存在空间自相关性。

● **Getis’s G 统计量**

它是 Getis 和 Ord 于 1992 年提出的空间自相关系数，用于衡量每一个观测值与周围邻居是否存在局部空间关联。

其计算公式如下：

$$G = \frac{\sum_{i=1}^{n}\sum_{j=1,j\neq i}^{n} W_{ij}\, x_i\, x_j}{\sum_{i=1}^{n}\sum_{j=1,j\neq i}^{n} x_i\, x_j}$$

式中，各项参数 n，x_i，x_j，W_{ij}的含义与 Moran 指数 I 相同。

Getis’s G 统计量的 p 值低于一定的显著性水平时，

若 G 大于其期望，表明属性数据在空间上存在聚集关系；

若G小于其期望,表明属性数据在空间上存在离散关系。

Getis's G统计量的p值高于一定的显著性水平时,表明属性数据在空间上的分布是随机的。

上述指标参数各有其功用、适用范围和限制。但是,他们在分析功能上大致可分为两大类:全域型(Global Spatial Autocorrelation)和区域型(Local Spatial Autocorrelation)。

全域型参数,其功能在于描述某现象的整体分布状况,判断此现象在空间是否有聚集特性存在,但其并不能确切地指出聚集在哪些地区,比如,Moran指数I和Geary系数C。

区域型参数,依据Anselin提出LISA(Local Indicators of Spatial Association)方法论,能够有效地推算出聚集地(Spatial Hot Spot)的空间范围。一方面,基于统计显著性检测的方法,检测聚集空间单元相对于整体研究范围而言,其空间自相关是否足够显著,若显著性大,即为该现象的空间聚集区,比如,基于Getis和Ord提出的Getis's G统计量进行分析计算;另一方面,度量空间单元对整个研究范围空间自相关的影响程度,影响程度大的往往是区域内的"特例"(Outliers),这些"特例"点往往是空间现象的聚集点,比如,基于Anselin发展的Moran散点图进行分析探讨。

3.2.2 空间插值

空间插值,是基于已知信息点之间的空间相关性或空间分布结构,对区域内的未知点数据进行推算。

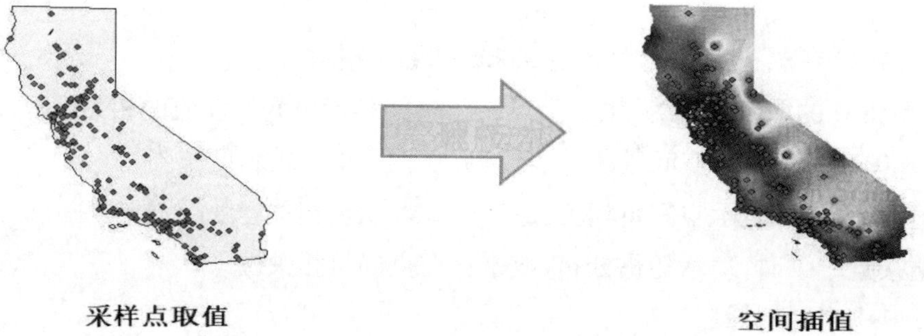

图12-3-4 GIS空间插值

空间插值常用于将离散点的测量数据转换为连续的数据曲面,以便与其他空间现象的分布模式进行比较。它包括了空间内插和空间外推两种算法:前者是通过已知点的数据推求同一区域未知点数据;后者是通过已知区域的数据,推求其他区域数据。

空间插值方法分为两类:一类是确定性插值法,另一类是地质统计学方法。

确定性插值法,是基于信息点之间的相似程度或者整个曲面的光滑性来创建一个拟合曲面,比如,反距离加权法(Inverse Distance Weight, IDW)、趋势面法、样条函数法等。

地质统计学方法,是利用样本点的统计规律,使样本点之间的空间自相关性定量化,从而在待预测的点周围构建样本点的空间结构模型,比如,克里金(Kriging)插值法。

确定性插值法的特点是在样本点处的插值结果和原样本点实际值基本一致；而倘若采用地质统计学方法进行插值，在样本处的插值结果与实际观测值则可能存在不一致的情况，有的相差甚远。

3.3　时空数据分析

时空数据分析，包含"时序分析"和"空间分析"，是对于时空数据进行综合测度、理解、推理的技术过程和方法。时空数据分析的变量可以是：自然环境（如：温度、湿度、降水等）、经济社会状况（如：人口、GDP、交通、疾病等）、人地关系（如：城市规划、土地利用等）。

时空数据，是同时具有时间和空间维度的数据。它既能反映空间维度的相关性，也能反映时间维度的随机性和复杂性，因而呈现出多维、语义、动态关联等特征。

时空数据的一般记录方式包括：时空二联表、地图时间序列。

- **时空二联表**

时空二联表是一个二维数据表，它的行表示空间维，列表示时间维，单元格记录属性值。

例如：以京津冀地区各城市为目标对象，依次记录其各年度 GDP 数值，即可反映该区域 GDP 的时空变化。

表 12-3-2　京津冀地区各城市 2008-2013 年 GDP（亿元）

城市	2008	2009	2010	2011	2012	2013
北京	11,115.00	12,153.03	14,113.58	16,251.93	17,879.40	19,500.56
天津	6,719.01	7,521.85	9,224.46	11,307.28	12,893.88	14,370.16
唐山	3,537.47	3,812.72	4,469.12	5,442.45	5,861.64	6,121.20
石家庄	2,723.55	3,001.28	3,401.02	4,082.68	4,500.21	4,863.60
承德	743.68	760.11	888.96	1,104.20	1,181.92	1,272.09
张家口	746.52	800.34	966.42	1,118.61	1,233.55	1,317.00
保定	1,525.82	1,730.00	2,050.30	2,449.90	2,720.90	2,680.00
廊坊	1,061.49	1,147.48	1,351.10	1,611.42	1,794.33	1,943.10
秦皇岛	760.63	804.54	930.50	1,070.08	1,139.37	1,168.80
沧州	1,620.16	1,801.23	2,203.12	2,585.20	2,812.42	3,020.00

续表

城市	2008	2009	2010	2011	2012	2013
邯郸	1,906.36	2,015.28	2,361.56	2,789.03	3,024.29	3,061.50
邢台	970.01	1,056.29	1,212.09	1,428.92	1,532.06	1,604.60
衡水	603.81	652.11	781.82	929.07	1,011.03	1,110.00

● **地图时间序列**

地图时间序列是一个空间数据集合，它在各时间点分别制作某属性的专题图，进而形成地图序列。

例如：某城市1999年至2018年建成区覆盖范围的专题地图序列（时间间隔4～5年），反映了该城市建设发展的时空演变。

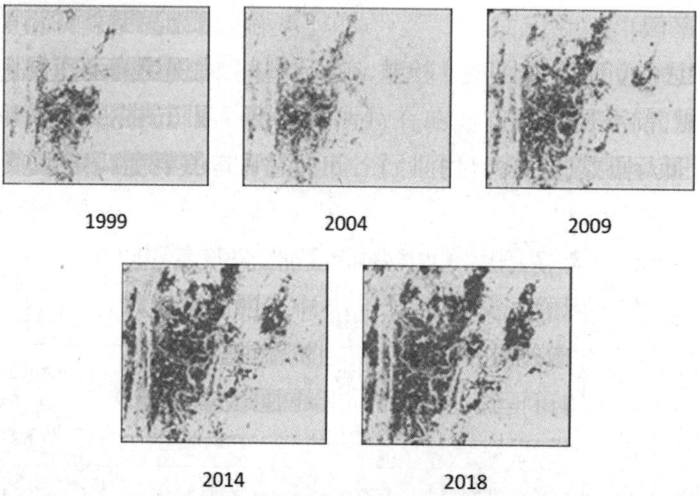

图12－3－5 城市建成区范围时空变化

在应用中，时空数据分析需要借助各种技术方法，通过研究数据观测样本的参数规律，推断总体或超总体的特征和模式，进而实现从时空数据，到时空过程，再到时空机理的转变。

其常用技术方法包括：时空可视化、指标时空变化分析、时空格局分析等。

● **时空可视化**

它以图形方式将时空数据展示出来，通过人脑的直觉和形象思维，进行知识推理和综合分析。其相关技术工具包括：时空立方、时空轨迹等。

时空立方，是通过立方体单元，对时空数据进行三维可视化展现（二维空间加时间维度），立方体单元的颜色反映了时空数据属性值的类型和大小。

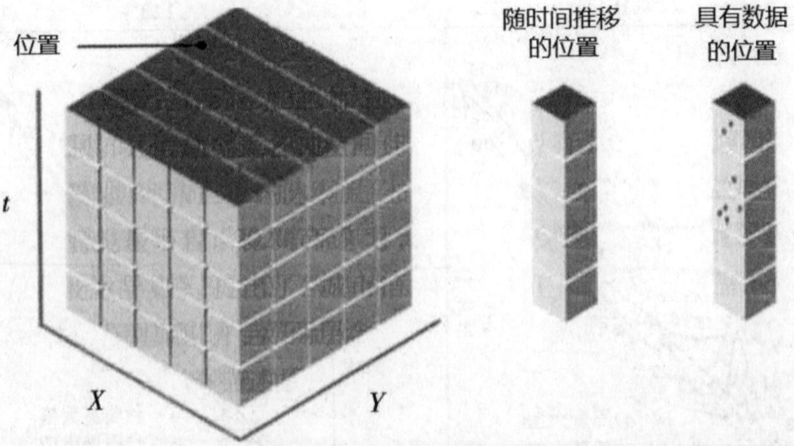

图 12－3－6　时空立方体

时空轨迹，以水平二维坐标表示地理空间，以纵坐标表示时间，将每个独立个体（如：人）的时空停留点用曲线连接起来，从而详细描述其在特定时段的出行轨迹。

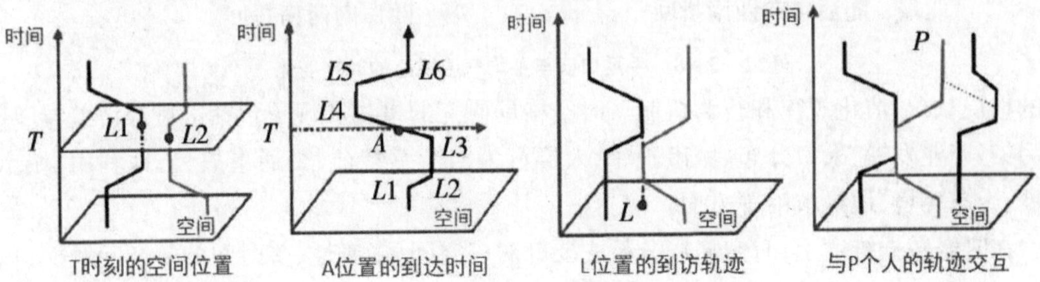

图 12－3－7　时空运动轨迹

● 指标时空变化分析

它在每个时间点分别做空间统计，并将各个时间点的统计结果描绘在一张图上，根据不同时间点统计结果的空间位置（如：区域中心）和属性值变化，对相应指标参数的时空变化特征和规律进行分析和探讨。

例如：某地区手足口病（Hand Foot and Mouth Disease，HFMD）疫情扩散迅速，对疫情数据进行空间统计，将每一周发病区域的几何重心描绘到二维地图中，并按照时间先后顺序对其进行连接，即可获得 HFMD 的时空传播轨迹；同样，将这几周来该地区平均气温的几何重心描绘到二维地图中，按照时间先后顺序对其进行连接，也可获得地区气温的时空变化轨迹。两者对比，可以发现 HFMD 的传播轨迹和地区气温的变化轨迹具有较强的重叠度，二者存在一定的关联性，且 HFMD 的发病滞后于地区气温变化。

● 时空格局分析

时空格局，是指各类事物和现象的空间格局及其随时间变化的动态特征和规律。时空格局分析是时空分析的重要内容，是通过分析地理数据的时空特征，探寻地理事物和现

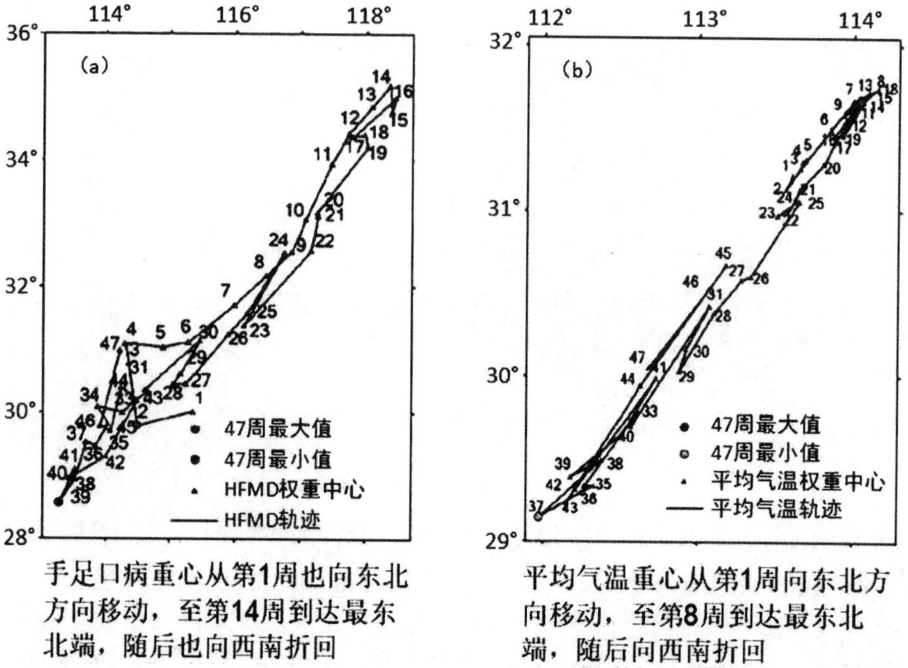

图 12－3－8　手足口病与平均气温重心的时空变化

象的格局状况、演化规律和行为机制。时空格局研究的事物和现象包括区域经济差异、环境污染、产业发展、人口分布、城市犯罪、人群行为与情感特征、交通事故、土地利用、城市扩展、生态环境、地缘政治等方面。

在时空数据维度上,时空格局分析主要针对多空间、多属性、多时间的复杂问题探讨。因此,其关键在于时空变化信息的压缩降维。除了语义层面的指标计算与汇总,在数据层面,通常采用经验正交函数分析(Empirical Orthogonal Function, EOF)或者主成分分析(Principal Component Analysis, PCA)方法,对时空数据集进行特征提取,以获得数据在空间上的规律性排列和组合。

例如:基于宏观土地利用类型分布数据,从“生产性”功能角度,对城市空间要素信息进行有效综合,可以理解和分析在不同年度下的生产空间格局。

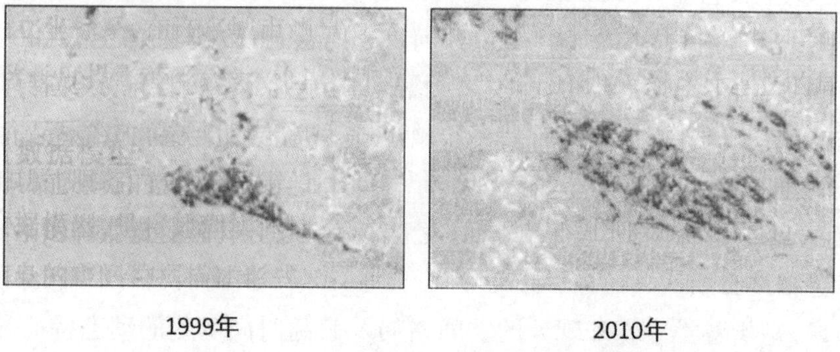

图 12－3－9　城市生产空间时空格局分析

4. 城市 GIS 前沿领域

4.1　多源数据融合

空间数据融合,是采用多种技术手段和方法,将来源不同的空间数据重新组合为新的专题数据集,以提高数据精度、改善数据质量的数据处理过程。

随着测绘技术和地理信息技术的进步,空间数据融合所面对的数据源日益多样化,既包括传统空间数据,也包括现代空间数据。

传统空间数据,主要是基于工程测量和遥感测绘手段获取的 4D 产品,即:数字正射影像图(Digital Orthophoto Map, DOM)、数字高程模型(Digital Elevation Model, DEM)、数字栅格地图(Digital Raster Graphic, DRG)、数字线划地图(Digital Line Graphic, DLG),以及与空间位置相关的宏观统计数据和社会调查数据。

现代空间数据,包括各类机载、车载和手持激光扫描数据,通过手机搭载的 GPS、WiFi、陀螺仪、气压计获取的空间位置、运动方向和高程数据,借助各种可穿戴智能设备采集的环境感知数据,以及与空间位置相关的属性数据,比如,网页、社交媒体、视频等多媒体大数据。

多源数据融合的本质是多源信息融合。在信息融合的基础上,GIS 能够产生一系列价值:

- 能够更加准确地获得空间实体信息;
- 可以通过信息融合处理,完成更复杂、更高级的分类、判断、决策等任务;
- 使空间信息具有容错性,增加了决策的置信度;
- 扩展了空间和时间的覆盖范围;
- 改进空间数据的可靠性和可维护性;
- 减少数据的模糊性和增加了空间数据的维数;
- 提高空间分辨率、降低模糊度,达到数据增强的目的;
- 利用多时相数据进行动态监测,提高时相检测能力。

GIS 多源数据融合方法一般可分为两类,即:基于空间数据的融合和基于属性数据的融合。前者主要以空间几何信息和各种地理编码(Geotag)信息为依托,而后者则主要基于数据的语义信息。

尽管不同数据源采用的数据融合技术千差万别,但都必须经过几何纠正和数据匹配的预处理过程,才能进一步进行融合处理。而开放地理空间信息联盟(Open Geospatial Consortium, OGC)则为数据的交换、融合和互操作提供了一系列可供参考的行业标准。

4.2 全空间描述

为了满足复杂城市空间的数据管理和分析需要,GIS 的全空间描述能力日益增强,即实现:二维和三维一体化、地上和低下一体化、室外和室内一体化、线上和线下一体化。

● **二维和三维一体化**

GIS 的空间表达方式决定了其数据存储管理和分析应用模式。二维和三维是同一物质空间的两种不同表现形式,两者的一体化表达能够充分发挥 GIS 的场景可视化和分析功能,为行业应用提供了更为丰富的 GIS 管理和辅助决策平台。

二维地图,可以有效描述事物的空间布局。二维 GIS 具有强大的二维空间查询、分析、统计功能,数据模型更加简单、抽象、综合性更强,在分析和建模等方面相对成熟,而且已经在各行业中广泛应用。

三维地图,可以精细展现事物的空间形态。三维 GIS 能够有效地描述和模拟三维现实世界,进行一些三维空间分析计算,并融合虚拟现实等技术,进一步提升地理信息系统的空间表达能力,但是其数据组织、空间分析等基础软件功能都还不够完善。

二维和三维一体化就是要实现二维与三维 GIS 技术的无缝融合,其核心是空间数据和应用功能的集成,即:将逻辑结构上相互独立的二维与三维 GIS 数据整合在一起,构建统一的 GIS 数据模型和应用系统;或者,通过二维和三维坐标之间的数据映射,实现不同 GIS 系统间的同步放大、缩小、漫游和同步编辑。

● **地上和地下一体化**

随着城镇化进程的推进,地下空间开发和利用不断增多。从地下管线、地铁到地下商城,其相关空间场所对于生产、交通、防灾、战争防护和环境保护等具有重要意义。而为了切实提升城市空间利用效率,无论是城市规划建设还是 GIS 应用,都日益强调地上和地下空间的一体化管理。

在 GIS 系统中,为了实现地上和地下空间的一体化表达与应用,其关键在于:数据一体化组织、地面模型构建、模型数据连接。

数据一体化组织,针对地上、地下多类型目标数据,通过数据转换,使其存储格式和坐标参考得到有效统一。在一体化的空间场景下,基于一体化的管理平台,对数据进行一体化组织,形成地上和地下一体化的基础空间框架。

地面模型构建,由于地上、地面、地下在空间上存在连续性,地面存在于地上和地下之间,是地上、地下数据连接的桥梁,地上、地下的交接处往往与地面存在着极大的联系,因此地面模型构建对于地上和地下一体化起到了重要的支撑作用。

模型数据连接,考虑到不同类型空间模型之间的关联关系(如:地下建筑物数据与基坑数据之间的位置关联,管网模型数据与市政模型数据之间的语义关联),从应用需要出发,对数据模型进行有效连接,有助于实现地上和地下的一体化。

● **室外和室内一体化**

现代社会,随着大型公共建筑的不断出现以及其内部结构的日益复杂,人们对位置信息服务的需求已经由室外空间逐渐拓展至室内空间,并对建筑内部空间环境可视化、信息查询和应用分析等应用需求日益迫切,这些都极大地推动了室内位置服务产业的发展以及室内和室外一体化信息平台的构建。

一方面,室外和室内一体化信息表达需求强烈。从三维地籍应用到建筑规划审批,其施工图和测绘数据坐标基本上都是相对坐标,不是绝对坐标。为保证后期三维模型能够集成到当地信息化应用系统中,需要对建筑内部和外部数据进行坐标配准,构建适合于复杂建筑空间信息表达的室内外一体化空间数据模型。

另一方面,室外和室内一体化定位与导航应用广泛。由于室内空间涉及多层建筑,室内走道数据要比室外道路网络复杂,传统的基于室外二维道路网络连通模型的路径分析方法并不直接支持室内空间复杂的三维拓扑构建和路径分析。为实现室内外一体化定位与导航,需要将二者统一至相同的空间基准框架,采用更加灵活、高效的路径分析和搜索算法。

此外,室外和室内一体化管理平台建设具有重要意义。考虑到人类约有 80% ~90% 的时间处于室内,室内外多维时空数据融合有助于城市精细化管理。尤其是具有几何准确性和照片真实感的室内外三维模型和通过物联网设备获取的室内外动态感知数据(如:烟雾感应、动作感应、视频感知等),在公共安全区域监控、突发事件应急响应等应用领域有着迫切的需求。

● **线上和线下一体化**

在互联网、物联网和移动通信技术快速发展的今天,网络空间(Cyberspace)已经成为人类生产生活的“第二类生存空间”。网络不是一个欧氏空间,不存在传统地理空间中距离、方位的度量意义,但其节点连接关系和拓扑结构却深刻影响着现实世界的信息传播方式和过程。网络空间和地理空间都属于广义的“空间”范畴,它们密不可分,过度强调某一侧面容易导致认知的偏差,影响人们对两类空间特征和规律的把握。

网络空间,不是简单抽象的虚拟空间,而是涉及了大量人类活动及要素关系的信息空间。它在一定程度上干预和改变了传统地理空间中事物的运行和发展态势,比如,网络空间对城市功能布局起到了解构与再构的作用,促进了城市功能结构以“片段化集聚”为主要形式的去中心分散发展。

地理空间,不仅是网络空间资源与角色的载体,也是物质、能量、信息存在和相互作用的基础空间。它决定了网络空间中信息交换的内容和频率,比如,地理空间中的城市经济形态、结构和过程会在网络空间中反映为特定的数据流动模式,而现实世界的产业链和价值链则转化为数字世界的数据链路。

如今,线上网络空间和线下地理空间之间的联系日益紧密。为了对新时期人类生活空间进行有效建模,探究“网络 - 地理”空间结构和行为演变规律,需要建立线上和线下一体化的空间信息表达语言、模型和方法体系,为线上和线下的信息互动(Online to Offline, O2O)提供基础支撑。

4.3 多尺度表达

“尺度”概念被认为是空间数据表达的一个重要特征,从认知科学的观点出发,它体现了人们对空间事物、空间现象认知的深度与广度。一般意义上,地学领域的“尺度”是指研究对象在空间域上的覆盖区间或时间域上的延展范围,而地图学与地理信息系统中的“尺度”则相当于地图中的“比例尺”概念,被定义为地图表达中的空间距离与实际地理距离之间的比率。在不同尺度背景下,地理空间现象或实体往往具有不同的空间形态、结构、细节特征以及伴随而来的关联关系。观察的视点越深,尺度越小,获得的信息越详细;观察的视点越远,尺度越大,获得的信息越概略。

多尺度空间表达,是 GIS 为了满足不同领域、不同层次用户空间建模和分析应用的需要,对地球表层各种自然和人文现象的空间对象进行不同程度的抽象,从而形成的空间环境多尺度描述结果。

实际上,空间数据在不同尺度条件下会展现出一系列差异化的外形、结构和属性特征。

一方面,同一地物可以表现为不同的几何外形。以居民地为例,在比例尺为 1∶500 时,其地物目标是一个复杂的多边形;当比例尺变化为 1∶10000 时,它可以简化为一个简单多边形;而在更小比例尺条件下,如 1∶50 万时,居民地则被抽象表示为一个点对象。

另一方面,同一属性的地物会出现聚合或者消失现象。以建筑物为例,当比例尺为 1∶500时,它可以被描述为相互独立的地物目标;而当比例尺变为 1∶10000 时,它在 GIS 中则会被归并到特定的地块中,以建筑群或社区的形式出现。

此外,同一地物还会表现出不同的属性。以公路为例,依据交通部的技术标准来划分,它在宏观尺度上可分为“汽车专用公路”和“一般公路”两大类;在微观尺度上,“汽车专用公路”又包括高速公路、一级公路和部分专用二级公路,而“一般公路”则包括二、三、四级公路。

多尺度空间建模,是多尺度表达的核心。而如何在不同尺度数据模型中对空间要素的几何特征和关联关系进行抽象、定义和描述,则是多尺度数据建模所必须面对的问题。多尺度数据模型既要能反映出空间要素的多重几何特征,也要能反映同一实体在不同尺度下的抽象层次关系。

目前,多尺度空间建模主要有两大类技术方法,即:制图综合法、数据链接法。

- **制图综合法**

作为公认最理想的多尺度空间建模方法,它在地图数据库中只存储一个最高精度的单一比例尺数据模型，然后由这个基础数据模型自动导出满足不同层次应用需求的、不同级别比例尺的其他数据模型。该技术方法虽然在一些特定场合下取得了良好效果，但完全自动化的制图综合建模在短期内仍然很难实现。

● **数据链接法**

作为另一个可行的技术方法，它建立了一个包含有跨尺度数据链接的多层次细节模型数据库。该方法的主要问题之一，就是如何提取存储于数据库中不同层次、同类对象之间的关联关系，从而建立起彼此间的自动链接。要解决该问题，需要在概念建模阶段就明确定义出地理要素在不同尺度下的表现特征，以及不同尺度层次间的对应关系。

4.4　动态智能服务

如今，GIS 的功能应用早已超越了单机版的空间数据管理与分析，而成为跨平台、跨部门的网络动态智能服务。高性能计算、知识库、现代通信技术的发展为 GIS 应用创新提供了全新动力。

其典型应用包括：动态导航、基于位置的服务、可视化监管等。

● **动态导航**

导航，是利用全球导航卫星系统（Global Navigation Satellite System，GNSS）对车辆和行人所在位置进行精准定位，并与 GIS 相结合，配合城市电子地图，向用户提供全程交通路径导引的功能服务系统和应用过程。而随着 GIS 和现代通信技术的发展，导航系统也经历了从静态系统到动态系统的转变。

动态导航，是将实时交通状态反馈到导航系统，在最优路径规划时使用随时间变化的动态路阻变量，构建面向动态导航的实时交通信息服务系统，从而实现动态路径引导的智能服务。

从应用出发，动态导航系统通常包含 4 个功能子系统，即：实时交通数据采集与处理子系统、实时交通信息服务子系统、无线通讯子系统、车辆动态导航子系统。

实时交通数据采集与处理子系统，主要是通过各种物联网设施设备（如：道路摄像头、地感线圈），动态采集城市交通数据，并基于特定算法，对采集到的交通数据进行处理，估算城市路网的实时交通流参数。

实时交通信息服务子系统，是在交通流参数估计的基础上，依据车载 GPS 所确定的车辆位置和出行目的地，提供实时的交通信息播报服务（如：拥堵路段），使车辆导航的行车路线尽可能避免拥挤、减少延误，快速到达终点。

无线通信子系统，是实时交通信息服务子系统与 GPS 车载终端信息通讯的渠道和枢纽，它通过数字信号的高效编码与解码、发送与接收，实现从数据采集、数据处理到数据应用的无缝衔接，为车辆动态导航提供基础信息支撑。

车辆动态导航子系统，是在交通信息不断变化的背景下，按照导航周期对目前的最优路径进行动态检查，如果当前的行车路线不是最优路径或者车辆偏离了原有规划路线时，即调用最优路径搜索算法，对导航路线进行重新规划。

● **基于位置的服务**

基于位置的服务（Location Based Service，LBS），是指在移动计算环境下，利用GIS技术、空间定位技术和网络通信技术，为移动对象（物理移动或逻辑移动）提供基于空间地理位置的各种信息服务。它将空间位置作为信息索引，为人们的工作和生活提供了巨大的便利。

早期的LBS系统主要用于在紧急情况下快速定位求助者的位置，以实施救援，比如，美国的911系统和欧洲的112系统。当前，LBS服务几乎涵盖了人类动态活动的方方面面，包括：生活购物、娱乐休闲、交通出行、社交文化、教育培训、卫生健康、后勤保障、安全防护、紧急救援等。在城市道路上，司机可以利用内置GPS功能的智能手机查找最近的加油站，也可制定行车线路；在大型博物馆内，游客可以借助一个能感知位置的语音导游器来获得各个藏品的讲解信息。

LBS不同于其他传统网络服务。它具有上下文感知性（Context Awareness）以及应对上下文变化的适应性（Adaption）。上下文是指描述某个实体状态的任何信息，即：用户名称、位置、时间、运动方向、出行历史、出行目的、社会和文化状况、物理环境和系统属性等。根据上下文的状况和变化，LBS可以动态调整服务内容和表达形式。

LBS不同于传统的GIS系统应用。GIS系统应用通常可以利用较多的计算资源，为少数技术人员提供专业化的地理数据分析和处理服务；而LBS则是为大量普通用户提供便捷的地理信息服务，并且这些服务通常运行在资源十分有限的移动智能终端上。

因此，LBS服务通常具备以下几方面特点：

- 高性能，能快速处理用户的查询请求，以避免长时间等待；
- 可扩展性，能够支持大规模用户和数据；
- 高可靠性，能够保证系统长时间稳定运行；
- 实时性，能够支持实时查询动态信息；
- 移动性，能够为在任何地点的移动终端提供服务；
- 开放性，能够支持多种公告协议和标准；
- 安全性，能够保护服务提供商的数据和用户的隐私；
- 互操作性，能够与其他信息服务集成在一起，实现信息交换与共享。

根据信息投递方式的不同，LBS可以分为：拉动服务和推送服务。

拉动服务（Pull Services），是指由用户主动发送明确的服务请求，服务提供商把所需信息返回给用户，就如同用户把所需要的信息从服务提供商那里“拉”到用户自己这里，比如,用户发送查询请求“离我最近的饭店在哪里?”,服务提供商根据用户当前位置,找到最近的饭店返回给用户。

推送服务(Push Services),和拉动服务相反,用户没有明确发送服务请求,而是当某一条件满足时,服务提供商自动将相关信息返回给用户,它包括用户事先同意订阅的功能应用服务和用户事先未同意订阅的广告投递服务。

根据服务对象的不同,LBS 又可以分为:特定服务和通用服务。

特定服务,是指为特定人群或特定地区提供的服务,比如,为医院残疾人提供的跟踪服务,为景点游客提供的自助导游服务等。

通用服务,是指通信提供商对其所有用户提供的通用服务,比如,目录服务、网关服务、位置工具(地理编码和反地理编码)服务、显示服务、路径服务、导航服务等。

根据服务处理技术的不同,LBS 又可以分为:快照查询服务和连续查询服务。

快照查询服务(Snapshot Query),是根据查询条件,一次执行,返回结果。

连续查询服务(Continuous Query),是根据移动对象的状态变换,持续更新查询结果。

● **可视化监管**

以空间位置为载体,GIS 能够整合多方数据资源,为自然环境和人类经济、社会行为的可视化监管提供有效支撑。

其典型应用包括:

美国麻省理工学院的“垃圾跟踪”项目,通过对垃圾处理各环节的位置信息进行可视化标注,借助 GIS 平台将城市废弃物清除的整个流程清晰地展现出来;

英国伦敦大学学院开发的共享单车系统,将全世界超过 300 个城市的公共自行车租赁使用情况通过 GIS 专题图的方式加以表现,公众使用该系统,可以直观地获取不同国家、不同城市公共自行车租赁点的分布和不同时段的需求、供给信息;

新加坡政府开展的“Live Singapore”项目,借助 GIS 可视化手段,对新加坡的出租车使用、热岛效应、人口流动等城市环境和日常生活行为模式进行探索和分析。

从各类专题图到虚拟现实应用,从二维到三维,从静态到动态,世界各国的城市规划、建设和运营实践对数据可视化的需求越来越强烈。ESRI、Autodesk、Synthicity 等众多优秀商业软件公司也关注到城市治理中的 GIS 可视化需求,分别推出了包括 City Engine、Urban Canvas、GeoCanvas 在内的诸多可视化应用,以进一步提升城市空间信息的整合力度与表达效果。

而为了满足城市事业部门和机关单位动态运营的实际工作需要,基于电子大屏的 GIS 可视化监测系统几乎成为各级地方政府信息指挥中心的标配。特别是在智慧城市建设背景下,GIS 可视化技术与方法正在被大量应用于城市的动态监控与管理过程中。其中,城市交通治理是 GIS 可视化监管最常见的应用领域:对出租车的行驶轨迹进行 GIS 可视化分析,可以在一定程度上了解城市的经济活动模式;对公共交通系统的各方面运行属性进行 GIS 综合展现,能更好地理解城市居民的出行状态;而通过交通流量、流速的 GIS 动态监测,则可以实时掌握道路的通行情况,保证交通体系的可靠、安全运行。

【城市管理实践】篇章

当今城市发展面临着各种各样的挑战，尤其是进入 21 世纪后，生态恶化、粮食短缺、能源匮乏、金融海啸、恐怖主义等问题层出不穷。城市经济增长和社会发展面临一系列难以克服的瓶颈问题。在此背景下，“智慧城市”作为城市管理各种技术手段和方法的融合应用，不仅有助于破解城市管理难题，还为增强城市综合竞争力，使城市实现跨越式、可持续发展提供了有效途径。

第十三章　智慧城市

从 IBM 提出“智慧地球”的 3I(Instrumentation, Interconnectedness, Intelligence)理念，到欧洲的绿色低碳发展项目和国内多批次的试点城市建设，再到如今以“城市大脑”和“数字孪生”为典型代表的应用平台开发，智慧城市的概念内涵与需求在实践探索中不断深化。关于智慧城市建设，有人侧重于新技术的应用，有人认为核心在于智能化系统的构建，也有人重点关注用户参与和管理模式创新。不可否认，智慧城市涉及传感器、大数据、AI 和互联网等一系列技术手段的应用，但技术只是智慧城市建设的核心要素之一，并不是智慧城市的全部。环境、社会和经济的可持续发展才是智慧城市建设的终极目标。

1. 智慧城市概念框架

1.1 ICT 与“互联网 +”

● **ICT**

信息通信技术(Information and Communications Technology, ICT)，是一个涵盖性术语。它是信息技术与通信技术相融合而形成的一个新概念和新领域，涉及所有通信设备、应用软件以及与之相关的各种信息服务。从概念范畴上，传统 IT 主要包括计算机、软件以及其他信息管理技术，而 ICT 则更加侧重于通讯、社交媒体、视频、移动设备等方面。它是传统 IT 技术发展到一定阶段的产物，具有更高的信息丰度、可靠度，更强的信息分析和处理能力。

随着云计算、虚拟化、软件定义等一系列技术的成熟，现代 ICT 技术日益强调信息与通信、自动化、生产、管理等应用的融合。云网一体、协同共享是其核心特征。一方面，它将信息网络与通信网络融合在一个网络平台上，实现了数据信息传输、音视频会议、电话、传真、即时通信等多种类型的应用服务；另一方面，它通过业务网络和产业网络的融合，实现了各行业信息通信平台建设、运行、维护全过程的应用创新。

如今，ICT 应用领域日渐广泛，包括：远程教育、远程医疗、电子农业、电子政务、电子商务、信息安全等。它对居民的经济活动、生活方式、沟通方式以及娱乐方式等日常生活的方方面面都产生了深刻影响。正如蒸汽机、电动机、内燃机一样,ICT 作为第三次产业技术革命的典型代表,其普及性、改进性和创新促进性特征使全社会的生产力水平得到大幅提升。它代替了部分脑力劳动,进一步解放了劳动者,使人类可聚焦于更高层次、更具创造性的工作,从而加快新知识和新技术的创造,推动人类文明更快向前发展。21 世纪初,八国集团在冲绳发表的《全球信息社会冲绳宪章》就曾明确指出:"信息通信技术是 21 世纪社会发展最强有力的动力之一,并将迅速成为世界经济增长的重要动力"。

现代城市管理离不开物联网、大数据、云计算等 ICT 技术的支撑。

ICT 与城市的信息化建设密切相关。信息化的推进来源于 ICT 的发展与应用,ICT 是一切信息服务的基础支撑和驱动力;而 ICT 的发展也离不开信息化的引导和促进,各行业及社会生活各方面的信息化变革为 ICT 提供了广阔的应用场景。实际上是,ICT 和信息化分别代表技术本身和技术的应用,两者相辅相成、相互促进,共同推动了"智慧城市"的建设发展。

智慧城市是在社会经济发展、人口城市化和 ICT 技术不断融入城市各个行业的背景下产生的全新城市形态。一方面,ICT 从根本上改变了人类的空间行为及其互动方式;另一方面,ICT 创造的虚拟空间成为城市空间的重要组成部分。随着全球化、信息化的深入,时空压缩已经成为人类社会的重要特征,距离作用也正在减弱。由于 ICT 加速了物质流、信息流与能量流等各类要素的时空交换,流空间、虚拟空间逐渐成为区域、城市及居民活动的一大主要载体。

● **"互联网 +"**

"互联网 +",是指以互联网为主的新一代信息技术(包括移动互联网、云计算、物联网、大数据等)在经济、社会生活各部门的扩散、应用与深度融合的过程。它既是生产力与创新力提升的工具,也是生产、经营、管理模式转变的方法论。其本质是融合与创新,融合知识社会中一切能够发展的要素,创新发展形态,促使传统产业与新兴互联网产业结合,进而迸发出新的发展活力。

如果说,以往互联网的发展,更多的是从线下到线上,从文本化到数字化,从物理化到网络化,体现的是局限在技术和载体方面的延伸和创新;那么,"互联网 +"则为人们展现出线上向线下主动发展,网络向现实积极靠拢,互联网向传统行业拥抱融合的全新模式和形态。这种升级,是技术的融合、流程的改造、产品的换代、服务的提升、管理的创新,是一种由工具向能力的转化,是一种全面的创新甚至是对传统的颠覆,起到了化腐朽为神奇的作用。

"互联网 +"具有综合性、渗透性、前沿性和实践性的特点。从应用出发,它涉及经济、社会、文化等各领域,包括:互联网 + 金融、互联网 + 商业、互联网 + 制造业、互联网 + 医疗、互联网 + 农业、互联网 + 服务业、互联网 + 文化产业 等;而从发展来看,它不仅顺应了万物互联时代物物相联、物人相联、人人相联的应用需求，也体现出移动化、智能化、数据化的功能趋势。

2015年3月5日，国务院总理李克强在政府工作报告中首次提出“互联网+”行动计划，要求充分运用互联网平台，融合大数据、云计算、物联网等先进的信息技术，将传统行业与互联网结合，创造出一种全新生态发展模式。一方面，着力做优存量，推动现有的传统行业提质增效，包括制造、农业、物流、能源等一些产业，通过实施“互联网+”行动计划来推进转型升级；另一方面，着力做大增量，打造新的增长点，培育新的产业，包括生产性服务业、生活性服务业；此外，进一步推动优质资源的开放，完善服务监管模式，增强社会民生等领域的公共服务能力。

随着消费互联网逐步走向产业互联网，传统产业和服务业等领域的互联网潜力被进一步释放。基于物联网、云计算的智能制造、能源共享正在改变传统工业生产模式，而基于互联网、大数据的大规模协同和价值共享也正在走向主流。这种全新的业务模式改变了要素资源仅仅封闭在某个部门或企业内部的传统模式，使得其可以随时在产业上下游、协作主体之间以最低的成本流动和交换。作为促进大众创业、万众创新的新载体，“互联网+”有利于优化生产要素配置，推动资源的开放、共享，激发全社会创新智慧与创造活力。

“互联网+”不仅仅是技术上融入，更是思维、理念和工作模式上的升级。“互联网+”与智慧城市的结合，带来的是对智慧城市业务本身的改造重构，是迈向智慧城市2.0阶段的必经之路。1.0阶段的智慧城市是利用数字技术、信息技术和网络技术，将城市的人口、资源、环境、经济、社会等要素，以数字化、网络化、智能化和可视化的方式加以展现，把城市的各种信息资源整合起来用于规划城市、预测城市、运营城市、监管城市。而智慧城市2.0是通过物联网实现对物理城市的全面感知，利用云计算等技术对感知信息进行智能处理和分析，并发出指令，对包括政务、民生、环境、公共安全、城市服务、工商活动等在内的各种需求做出智能化响应与决策，实现协同工作，智慧互动。

以人为本和应用创新是“互联网+”的核心。其典型应用包括：一网统管、一网通办和基于区块链的各种应用服务创新。

一网统管，致力于构建跨领域、跨层级的高效调度体系，以提升城市管理的协同联动能力。一方面，它基于统一标准的城市部件数字编码标识体系和空天地全方位立体部署的物联感知设施，为各类城市部件、基础设施甚至是动植物等生命体赋予独一无二的“数字身份证”，从而实现对城市部件的智能感知、精准定位、故障发现和远程处置；另一方面，利用城市智能引擎赋能城市摄像头，它能够智能识别跨门经营、违章停车、堆物堆料、暴露垃圾、无证游商、积存垃圾渣土、沿街挂晒等违章行为，通过智能立案、派发、审核，缩减案件处置流程，有效缩短处置时间、节省工作人力投入，提升城市管理的智能化水平，提升市民满意度；此外，通过全要素数据聚合，它还可以准确抓取城市体征，进行城市画像，洞察城市机场、高铁站、交通枢纽、地铁站、热门景点、博物馆、图书馆、体育馆的运行状态和实时利用率，追踪人和车辆的运动轨迹，监控城市大型建筑、桥梁、游乐场和重点设施的安全状况，实现一张图全景展现城市运行动态。

一网通办，致力于打造一体多端的政务服务平台，以政府服务大厅、政务服务网、城市级App、自助终端、12345热线等为基础，整合各部门、各领域现有公共服务，形成统一入口，整合用户使用频率高、需求量大的服务事项，实现政务服务线下大厅办、网上办、掌上办、自助办、12345热线办等多渠道联动。打造政务服务支撑平台，推进区块链+政务服务的审管互动应用，加强政务服务事项治理分析，利用OCR识别、自然语言处理、语音识别、智能机器人等AI能力，实现跨部门业务流程自动化和12345语音智能识别、审批材料智能化识别，从而解决审批信息二次录入问题，支撑利企惠民服务直达。以惠民服务为例，通过“掌上政务”服务平台融合身份证、驾驶证、社保卡、医保卡、银行卡等功能权限，为市民提供交通出行、教育缴费、看病就医、政务服务、智慧社区、信用支付、不动产交易、小微贷款、图书馆借阅等便民服务。

区块链，作为价值互联网的底层基础设施，能够重塑社会信任，成为维系智慧城市有序运转、正常活动的重要依托。区块链技术所特有的分布式数据存储、加密算法、共识算法、智能合约等核心技术，使得其在智慧城市各行业和各场景的数据认证、数据保护、数据追溯和数据流通过程中发挥着重要作用。在医疗领域，区块链保证了数据来源的权威性、安全性，确保数据在应用过程中不存在泄露、丢失和篡改的风险；在教育领域，区块链实现了数据资源的授权共享和教育系统的去中心化改革；在交通领域，区块链通过去中心化的共识机制，提高设备运行的安全性和私密性，将跨系统数据传输、共享下沉到区块链层，降低智慧交通系统复杂度，促进整体交通网络高效、智能化运行；在工业领域，区块链可以确保产业链各企业能够访问可信、一致的设备运营数据，实现对供应链全过程状态数据的可信查询和追踪；而在政务管理方面，区块链技术则为跨级、跨部门的数据互联互通提供了安全可信环境，实现了政务系统的高效协同。

1.2 CIM与数字孪生

● CIM

城市信息模型(City Information Modeling, CIM)，是以建筑信息模型(Building Information Model, BIM)、地理信息系统、物联网等技术为基础，整合城市地上地下、室内室外、历史现状未来多维、多尺度信息模型数据和城市感知数据，所构建起的城市信息综合体。它是城市重要的数据基础设施，为智慧城市建设提供了全周期、全时空、全要素、全过程的“一张数字蓝图”。

CIM最早是指城市尺度的三维GIS模型，它由建筑物、植被、交通网、公共设施和通信网络等目标对象构成。而随着BIM的发展、IoT技术的成熟和智慧城市建设的深入，CIM

所涵盖的信息内容也日益丰富。作为地理信息、建筑信息、城市规划、道路交通、市政管理、城市环境等多行业、多专业的交叉领域,CIM 不仅要对城市场景中涉及的人文要素、地理要素以及社会要素进行数字化表达,而且还要反映城市场景的空间分布模式、演化过程、相互作用的机制。其信息覆盖各种空间、时间维度,具有多时态、多类型、多粒度级别、多来源等特点。

CIM 既是模型,也是平台。2020 年 9 月,住房和城乡建设部发布了《城市信息模型(CIM)基础平台技术导则》,提出了"城市信息模型"和"城市信息模型基础平台"的定义,将 CIM 区分为"模型"和"平台"两层含义。

CIM 数据模型,能够完整描述从零部件、项目单体、社区到城市、区域多种场景下的全要素信息。各类信息以三维空间地理信息为纽带,在标准化的空间地址上实现信息的精确匹配和关联,实现了空间位置、几何形态、语义信息、演化过程、要素关系和属性特征六个方面内容的统一表达,以支持城市的全方位、多模式、三维动态可视化应用。

它在数据内容上包括城市数字化模型数据、城市运行感知数据、城市基础空间数据和城市政务业务数据等,在数据格式上则包括地图数据、文本数据、图表数据和视频数据等。

从其信息内涵来看,CIM 数据模型则涉及空间维度、时间维度和感知维度 3 个方面。

空间维度(Space):空间维中应包含物理空间、社会空间、属性空间以及基于空间位置链接的城市耦合系统。其中,物理空间包含地上、地下各类地物目标不同细节层次的数据模型;社会空间包含人、企业等社会主体的数据模型;而属性空间则附加于物理空间和社会空间之上,详细解构其各自特点。三类空间基于统一的空间位置,彼此之间相互链接,进而形成一个有机的城市空间。

时间维度(Time):CIM 要实现对城市历史、现状、未来的信息综合,既体现城市的历史变迁,也要包含城市的现实状况,以及对于城市的未来规划。

感知维度(Sense):在新一代信息技术的影响下,传统的信息数据环境由低频向高频转变,高频信息数据具有多维、异质、实时等特性,可以实现对于传统城市空间和时间维度的精准、实时、丰富感知。由此,CIM 模型也应充分考虑对于城市的感知维度,这其中既包括人流、物流、信息流等表达社会空间与物理空间耦合轨迹的"流向"监测数据和模型,也包含新一代传感器对于城市各类实时状态的监测数据和模型,如温度感知、能耗监测等。

CIM 数据平台,需要对基础地理信息数据、感知监测数据、公共专题数据、业务数据和三维模型数据等城市级别海量、多源、异构的数据资源进行汇聚、整理,为城市管理部门提供三维可视化表达、专业模型计算、资源管理审查等一系列智能化服务功能,支撑城市在规划、建设、运维、管理全生命周期各阶段的数据共享和业务协同应用。

CIM 数据平台包括 4 个层次:数据来源层、数据管理层、数据分析层和数据应用层。

数据来源层,是 CIM 数据资源获取的途径。CIM 的宏观数据来源于 GIS 数据资料,如:城市路网信息;CIM 的微观数据来源于 BIM 数据资料,如:设施内部构件信息;CIM 的动态数据通过 IoT 技术动态获取,如:某个设施的温度变化。此外,对于临时变更的城市信息,则需要由专业用户及时更新,如:新的城市规划项目、新的交通限行规则。

数据管理层,是 CIM 数据组织调用的核心。它主要负责城市多源信息的融合、分类、分级与存储管理。例如:当进行火灾应急响应时,CIM 平台需要灵活调取相应区域的建筑物信息、路网信息以及水体信息,以满足城市场景分析和资源调度的需要。特别是在 IoT 技术快速发展的背景下,无线射频识别标记(Radio Frequency Identification, RFID)、摄像头等动态传感器数据的有效融合正变得越来越重要。

数据分析层,是 CIM 数据价值实现的关键。它在数据获取和调用后,利用各种算法和模型,对相关数据进行分析、挖掘,以解决特定应用场景下的具体问题,如:公共资源调度的协同优化问题。而随着人工智能技术的发展,以深度学习为代表的智能分析方法正在被越来越广泛地应用于该平台层的数据分析过程中。

数据应用层,是 CIM 数据功能发挥的基础。它能够在宏观与微观、室外与室内、二维与三维等不同类型空间场景和视觉场景间无缝衔接、切换与浏览,实现空间与非空间信息的交叉关联。通过建立一个真正全息、综合的信息功能平台,为各领域的"CIM +"应用赋能,拓展智慧城市管理与服务的深度和广度。

2019 年国家发改委颁布的《产业结构调整指导目录》将 CIM 的开发与应用设为鼓励性产业。同年,北京、雄安、广州、南京、厦门被列为 CIM 平台建设试点城市。2020 年 7 月,住建部等十三个部委联合发文《关于推动智能建造与建筑工业化协同发展的指导意见》明确要求,"探索建立表达和管理城市三维空间全要素的城市信息模型(CIM) 基础平台",着力解决城市多源信息实时融合的问题,推动 CIM 在新型智慧城市中的落地。

CIM 的建立打通了信息和模型在城市管理各环节的横向和纵向流通。以 CIM 平台为桥梁,城市规划、交通、市政、建筑、道桥、园林、公共安全等各领域得以有效协同,在对规划、历史、现状的多源数据和信息进行整合的基础上,构建全面的城市数据空间资产,推动城市的全局联动和反馈。

基于 CIM 的新型智慧城市,具备实时、动态、精准、定位、可视化、仿真、协同等能力,改变了传统的城市管理方法,实现城市"规建管"全生命周期的协同管理。

在城市规划设计方面,CIM 基础数据有助于规划部门在城市发展或扩张的早期阶段做出更精准的规划方案,合理设定发展目标、优化空间布局。例如:通过 CIM 模型获取建筑类型、建筑面积、建设起始和终止时间、预计居住人口等信息,并分析不同开发方案下的淡水消耗量、下水管道容量和电能需求量,并以此决定城市空间布局。

在城市规划审批方面,CIM 技术有助于提高规划方案审批的效率,促进规划审批的自动化改革。各领域规划专家在对规划方案进行审批时,需要耗费大量时间和资源(人力、物力、财力)。以 CIM 为基础,多方可以协同完成规划方案的区域控高审查、日照指标审查、通视审查、视域审查、城市天际线审查、规划推演和拆迁规模分析等规划评估工作。

在城市建设发展方面，CIM 模型有助于开展城市建设情况评估，缩减项目进度及成本，提高工作效率和环境安全性。基于 CIM 数据建立城市规划实施情况台账，可以有效指导城市建设实践。特别是针对城市重大项目，其多方位、多尺度、多时态的信息数据能够对建造过程进行实时追踪定位和全周期监控。

在城市运行维护方面，CIM 平台有助于管理者做出更有效的管理决策，实现风险及问题的早期预警和高效处置。基于一系列动态监测数据，CIM 可实现对城市基础设施、地下空间、能源系统、生态环境、道路交通以及各类法人、自然人的生产、生活活动的实时感知，并通过分析、模拟各种状况下的要素耦合关系，深度挖掘城市运行规律，辅助城市决策。

- **数字孪生**

数字孪生(Digital Twin)，是以数字化方式创建物理实体的虚拟模型，借助数据来模拟物理实体在现实环境中的行为，通过虚实交互反馈、数据融合分析、决策迭代优化等手段，增加或扩展物理实体功能效用的技术手段。它和数字工程、系统工程，特别是基于模型的系统工程密切相关，是一种以数据和模型为核心的智能基础理论和发展范式。它具有实时同步、忠实映射、高保真度等特性，能够实现物理世界与信息世界的动态交互与融合。其本质是基于数据线索的控制、管理。

数字孪生技术的出现和发展不但为实现信息物理系统(Cyber Physical System, CPS)提供了清晰的思路、方法和实施途径，而且为人类利用虚拟模型探讨和预测未知世界提供了新的理念和工具。一方面，它通过充分利用布置在系统各部分的传感器，对物理实体进行数据分析与建模，形成多学科、多物理量、多时间尺度、多概率的仿真过程，将物理系统在不同真实场景中的全生命周期过程反映出来；另一方面，它借助各种高性能传感器和高速通信设备，集成多维物理实体的数据，辅以数据分析和仿真模拟，近乎实时地呈现物理实体的当前情况，并通过虚实交互接口对物理实体进行控制。

早在 1960 年，美国宇航局就提出数字孪生的概念，其目的是在地球上对外太空的航天器进行仿真模拟，从而推演外太空的航天计划，避免航天器发生事故或遭遇灾害。可以认为，数字孪生是一组虚拟信息，从微观原子角度到宏观几何角度，全面描述真实或潜在的物质世界；任何用于建造该物质真实的信息，都可以从数字孪生中获取。Gartner 连续多年将“数字孪生”列为当前的十大技术趋势之一。

在内容上，数字孪生系统涉及 5 方面功能要素：物理实体、虚拟模型、服务系统、孪生数据和交互连接。其中，物理实体是客观存在的，它通常由各种功能子系统(如：控制子系统、动力子系统、执行子系统等)组成，并通过子系统间的协作完成特定任务；虚拟模型是物理实体的数字化镜像，它集成并融合了实体对象的几何参数(如：尺寸、形状、装配关系等)、物理属性(如：应力、疲劳、变形等)、行为作用(如：对外界驱动及扰动的响应)及运行规则；服务系统集成了评估、控制、优化等各类信息系统，基于物理实体和虚拟模型提供智能运行、精准管控与可靠运维服务；孪生数据包括物理实体、虚拟模型、服务系统的运行状态数据和领域知识，并随着实时数据的产生被不断更新与优化；而交互连接则将以上4个部分两两联通，使其进行实时有效的数据传输，从而实现动态交互，以保证各部分间的一致性与迭代优化。

从上述功能要素出发，实现特定的数字孪生应用，我们需遵循一系列准则。

信息物理融合是基石：物理要素的智能感知与互联、虚拟模型的构建、孪生数据的融合、连接交互的实现、应用服务的生成等，都离不开信息物理融合；没有信息物理的融合，数字孪生的落地应用就是空中楼阁。

多维虚拟模型是引擎：从前期的规划设计、生产制造，到后期的故障预测、健康管理，在数据驱动下多维虚拟模型将应用功能从理论变为现实；没有多维虚拟模型，数字孪生应用就没有了核心。

孪生数据是驱动：孪生数据源于物理实体、虚拟模型、服务系统，并在融合处理后又融入各部分中，推动了各部分的运转；没有多元融合的孪生数据，数字孪生应用就失去了动力源泉。

交互连接是动脉：交互连接将物理实体、虚拟模型、服务系统连接为一个有机的整体，使信息与数据得以在各部分间动态交换和传递；没有了各组成部分之间的交互连接，数字孪生应用就失去了活力。

服务应用是目的：服务将数字孪生驱动的智能应用、精准管理和可靠运维等功能以最为便捷的形式提供给用户，同时给予用户最直观的交互；没有服务应用，数字孪生应用实现就是无的放矢。

全要素物理实体是载体：不论是物理信息的交互融合，还是虚拟模型的仿真计算，抑或是孪生数据的分析处理，都是建立在全要素物理实体之上；没有了物理实体，数字孪生应用就成了无本之木。

在应用上，数字孪生包括4个层次：数据保障层、建模计算层、孪生功能层、沉浸式体验层。每一层的实现都建立在前面各层的基础之上，是对前面各层功能的进一步丰富和拓展。

数据保障层，它是整个数字孪生技术体系的基础，支撑着上层系统的运作。该层次主要由高性能传感器数据采集、高速数据传输和全周期数据管理3个部分构成。先进传感器及分布式感知技术使整个数字孪生体系能够获得更加准确、充分的数据源支撑；光纤和新一代移动通信技术的广泛应用使得海量传感器数据的传输更加顺畅，降低系统延时，提高数字孪生系统的实时跟随性能；而分布式云服务器存储技术的发展，则为全周期数据的存储和管理提供了平台保障，使得大数据分析和计算的数据调用过程能够快速、可靠的完成。

建模计算层，它以数据为基础对系统进行多尺度建模，使其与实际状况准确匹配、实时同步，并对系统的未来变化进行预测。该层次主要由建模算法和一体化计算平台两部分构成。模型算法部分充分利用大数据和人工智能方法对传感数据进行多层次解析，挖掘、学习其中蕴含的特征属性和关联关系，实现系统的超现实状态表征和建模；计算平台部分既包含链路传输较小、系统时效性较高的嵌入式终端计算，也包括以云端服务器为核心、满足复杂模型应用需求的分布式网络计算，二者相辅相成、协同工作。

孪生功能层，它向系统提供规划、建设、运行和维护的各种相关功能，包括多层级的系统状态评估、运行控制和决策支持等。针对复杂系统在使用过程中存在的异常和退化现象，在功能层开展针对系统关键部件和子系统的退化建模和评价、分析工作，为系统健康状态的管理提供指导和依据；在对系统集群中每个个体的状态进行深度感知的基础上，进一步依据系统的健康状况，实现基于集群的运行控制和维护保障；此外，功能层还可以根据建模计算层提供的信息接口，定制高可靠性、高准确度、高实时性的辅助决策应用服务，提升系统在整个生命周期内的表现性能。

沉浸式体验层，其主要目的在于提供给使用者人机交互良好的使用环境，令使用者能够获得身临其境般的技术体验，迅速了解和掌握复杂系统的特性和功能，并能够便捷地通过语音和肢体动作访问数字孪生体功能层提供的信息，获得分析和决策方面的信息支持。而未来的系统使用方式也将不再仅仅局限于听觉和视觉，触摸感知、压力感知、肢体动作感知、重力感知等多方面的信息和感应还将得到进一步的集成。通过学习和了解在实体对象上接触不到或采集不到的物理量和模型分析结果，使用者能够对系统获得更深入的理解，进而激发其各个方面改进和优化的灵感。

数字孪生城市，是物理城市和虚拟城市交互融合的城市新形态。它以城市信息模型（CIM）为基础，通过城市状态的实时感知、城市数据的汇集和分析、城市决策的模拟仿真、城市资源的统筹协调、城市问题的智能处置，构建了一个城市级数据闭环赋能体系，对城市的规划、管理过程进行优化，实现城市服务质量的提升。

数字孪生城市既是数字城市建设的高级阶段，也为智慧城市建设提供了重要基础设施和能力。它致力于构建一个全周期、全时空、全要素、全过程的数字信息系统。一方面，物理城市通过物联感知和网络传输，由实入虚，并在虚拟空间进行仿真模拟和科学决策；另一方面，通过决策指令的传达，功能信息系统对物理城市的运行状态进行干预，由虚入实，促进城市资源的优化配置和城市发展模式的适应性调整。优化后的城市再一次被感知，进入下一个虚实循环，就这样物理城市和虚拟城市不断交互，最终实现城市发展的持续优化。

数字孪生城市包括三个基本要素：数据、模型、服务。各类业务平台系统数据、物联网终端数据、城市三维模型数据通过有序组合得到城市数字孪生体的基础数据；针对不同的数据资料，在城市数字孪生体中存在着相应智能模型与算法；当这些模型与城市业务融合后，即可产生一系列有价值的城市服务。

针对不同的城市主题（如：人、物品、交通工具、环境、制度、案件、事件等），数字孪生城市以“业务需求”为起点，以“数据互联互通”为根本，构建起特定的数据应用生态。一般而言，其数据应用生态包括四大组成部分：数据中台、数据服务、数据应用、数据反馈。数据中台，包括业务数据库、知识库、模型库等；数据服务，包括各方面数据的应用接口、协议和连接；数据应用，包括国家级、省级、市级、县级、乡村级等不同层级的城市应用；而数据反馈，则包括城市状态感知数据、运行指标数据、各部门协同工作数据的收集和判别。

数字孪生城市不仅是对实体城市的简单复制和映射，更是基于数字空间的社会经济环境重构与创新。随着数字技术的不断演进，数字孪生城市终将成为一个承载人类物质世界、社会活动和集体心智的无限场域。

1.3 AI与城市大脑

● AI

人工智能（Artificial Intelligence, AI），作为计算机学科的一个重要分支，是研究机器智能和智能机器的一门综合性技术及学科。美国斯坦福大学人工智能研究中心的尼尔逊（Nilson）教授曾将人工智能定义为“关于知识的学科”，即：怎样表示知识、获得知识，以及使用知识，而美国麻省理工学院的温斯顿（Winston）教授则认为“人工智能就是研究如何使计算机去做过去只有人才能做的智能化工作”。除此之外，还有很多关于人工智能的定义，至今尚未统一，但这些说法均反映了人工智能的基本思想和基本内容，即：人工智能主要研究人类智能活动的规律，并致力于构造具有一定智能行为的人工系统。

人工智能概念最早由麦卡锡（McCarthy J）、明斯基（Minsky ML）等人于1956年在美国达特茅斯（Dartmouth）大学举办的一次研讨会上正式提出。它涉及数学、经济学、神经科学、心理学、哲学、计算机工程、控制论、语言学、生物学、认知科学、仿生学等多学科内容。作为一种外溢性较强的通用技术，人工智能在提升劳动效率、降低劳动成本、优化人力资源结构及创造新的工作岗位需求等方面带来了一系列革命性变化，并逐渐成为影响经济、社会发展的重要基础设施之一。

关于人工智能，长期以来存在两种不同的目标或者理念。一种是希望借鉴人类的智能行为，研制出更好的工具以减轻人类智力劳动，一般称为“弱人工智能”，类似于“高级仿生学”；另一种是希望研制出达到甚至超越人类智慧水平的人造物，具有心智和意识，能根据自己的意图开展行动，一般称为“强人工智能”或者“超人工智能”。前者一般专注于解决特定领域的特定问题，而后者则要求胜任人类的所有工作。目前，我们看到的所有人工智能算法和应用基本都属于弱人工智能的范畴。

一般而言，AI包括 “结构模拟”“功能模拟”和“行为模拟”三种不同的技术路线。

基于“结构模拟”的方法论思想，人工智能可以参照人脑的构造方式，以人工神经网络来模拟人类的思维能力。但人工神经网络的智能应用也面临诸多挑战：一方面，为了有效模拟人类思维的智能，就需要制造复杂程度接近于人类大脑新皮层的人工神经网络，然而,这在制造技术上存在巨大困难;另一方面,如果把人工神经网络的复杂度降低到工业制造技术能够允许的水平,这种相对简单的人工神经网络的智能程度又会大大退化;此外,即使随着科学技术的进步,人们可以制造出与人类大脑新皮层一样复杂(甚至更加复杂)的人工神经网络,但人们对于大脑新皮层神经网络的"学习机制"仍然知之甚少,还是不可能产生像人类一样奇妙的智能。

基于"功能模拟"的方法论思想,纽维尔(Newell)和西蒙(Simon)提出了著名的"物理符号系统假设",认为:虽然计算机系统和人类大脑系统的物质成分不同,能量形式也不同,但是它们都是处理符号的物理系统。一个物理符号系统只要满足:具有输入符号、具有输出符号、能够存储符号、能够复制符号、能够建立符号结构、具有条件性迁移能力,就是一个智能系统。物理符号系统技术路线取得过许多出色的成就,其中最引人注目的是曾经战胜过国际象棋世界冠军卡斯帕罗夫的"深蓝"(Deeper Blue)专家系统。对物理符号系统而言,无论是面向通用问题求解的智能平台还是面向专业领域的"专家系统",其核心技术挑战都在于"知识瓶颈"的束缚。

基于"行为模拟"的方法论思想,布鲁克斯(Brooks)认为:智能无须知识,也无须知识的表示,它所需要的仅仅是首先准确感知环境刺激的模式,然后针对这种刺激产生相应的动作,所以这种系统被称为"感知-动作系统"。本质上,基于行为模拟的"感知-动作系统"所遵循的是"黑箱模拟"方法。这种方法成功地避开了结构模拟方法的"结构复杂性"困难和功能模拟方法的"知识瓶颈"障碍,为人工智能模拟提供了第三种路径。但人们也发现,行为模拟方法在回避上述"结构"和"知识"困难的同时,自己也面临一种新的困难,即:它只能模拟一些浅层次的(通过动作表达的)智能,很难模拟那些不是通过外部动作表达而是通过内部思维演绎的智能。

智能生成的核心机制是在给定条件下"信息-知识-智能"的转化过程。采用基于结构模拟的人工神经网络方法,可获得一些欠成熟的"经验知识",实现"信息-经验知识-经验型智能"的转化;采用基于功能模拟的物理符号系统方法,可获得成熟的"规范知识",实现"信息-规范知识-规范型智能"的转化;而采用基于行为模拟的"感知-动作系统"方法,则可获得过成熟的"常识知识",实现"信息-常识知识-常识型智能"的转化。

而如今,随着系统复杂度的提升和网络计算技术的不断成熟,AI也正向着大型分布式人工智能、大型分布式多专家系统协同、并行推理、分布式环境下的多智能体协同等方向发展。

在功能应用上,AI主要是对人的意识、思维过程进行模拟,以实现包括判断、推理、证明、识别、学习和问题求解在内的各种智能行为活动。针对不同的行为活动,从信息学角度,人工智能涉及一系列理论、模型和算法,包括:感知计算、认知建模、知识表示、知识推理、行为仿生、决策优化等。而从不同的角度,它又涵盖诸多技术领域,包括:基于脑的功能模拟、基于系统的计算模拟、基于领域的应用模拟等。

在信息获取方面，AI 的典型应用包括：计算机视觉、自然语言处理、语音识别等。

计算机视觉（Computer Vision，CV），其最终目标是让计算机能够像人一样通过视觉来认识和了解世界。其相关分析处理工作包括：图像分类、目标跟踪、语义分割等。传统的图像分类方法主要包含特征提取和分类器训练 2 个步骤；目标跟踪主要包含信号滤波、目标检测和跟踪判别 3 个步骤；而语义分割则涉及特征变换、模板匹配 2 方面工作。随着感知神经网络技术的发展，CNN、RNN、SNN 等智能计算算法也被广泛应用于计算机视觉的分析、计算过程中。

自然语言处理（Natural Language Processing，NLP），是采用计算机对人类自然语言进行分析、理解的技术方法和过程。其基本任务是基于本体词典、词频统计、上下文语义分析等技术手段对相关语言资料进行语句分词、语义串联和语境感知。整体上，NLP 包括基于规则和基于统计两种不同的技术方法，基于规则的方法是人工获取语言规则，而基于统计的方法则是通过对大规模语料库的统计分析，实现对自然语言的处理。为了提升语义理解的准确性，现代 NLP 广泛运用 SVM、MRF、条件随机场模型（Conditional Random Fields，CRF）等技术手段对处理任务进行分类、分解和优化。

语音识别，是将人类的声音信号转化为文字或者指令的过程。其技术方法主要包括特征提取、模式匹配和模型训练三个方面。语音识别本质上是一种多维模式识别。对于不同的语音识别系统，人们所采用的具体识别方法及技术不同，但其基本原理都是相同的，即将采集到的语音信号送到特征提取模块处理，将所得到的语音特征参数送入模型库模块，由声音模式匹配模块根据模型库对该段语音进行识别，最后得出识别结果。其中，声学模型是语音识别系统中最为重要的部分之一。常用的声学建模方法包括：基于模式匹配的动态时间规整法（Dynamic Time Warping，DTW）、隐马尔可夫模型法（Hidden Markov Model，HMM）、基于人工神经网络（Artificial Neural Network，ANN）的识别方法等。

在知识管理方面，AI 的典型应用包括：机器学习、知识图谱、专家系统等

机器学习，是研究如何使用计算机模拟或实现人类学习活动的科学。它包括有指导学习（Supervised Learning）、无指导学习（Unsupervised Learning）和半指导学习（Semi-Supervised Learning）三种类别。有指导学习是指有训练数据集指导的学习过程，其常见技术方法包括：决策树、Boosting 与 Bagging 算法、人工神经网络、支持向量机等。无指导学习是没有训练数据集而只能通过总体特征观察做出某些描述及推断的学习过程，其常见技术方法包括：聚类分析、关联规则分析等。半指导学习是利用部分标识的观测数据及相关知识对观测数据中未标识部分做出合理推断的学习过程，其常见技术方法包括：贝叶斯学习、极大似然估计法（Expectation Maximization，EM）等。此外，为了解决传统机器学习方法在环境反馈、模型复用等方面的不足，强化学习、迁移学习等一系列全新的机器学习模式不断涌现。

知识图谱，是结构化的语义知识库。它以符号形式描述物理世界中的各种事物及其相互关系。该概念最早由 Google 于 2012 年 5 月提出，而后被广泛应用于智能搜索、智能问答、个性化推荐等领域。其基本组成单元是“实体－关系－实体”三元组以及“实体－属性”值对，实体间通过关系相互联结，构成网状的知识结构。大规模知识库的构建与应用需要多种智能信息处理技术的支持。信息抽取是知识图谱构建的第 1 步，其关键问题是如何从各种半结构化和无结构数据中自动抽取实体、关系和属性信息而得到候选知识单元；在信息抽取的基础上，为了消除实体、关系、属性等要素内容与事实对象之间的歧义，形成高质量的知识库，还需采用实体链接、知识合并等方式对知识单元进行整理，形成结构化、网络化的知识体系；而为了对已有的知识库进行丰富和扩展，进一步挖掘隐含的知识，则需采用知识推理、质量评估、知识更新等方法进行知识加工。

专家系统，是一种模拟人类专家解决领域问题的计算机程序系统。它可看作是“知识库”和“推理机”的结合，知识库是专家知识在计算机中的映射，推理机是知识推理能力在计算机中的映射。为了更好地建立知识库，兴起了“知识表示”、“知识获取”、“数据挖掘”等学科领域；为了更好地建立推理机，兴起了“机器推理”、“模糊推理”、“人工神经网络”等学科领域。常见的专家系统有基于规则（Rule Based Reasoning，RBR）的专家系统、基于案例（Case Based Reasoning，CBR）的专家系统、基于框架的专家系统、基于模糊逻辑的专家系统、基于 D-S 证据理论的专家系统、基于人工神经网络的专家系统和基于遗传算法（Genetic Algorithms，GA）的专家系统等。而为了解决专家系统的知识获取瓶颈、匹配冲突、组合爆炸等问题，遗传算法和多 Agent 等仿生学方法也被广泛引入到专家系统的应用中。

在智能应用方面，AI 的典型应用包括：智能搜索、智能决策、智能控制等。

智能搜索，是基于历史经验和领域知识对目标对象（文本、路径、结论等）进行启发式搜索的技术方法。在信息完备的情况下，所有问题的求解过程都可以转化为特定状态空间中其有效解的搜索过程。而智能搜索不同于传统的空间遍历和选项枚举方法，它通常采用语义分析、特征变换、要素分类等方式对搜索空间进行压缩和降维处理，或通过知识引导、粒子群协作、遗传进化等策略对搜索效率进行优化和提升。特别是当目标对象不明确、经验知识不断更新、状态空间复杂的情况下，为实现个性化、精准化、高效化搜索，贝叶斯分析、人工神经网络、多 Agent 模型等技术手段也被广泛应用于相关数据资料的智能搜索过程中。

智能决策，是利用人类的知识并借助计算机通过人工智能方法来解决复杂问题的决策方式。一方面，其决策过程能够以大数据为支撑，基于概率论、模糊集、粗糙集、贝叶斯推断、D-S 证据推理等理论，通过数据分类、多标签学习、开集学习（Open-set Learning）、概念漂移（Concept Drift）等技术手段进行数据分析，以解决复杂决策过程中的不确定性、动态性、全局性以及关联性问题；另一方面，它还可以基于决策支持系统，通过引入领域专家知识、建立人类认知模型、综合多种知识和过程，采用数据挖掘、数据仓库和数据推理等决策支持方法和机器学习技术，对动态、多变，甚至是具有病态结构的问题进行求解，实现主动、自适应、创新性的应用决策。

智能控制，是具有智能信息处理、智能信息反馈和智能控制决策的控制方式，主要用于解决那些用传统方法难以解决的不确定性、非线性、复杂性系统控制问题。理想的智能控制系统具有学习能力、适应功能、组织功能和在线实时响应能力。其控制器不再是单一的数学解析模型，而是数学模型和知识系统相结合的广义模型。它可根据被控对象和过程的动态特征，学习并组织自身的控制模式，改变控制器结构和调整参数。常见的智能控制方法主要有：专家系统控制、模糊控制、神经网络控制、分级递阶智能控制、拟人智能控制、集成智能控制、组合智能控制、混沌控制等。

● **城市大脑**

城市大脑（City Brain），是一个集“机器云智能”与“人类群体智慧”于一体的类脑智能综合系统。在2020年《杭州城市大脑赋能城市治理促进条例》中，城市大脑被定义为：“由中枢、系统与平台、数字驾驶舱和应用场景等要素组成，以数据、算力、算法等为基础和支撑，运用大数据、云计算、区块链等新技术，推动全面、全程、全域实现城市治理体系和治理能力现代化的数字系统和现代城市基础设施”。

城市大脑通常具备3方面特征，即：智能性、可预见性、自我学习性。

智能性，城市大脑具备类似于人脑的感知能力、思维能力、决策能力等，能够主动从海量数据中提取有效信息，自主展开分析，自主设计方案，并在方案实施后自主进行评价，而不受到人力的被动支配。

可预见性，与传统的数字化城市治理模式不同，城市大脑不仅能够捕捉城市中当下实时发生的问题，并进行及时响应，设计和实施准确的治理方案，而且能够基于历史数据和实时监控数据，建立预测模型，对于未来可能出现的问题进行提前预警。

自我学习性，城市大脑能够以机器学习作为技术工具，在业务处理的过程中根据积累的数据、经验和案例不断进行自我更新、纠错和进化，达到适应复杂多变的城市环境、不断提升城市治理能力的目的。

城市大脑以互联网为基础，为整个城市搭建了一个超级人工智能系统。在系统构成方面，其核心要素主要包括：神经元网络和城市云反射弧。

神经元网络，是众多城市神经元结合在一起形成的城市大脑基础结构。每一个城市神经元都是应用层为城市大脑涉及的人、物、系统建立的统一程序单元，它们可以根据需求进行连接、组合、交互。

城市云反射弧，是通过多种城市神经元的组合形成的技术链条，对应解决城市中的具体问题和具体需求。与脑科学的反射弧相同，城市云反射弧也包括感受器、传入神经、神经中枢、传出神经和效应器五个部分。

神经元网络的建设实现了万物互联，而城市云反射弧的形成则保障了信息的跨节点传递。

城市大脑是整个城市的人工智能中枢。它基于城市生命体理念，以系统科学为指引，将散落在城市各个角落的数据资源（如：政务数据、企业数据、社会数据、生态环境数据、互联网数据等）汇聚起来，进行全局的即时分析、指挥、调动、管理，从而实现对城市的整体研判、协同指挥和高效管理。

在数据层面，城市大脑打通了各部门、各层级的业务壁垒，推进城市数据资源的网络共享、集约整合、高效开发和全面赋能。其各要素间的数据互动模式决定了城市大脑的基本运行机制：

一方面，城市大脑各相关应用系统，通过中枢协同机制互联互通，实现了跨层级、跨地域、跨系统、跨部门、跨业务的数据交换与协作；

另一方面，数字驾驶舱基于中枢系统中的实时全景数据，为各级政府部门和城市管理者提供智能化、精细化、可视化的数字界面，实现了城市的可视化治理；

此外，各应用场景以中枢平台为依托，通过线上业务连接和数据协同计算，为公共资源调配、公共服务优化、社会治理改善和城市可持续发展提供全方位功能支撑。

城市大脑充分挖掘数据的应用价值，改变了信息的量级及其流动方式，减少了信息在传递过程中的损耗；同时，它凭借各种分析、预警和调控功能，提升了城市决策的效率、效能，使得城市运行管理更加科学、灵活、高效。

如今，城市大脑被广泛应用于交通出行、公共安全、城管执法、应急管理、政务服务、文化旅游、卫生医疗、市场监管、生态治理等多个领域。从城市生命体征的动态感知、公共资源的优化配置到重大事件的预测预警和建设发展的决策指挥，它实现了城市治理的整体统筹、精细运营和协同优化。

而在功能应用方面，城市大脑实际上经历三个不同的发展阶段。

城市大脑 1.0：针对核心问题，探索单一领域的管理场景。以交通管理为例，城市大脑通过全面接入各方面交通数据，搭建起“交通小脑”平台，不仅能够对全域交通事件进行动态感知，对交通信号灯进行实时在线调配，而且能够对特殊车辆实施跟踪、拦截、防控和绿色通道设置，提升交通管理的协同处置效率。

城市大脑 2.0：面向重点关切，探索多元化治理场景集成。它汇聚城市数字基础设施、物理空间的静态数据与城市运行的动态数据，打造城市公共大数据中心，为政府部门和企事业单位提供数据计算、资源建库、服务集成、共享交换、开放创新、全域治理等一系列功能服务，并通过应用场景的拓展和数据算力的提升，推动城市治理的智能化发展。

城市大脑 3.0：融合感知认知，探索自动决策与跨域协同。面对密集的城市管理事件和部件、海量的数据规模、多样的应用场景，城市大脑在实时计算、自动感知、仿真推演、多端协同、人工智能等领域取得突破性进展，例如：采用“全息数字化构建”技术，对城市要素进行一体化编码，实现各类信息、事件、元素的实时呈现和快速检索；通过“全分辨率实时推演”技术，对城市事件进行仿真推演和预测，提供实时决策支持；以事件驱动城市大脑平台，实现自动感知、自动调度资源、自动处置和事后评估，破除部门间壁垒；基于超大规模的实时计算、全域多端协同和人工智能深度应用，实现全局资源的调度优化。

1.4　智慧城市的内涵

智慧城市，是新一轮信息技术变革和知识经济进一步发展的产物，是以互联网、物联网、电信网、广电网、无线宽带网等网络的多样化组合为基础，更加广泛深入地推进基础性与应用型信息系统开发建设和各类信息资源开发利用，形成的技术集成、综合应用、高端发展的网络化、信息化、智能化和现代化城市，是以智慧技术、智慧产业、智慧人文、智慧服务、智慧管理、智慧生活等为重要内容的城市发展新模式。

智慧城市是一个整合了数字城市、知识城市、生态城市和创新城市的立体城市概念。它不仅仅局限于技术层面，而且涉及社会组织模式的改革与创新。技术进步只是实现智慧城市的一个重要前提，如何使技术带给人类更智慧、更美好、可持续的生活，才是智慧城市的核心价值和内涵。

不同学者认为：“智慧城市 = 物联网 + 互联网”；
“智慧城市 = 物联网 + 云计算 + 大数据”；
“智慧城市 = 数字城市 + 物联网 + 云计算”；
“智慧城市 = 数字城市 + 创新”；
“智慧城市 = 智慧 + 互联 + 协同”；
“智慧城市 = 社会计算 + 低碳环保”；
……

也有学者指出：智慧城市必须有“人的参与”、“开放创新空间的塑造”和“以人为本的可持续创新”。

IBM 在《智慧的城市在中国》白皮书中，将“智慧城市”定义为：能够充分运用信息和通信技术手段感测、分析、整合城市运行核心系统的各项关键信息，从而对于包括民生、环保、公共安全、城市服务、工商业活动在内的各种需求做出智能的响应，为人类创造更美好的城市生活。

而研究机构 Forrester 则将“智慧城市”定义为：通过智能计算技术的应用，使得城市管理、教育、医疗、房地产、交通运输、公用事业和公众安全等城市组成的关键基础设施组件和服务更互联、高效和智能。

一般而言，智慧城市具有四大特征：全面透彻的感知、宽带泛在的互联、智能融合的应用、以人为本的可持续创新。

全面透彻的感知，通过各种智能传感设备（如：RFID、GPS、监控摄像、手持终端、数码相机、手机等）将城市公共设施物联成网，实现对城市运行和社会活动状态“无所不在”的感知、测量和信息捕获。

宽带泛在的互联，将不同设备和系统通过各种形式的高速、高带宽通信网络相互连接，实现物联网和互联网的完全融合，使所获取的动态感知数据能够高效共享，使各个关键系统和参与者能够有效协作，改变整个城市的运作方式。

智能融合的应用，基于云计算，构建智慧城市“大脑”，利用智能融合技术实现对海量数据的存储、计算与分析，并在此基础上推动“云”与“端”的结合，通过个人的“智慧”参与，提升应用平台的决策支持和应急指挥能力。

以人为本的可持续创新，对政府、企业、个人、组织和城市系统之间的关系进行优化、调整，通过各种工具和方法强化用户的参与，汇聚公众智慧，不断推动用户创新、开放创新、大众创新、协同创新，实现以人为本的可持续发展。

不同背景下的智慧建设有不同的关注点，但整体上，其建设和发展目标却是一致的，即：更有效率的资源利用模式、更为灵活的城市运营机制、更加便捷的民生服务手段、更具潜力的产业发展环境。

更有效率的资源利用模式，包括：通过城市资源的优化配置，提升资源的产出效率；通过城市资源在区域间和运营机构间的广泛共享，提升资源的利用广度；通过将城市资源向公众和企业多渠道多层次开放，增进资源的利用深度；还要对资源使用效率进行实时监控，建立资源使用的补偿机制，促进资源节约型社会的建立。

更为灵活的城市运营机制，包括：通过环境的实时监测和资源的动态调配，应对可能发生的各类突发事件；通过城市运营机构之间的整合与协作，提高政府工作的透明度和效率；通过功能系统的互动关联，提升问题处置的灵活性和敏捷性；通过对社会经济环境变化进行快速响应，实现城市的智慧发展与转型。

更加便捷的民生服务手段，包括：通过提供多样化的服务手段，实现服务模式的应用创新；通过虚拟空间和实体环境的结合，提升城市服务的便捷性；通过城市运行状态的全面监控，有效预防违法犯罪、保障社会秩序；通过信息技术的有效应用，减少城市拥堵和服务排队，为市民提供更加舒适的工作和生活环境。

更具潜力的产业发展环境，包括：通过无所不在的高速宽带网络，实现随时随地的远程信息获取；通过建设信息化、数字化、智能化的城市基础设施，形成高效、优化的产业发展服务体系；通过信息共享和互联互通，实现服务创新和产业服务水平提升；通过打破产业分立的边界，带来新型的产业结构，带动集约型产业共同发展。

2. 智慧城市建设发展

2.1 智慧城市发展脉络

2008年,在纽约召开的外国关系理事会上,IBM首次提出"智慧地球"的理念。在全球性金融危机的影响下,"智慧地球"新理念迅速得到世界各国的认同,并将其作为应对国际金融危机、振兴经济的重点领域。其核心是在各行各业中充分应用新一代ICT技术:把感应器嵌入和装备到全球各个角落,将电网、铁路、桥梁、隧道、公路等各种物体普遍连接,形成"物联网";再通过"互联网"将"物联网"整合起来,使人们能以更加精细和动态的方式管理生产和生活,实现全球的"智慧"状态。

2009年,迪比克市(Dubuque)与IBM合作建立美国第一个智慧城市。它将城市的所有资源(水、电、油、气、交通、公共服务等)通过信息网络连接起来,使用传感器、软件和互联网让政府和市民能够测量、检测和调整他们使用水、电和交通的方式。在物联网数据监测、分析的基础上,智能化地响应市民需求,降低城市的能耗和运行成本。

2010年,IBM正式提出了"智慧城市"愿景,希望为世界和中国的城市发展贡献自己的力量。IBM经过研究认为,城市由关系到城市主要功能的不同类型的网络、基础设施和环境六个核心系统组成:组织(人)、业务/政务、交通、通讯、水和能源。这些系统不是零散的,而是以一种协作的方式相互衔接。而城市本身,则是由这些系统所组成的宏观系统。

2012年,为规范和推动智慧城市的健康发展,我国住房城乡建设部印发了《国家智慧城市试点暂行管理办法》和《国家智慧城市(区、镇)试点指标体系(试行)》两个文件,标志着中国智慧城市试点建设工作的正式启动。

2013年,国家住房城乡建设部公布了两批智慧城市试点名单,共193个城市成为智慧城市建设试点。各地针对本地区新型城镇化推进中的实际问题,制订智慧城市创建目标,做好顶层设计,制订创建任务和重点项目的时间节点,创新体制机制,明确责任和考核制度,落实相关保障措施。

2014年,全世界有超过400个城市参与智慧城市建设,而在中国地方政府工作报告中已经有230个城市正式提出要建立智慧城市。随着国家政策推动,智慧城市建设提升到战略地位,智慧城市建设进入落地实施阶段。

2015年,在第二届世界互联网大会上,中国电科与深圳、福州、嘉兴共同签署了新型智慧城市建设战略合作框架协议,标志着以为民服务、高效治理、数据开放、绿色发展、网络安全为主要目标的新型智慧城市建设拉开序幕。

2016 年，由国家标准化管理委员会发布并实施首个《新型智慧城市评价指标》，在此基础上，“新型智慧城市建设”部际协调工作组开启了国家新型智慧城市评价工作，以指标为抓手，研判形势、共享经验，推进国家新型智慧城市健康发展。

2018 年，对《新型智慧城市评价指标》进行改版，并印发《国家发展改革委办公厅 中央网信办秘书局关于继续开展新型智慧城市建设评价工作 深入推动新型智慧城市健康发展的通知》(发改办高技[2018]1688 号)，无论是特大型的一线城市，或是中小型城市，皆有智慧城市项目落地，并且形成了数个大型智慧城市群。

2019 年，自然资源部办公厅印发《智慧城市时空大数据平台建设技术大纲(2019版)》，成立住房和城乡建设部科学技术委员会智慧城市专业委员会，以加强对地方智慧城市建设工作的指导，充分发挥专家在城市信息模型(CIM)平台建设和智慧城市建设工作中的作用。数字基础设施建设成为智慧城市建设的重点。

2020 年，住房和城乡建设部发布《城市信息模型(CIM)基础平台技术导则》，杭州市十三届人大常委会第三十次会议表决通过《杭州城市大脑赋能城市治理促进条例》，明确了城市大脑的范畴、定位和功能，还对政府和部门职责进行了规定。

2.2　智慧城市建设经验

2.2.1　美国的经验

美国是智慧城市建设发展的先驱。政府积极回应 IBM 的“智慧地球”概念，将其上升为国家战略。在具体实施过程中，其智慧城市计划多由地方政府根据自身的环境特点规划和推行，并与民间企业合作开展相关项目建设。不同城市侧重于不同领域的发展。

整体而言，其应用发展领域大致可归纳为五个方面，包括：

- 改善运输系统，以加强城市对内和对外的流动性；
- 提升能源使用效率，促进城市长远发展的可持续性；
- 更新信息通讯基础设施，为市民、企业和公共部门提供更为方便的生活和工作环境；
- 加强对城市公共空间的监察和保安，让城市变得更为安全；
- 改革和调整城市各项功能服务，以应对交通挤塞和能源消耗等一系列城市管理挑战。

其中，具有代表性城市有：纽约、圣何塞、波士顿、旧金山、西雅图等。

- **纽约**

纽约是美国智慧城市发展的领头羊。纽约市政府与 Cisco IBSG 合作推行的“Smart Screen City”计划，通过流动网络发放经整合的公、私营机构信息，将旧式收费电话亭改装成具备触碰和影音功能的智能屏幕(Smart Screen)，以便市民随时查阅信息，并同时作为

WiFi 热点,建立了全美最大的城市 WiFi 网络。此外,纽约市推行的“Hudson Yards Project”,于曼克顿西部商住区安装了大量电子探测仪,利用数码技术实时侦测区内的交通、能源和空气质量等数据。其他措施,还包括:建设基于地下气动管(Pneumatic Tubes)运送的废物处理系统,以提升垃圾运输效率。

- **圣何塞市**

加利福尼亚州圣何塞市,作为“Smart Cities USA”计划的首个试点,其政府部门与 Intel 合作,推动实施“绿色愿景”(Green Vision)发展战略。一方面,在全市开展“可持续性透视镜”(Sustainability Lens)项目,即:建立空气、声音和微气候传感器网络,对空气颗粒、噪音、道路流量等进行度量和分析,帮助改善交通、环境、健康和能源使用效率;另一方面,启动了“智能道路照明”工程,以新型灯具为基础,通过诸如失效路灯的早期排查、停电检测、光输出平衡以及调光等功能,来降低成本、改善服务,使城市街道更加安全、美观。

- **波士顿**

波士顿政府开发了功能全面的流动应用程序供市民使用,包括泊车位搜寻、实时交通信息和路线建议、城市车辆租用等;其 Soofas 计划更于公园和人行道的长椅上设置太阳能装置(Solar-powered Hub),供市民为移动设施充电,同时用于监测空气质量和噪音水平。而基于创新的地方政策,也使得公民有机会通过一系列应用与政府互动。迄今为止,其创新区已促进建立了超过 200 家科技创业公司。

- **旧金山**

旧金山在绿色和可持续能源利用方面处于领先地位,推行“全面废物回收”和“循环再利用”理念,强制将废弃物分类范围扩展至“回收”、“堆肥”和“堆填”三大类,通过流动网络向市民提供接近实时的能源使用数据和节能建议,并于市内建设超过 100 个充电站,推广电动汽车的使用。由于硅谷高新科技企业云集,其主街还设置有长达 4.8 千米的无间断免费 WiFi 网络。

- **西雅图**

西雅图政府与微软(Microsoft)合作启动了“高效能房屋计划”(High-Performance Building Program),大力推动智能大厦(Smart Buildings)建设,实时监测楼宇能源使用效率,并通过调节高峰期能量消耗等方法控制开支、降低碳排放。

2.2.2 欧洲的经验

2009 年的“欧洲智慧城市计划”(European Initiative on Smart Cities)给出了 2010 到 2020 年智慧城市建设的“计划路线图”(Indicative Roadmap),主要内容涉及战略目标、具体目标、为实现目标所采取的行动、公共及私人投资以及关键绩效指标。

2011 年,欧盟推出的“智慧城市和社区计划”(Smart Cities and Communities Initiative),支持城市和社区采取措施,通过对能源的可持续利用和生产,使得温室气体排放量到 2020 时年减少 40% 。

2012 年,欧盟委员会发起了“智慧城市和社区的欧洲创新伙伴关系”(Smart Cities and Communities European Innovation Partnership)项目,将把能源、交通和信息通讯等领域的技术与城市需求相结合,在特定地区开展智慧城市建设示范项目。

2014 年,欧盟发布了一篇名为“欧盟智能城市地图”(Mapping Smart Cities in the EU)的报告,该报告对欧盟 28 个国家内人口超过 10 万的 468 个城市进行了城市智慧的深入调研,发现欧盟的智慧城市建设比例高达 51%,英国、西班牙、意大利的智慧城市数量更超过了 30 个。

其中,具有代表性的城市有:英国伦敦、西班牙巴塞罗那、荷兰阿姆斯特丹、瑞典斯德哥尔摩、丹麦哥本哈根、奥地利维也纳等。

● **英国伦敦**

英国伦敦基于 2009 年发布的“数字英国”计划,一直在朝着智慧城市方向不断发展。2013 年,伦敦市政府发布的《智慧伦敦计划》明确提出:“以新技术的创造性力更好地服务伦敦城市发展以及市民的生活”。该计划以市民需求和商业发展为核心,进行公共数据的开放与共享,最大化地利用伦敦的科研、技术和创新人才,对基础设施进行调整、优化,利用网络平台进行资源融合,建设创新生态系统,实现跨部门、跨区域的政府协同,为市民提供更加广泛、高效的服务。以人为本的出发点、开放透明的数据服务、面向技术创新的社会环境、大力投入的市政建设,最终给伦敦市民及访客带来了“智慧伦敦”的切身体验。以交通为例,针对人行道,伦敦就有着“Pedestrian SCOOT”系统,即在交通信号灯上配备摄像头,用来检测路口等候过马路的行人数量,智能化、动态化地控制红绿灯时长,以保证行人和道路车辆的安全;在公交车站的可触碰信息屏上,人们可以方便地获取公交车到站时间、天气预报、附近可租赁车辆等信息,并通过数据互联和共享,对人行道穿行时长进行动态调整;此外,基于物联网、大数据、人工智能技术,伦敦还向民众提供了可供租用的无人驾驶巴士(Ultra Pods)、智慧停车位等应用服务。

● **西班牙巴塞罗那**

西班牙巴塞罗那在 2011 年新一届市政府上台后宣布“加强巴塞罗那的智慧城市品牌,以促进城市服务新经济的发展”,并组建了一支名为“智慧城市巴塞罗那”的项目团队,负责整合现有的资源和技术,寻找新机会,为所有公民和企业提供城市服务。巴塞罗那城市议会将智慧城市定义为“一个高度连接、低碳绿色、以人为本、生产力自给自足的城市”,并将“使用新技术促进经济增长并改善其公民的福祉”作为智慧城市建设的战略目标,规划了能源、交通、水循环、垃圾处理、网络覆盖、政府开放等 12 个领域共 22 个智慧城市重点项目。该城市是智能交通的早期实践者,他们拥有良好的共享自行车计划,并将各种各样的传感器应用于减少噪音、空气污染、交通拥堵,甚至是废弃物管理工作中。如今,人们几乎可以在城市的每个角落使用免费的 WiFi;一个红绿灯上的小黑盒子,可以给附近盲人手中的接收器发送信号,并引发接收器震动,提醒他已经到达了路口;地上小突起形状的东西就是停车传感器，司机只需下载一种专门应用程序，就能够根据传感器发来的信息获知空车位信息；试验区草地上铺满了湿度传感器，它能感知地面的温度，以确定何时应该给草地浇水；铺设在垃圾箱上的传感器能够检测到垃圾箱是否已装满，而如果垃圾箱的气味超出正常标准，垃圾箱上安装的气味传感器就会自动发出警报，进行提醒。

● **荷兰阿姆斯特丹**

荷兰阿姆斯特丹是世界上最早开始进行智能城市建设的城市之一，也是欧洲智慧城市建设的典范。阿姆斯特丹智慧城市计划（Amsterdam Smart City，ASC）基于公私合作伙伴关系，涉及数字城市、节能、流动性、循环经济，致力于为市民提供宜居环境和优质服务。在该计划支持下，为了改善环境问题，该市启动了 WestOrange 和 Geuzenveld 两个项目，通过节能智慧化技术，降低二氧化碳排放量和能量消耗；同时，该市还实施了 Energy Dock 项目，在阿姆斯特丹港口的 73 个靠岸电站中配备了 154 个电源接口，便于游船与货船充电，并利用清洁能源发电取代原先污染较大的燃油发动机。为建设可持续公共空间，阿姆斯特丹启动了气候街道（The Climate Street）项目，以缓解乌特勒支大街的拥堵；而为了节省能源，该市还启动了智能大厦项目、太阳能共享计划、智能游泳池计划，使得智能家用电器、商务办公区域全面采用太阳能技术，将能源消耗减小到最低程度，从而建设一个真正的节能绿色智慧城市。与 1990 年的水平相比，该市计划到 2030 年将二氧化碳排放量减少 55%，到 2040 年减少 75%。

● **瑞典斯德哥尔摩**

瑞典斯德哥尔摩作为欧洲第一个绿色首都，在智慧城市建设过程中，并不是对城市进行大刀阔斧式的全盘改革，而是充分利用已有的信息基础设施，先在小范围内运用和融合先进技术，再逐步带动全城的智慧化转型。通过与 IBM 合作，该市构建了一套完善的智慧交通系统，既缓解了城市交通堵塞，又减少了空气污染问题。一方面，斯德哥尔摩在通往市中心的道路上设置了 18 个路边控制站，通过使用 RFID 技术以及激光、照相机和先进的自由车流路边系统，自动识别进入市中心的车辆，并对周一至周五（节假日除外）6:30～18:30 之间进出市中心的注册车辆收税，从而使交通拥堵水平降低了 25%，交通排队所需的时间下降了 50%，道路交通废气排放量减少了 8%～14%，二氧化碳等温室气体排放量下降了 40%；另一方面，该市采用 IBM 的流分析技术，对将近 15000 辆出租车的实时位置信息进行分析、处理，帮助斯德哥尔摩更好地改善整体交通运行和日常通勤状况，同时使得出租车的收入增长 10%，平均每天新增 4 万名公共交通乘客。

● **丹麦哥本哈根**

丹麦哥本哈根的智慧城市计划以环境永续发展和提升市民生活质量为目标，透过广泛布置的物联网设备与高普及率的智能手机，对城市运行状态进行实时感知，并透过数据搜集平台、智能基础设施、私人企业应用，建构各领域的智慧城市服务，包括：开放大数据，探索提升能源使用效率与改善资源配置的创新性解决方案；开放城市作为智慧服务的试验场域，吸引外资与人才投入创业；通过创新性想法，带给市民更智慧的生活环境。在绿色交通方面，为促使市民使用二氧化碳排放量最少的轨道交通，该市通过统筹规划，力保市民在家门口1公里范围内就能使用到轨道交通；而对于1公里范围内的交通，则推广使用一种智能自行车，这种自行车的车轮装有可以存储能量的电池，并在车把手上安装了RFID或GPS设备，通过信号系统保障其日常出行畅通；与此同时，市政府大力完善沿途配套设施建设，如建立服务站点、提供简便修理工具等，为自行车出行提供便利。配备了传感器的智能自行车能够把即时信息提供给骑车人，同时向有关部门提供空气污染和交通拥堵问题的公开数据。

● **奥地利维也纳**

奥地利维也纳早在2011年就开始谋划建设智慧城市，2014年其城市议会通过并发布了《维也纳智慧城市战略框架(2014年-2050年)》。它将智慧城市框架和绿色城市建设的目标结合起来，提出三大策略：一是，为每个人提供高质量的生活；二是，最大限度地节约利用资源；三是，在各个领域进行社会和技术创新。在三大策略指导下，维也纳智慧城市提出了7个主要目标，细分为12个专题领域的65项子目标，与联合国可持续发展目标紧密结合。该城市通过100多个智慧城市建设计划，利用数据分析技术和再生能源开发工程，向市民承诺建设一个智慧且可持续的地区。在空间规划方面，约束城市快速扩张，实现节能和零碳排发展；在环境保护方面，对现有能源设施、交通设施等进行智慧改造，提升能源利用效率、降低碳排放水平；在建筑物改造方面，结合生态性与实用性，优化更新建筑结构、建筑材料、雨水处理系统、太阳能供电采暖、节能照明等技术应用，实现生态绿色零能耗；在交通设施方面，结合信息化、智慧化的手段构建公共交通系统，鼓励绿色交通出行方式；在公众参与方面，重视社会包容，考虑所有居民的生产生活需求，确保居住生活质量。

2.2.3 新加坡的经验

新加坡无所不包的智慧城市战略(科技、法规、教育与各级政府提供的支持)，为世界各国的管理者提供了灵感。具体而言，其智慧城市建设前后经历了2个发展阶段。

● **智慧国2015**

新加坡自2006年起就开始实施一个雄心勃勃的计划，名称为"智慧国2015"(Intelligent Nation 2015, iN2015)，欲将新加坡建设成为以信息通信为驱动的国际大都市。该计划关注政府和政府部门之间、政府和企业之间、企业和企业之间的信息整合，强调让资讯科技与日常生活及经济发展更紧密地结合起来。

该计划主要包括四大战略：

-建设超高速、普适性、智能化的可信赖资讯通信基础设施；

-开发具有全球竞争力的资讯通信产业；

-建立具有全球竞争力的资讯通信人才资源；

-对主要经济领域、政府部门乃至整个社会进行改造。

其内容主要涉及7大领域:数码媒体与娱乐、教育与学习、金融服务、电子政府、保健与生物医药科学、制造与后勤、旅游与零售。

- **智慧国2025**

2014年,新加坡发布"智慧国家2025"计划,力图建立数字经济、数字政府和数字社会,并推动健康、教育、交通、金融等领域的数字化转型。该计划的发布标志着城市管理服务进入新的阶段,"智慧城市"建设也由信息化向数字化迈进。

在"智慧国2025"计划下,新加坡政府确定了六个关键的国家战略,即:CODEX、电子支付、生活时刻倡议、国家数字识别、国家智能传感器平台、智能城市交通。

CODEX,它是一个核心运营的数字平台,使政府能够更快、更经济高效地为公民提供更好的数字服务。

电子支付,通过手机绑定新加坡居民身份证(National Registration Identity Card, NRIC)和外国身份号码(Foreigner Identification Number, FIN)进行收付款,这些最初是针对商业零售客户的业务,现在已扩展到更广泛的领域,比如,企业、公司和新加坡政府机构。

生活时刻倡议,一个数字平台,旨在为新加坡人提供信息和服务,比如,父母可以通过该平台注册孩子的出生,而老年人可以使用该平台查找积极的老龄化计划或获取有关政府福利的信息。

国家数字身份(National Digital Identity, NDI),是一种数字身份系统,使新加坡居民和企业能够更加方便、安全地与政府和私营部门进行数字交易。

国家智能传感器平台,旨在通过使用传感器收集数据来改善市政服务、规划城市,目前已在整个新加坡得到广泛使用,收集各种城市数据,监测空气质量、交通和行人运动、水的使用、能源的使用,甚至是老年居民的活动信息。

智能城市交通,寻求利用技术来改善公众交通和减少人民对私家车的使用需求,比如,自动穿梭巴士项目,针对老年人或残疾人的特殊班车等。

2018年6月,新加坡发布了《数字政府蓝图》,进一步推进"智能国家计划",其愿景是建立"以数字为核心,尽心服务"的政府。

此外,新加坡政府的通信和信息部(Ministry of Communications and Information, MCI)还制定了一项行动计划,旨在从4个方面帮助新加坡人"为数字化做好准备",包括:新加坡数字化准备蓝图、公民数字素养、技术的广泛使用、数字包容。

2.2.4 日本的经验

日本2009年推出"智慧日本战略2015"(Intelligent Japan 2015, I-Japan 2015),旨在将数字信息技术融入生产生活的每个角落。其目标主要聚焦于三大公共事业领域,即:电子政务治理、医疗健康服务、教育与人才培养。

其中,东京作为日本的政治中心、文化教育中心以及海陆空交通枢纽,在社会公共服务、智能交通建设、绿色城市建设等方面取得了显著成绩。

在物联网技术应用普及上,“东京无所不在计划”取得巨大成功。该计划主要采用泛在的ID识别技术,将东京市内所有“场所”及“物品”赋予识别码,通过系统平台将各种信息传送到游客或消费者的手持式接收器上,手持接收器具有RFID识别、红外线扫描、429MHz无线传输、WiFi、蓝牙传输等功能,用户通过接收器便可读取实体位置或物体上的资讯信息,将真实世界的资讯或内容进行数字化处理后与虚拟现实空间结合。

优化城市交通是东京智慧城市建设的重点任务之一。东京市政府提出的“智能化高速公路”计划包括汽车、高速公路、交通管理三大块优化方案。它实现了汽车的高度信息化,车载终端可以利用外部信息选择最佳行驶方案,从而避免追尾、碰撞障碍物和违规行驶等问题。此外,包括高速公路在内的所有公路均由信息技术控制和监测,随时提供重组的信息服务,避免各种自然灾害的发生,进一步提升城市公路运行安全管理的智能化水平。

而为了减少碳排放量,改善城市环境,“绿色东京大学计划”利用信息技术,以智能和智慧的方式降低电能消耗。该计划以东京大学工程院信息网络为样板实验平台,利用传感器等先进元件及IPV6下一代互联网协议平台,将建筑内的空调、照明、电源、安全设施等子系统联网,形成兼容性综合系统,并进行智能数据分析,实现对电能消耗的动态、智能化配置与管理。通过与松下、埃森哲、东京煤气的合作,它建成了包含太阳能电池板、蓄电池、高效节能家电和智能电网的绿色住宅,并致力于推广智能移动解决方案。

2.2.5　韩国的经验

韩国的智慧城市发展是一个不断迭代的过程,实现了从信息技术到示范工程的阶段跨越。

第一阶段,为“信息技术与服务无处不在的城市”(Ubiquitous City, U-City)建设阶段,主要聚焦于ICT基础设施建设。2008年颁布的U-City法案将U-City建设纳入国家预算,大力开展ICT基础设施建设。它将初期的韩国智慧城市定义为:通过“无处不在”的城市基础设施,随时随地提供城市服务,提升城市宜居水平,增强城市竞争力,并促进城市的可持续发展。依据U-City法案编制的《第一次U-City综合规划(2009~2013)》,是韩国早期智慧城市规划建设的指导蓝图。在此阶段,韩国政府建设了城市综合运营中心、光纤、无线网络、监控摄像头等ICT基础设施,以网络为基础,打造了绿色、数字化、无缝连接的生态智慧型城市。

第二阶段,为U-City到智慧城市的过渡阶段,主要聚焦于智慧平台的场景开发。此阶段发布的《第二次U-City综合规划(2014~2018)》,以扩大U-City服务范围、促进产业发展和海外输出为重点,制定了一系列战略规划以及重点工作。韩国政府最大程度地利用已建立的ICT基础设施,实施针对公众的信息开放服务,尝试推进智慧城市综合服务平台开发及相应标准制定工作。2015 年,通过修订 U-City 法案,增加了城市更新相关内容,并将"无处不在的城市"建设项目的规划程序与实施计划统筹结合在一起。2017 年,U-City 法案更名为"智慧城市法案",此后,"无处不在"一词被"智慧"取代,以增进公众的理解。

第三阶段,为智慧城市建设阶段,主要聚焦于智慧城市规划的实施。为了顺应云计算、大数据、物联网等新一轮信息技术的发展,韩国政府扩展了智慧城市政策的范畴,在总结前期经验教训基础上,软、硬件结合,着力推动国家新兴试点城市建设,积极营造创新产业生态,并开拓国际网络。2018 年,韩国总统直属第四次工业革命委员会及其相关部门,宣布了建设智慧城市的主要政策和基本方向,开启智慧城市建设阶段。通过修订智慧城市法案,扩大项目实施主体范畴,建立第三方评估机制,并开始推广国家智慧城市试点项目。之后,《第三次智慧城市综合规划(2019 ~ 2023)》发布,为解决持续变化的城市问题、促进城市创新体系构建,提出智慧城市发展战略。

首尔,作为韩国智慧城市建设的典型代表,其市政府在"智慧首尔 2015"计划中提出"利用大数据解决市民小烦恼"的口号,努力打造以人为本,以信息技术为基础的富有创造力的智慧城市。在信息化基础设施方面,用户通过"智慧首尔地图"可以查询市区免费无线网络热点、图书馆、以及行政信息等,同时广泛应用近距离无线通信技术(Near Field Communication, NFC)进行支付消费。在城市设施管理方面,利用无线传感器网络发回的信息,随时随地掌握道路、停车场、地下管网等设施的运行状态;在城市安全方面,利用红外摄像机和无线传感器网络,对火灾进行自动化监测和动态预警;在城市环境方面,智慧环境系统可以将最新的气象和交通信息自动发送到市民的移动终端,为市民户外运动提供信息服务。此外,在电子政务方面,首尔市政府大力推广和使用社交网络服务(Social Networking Service, SNS),进一步提高了市政透明度和开放性,使政务服务"惠及所有人",实现无差别、无歧视的信息化公共服务和高效率、智能化的政府治理。

2.2.6 中国的经验

根据 2013 年《关于促进智慧城市发展意见》,中国的智慧城市建设主要聚焦 10 大领域:智能交通、智能电网、智能水务、智能环保、智慧医疗、智能养老、智慧社区、智能家居、智慧教育、智慧国土。

作为中国智慧城市建设的领跑者,北京、上海、广州、深圳、杭州、天津、宁波、南京、雄安等城市各具特色。

北京,其智慧城市建设和发展主要以政府为主导。通过大数据平台和共享社区建设,社会组织与个人活动数据不断汇聚,为公共治理和政府决策提供了重要依据。与此同时,基于"互联网 + 政务"模式,北京市打通了部门间的信息壁垒,与市民生活息息相关的各类公共服务都得以有效整合 。

上海,其智慧城市建设和发展的特色主要体现在两个方面:一是,智慧公共服务,其应用领域涉及市民的衣、食、住、行等各方面日常生活需求，实现了民生事务的“一网通办”；二是，智慧城市管理，在多部门数据聚合、协同的基础上，实现了城市功能运行的“一网统管”。

广州，以“无线城市”和“云计算基地”建设为特色。随着“天云计划”的部署，广州云计算应用达到全国领先水平，并努力构建世界级的云计算产业基地。考虑到地区引领作用，广州以天河区为示范，大力开展“天河智慧城”建设，努力将广州建设成具有国际影响力的亚太智慧城市。

深圳，有着高度信息化的产业生态，拥有国际领先的城市信息通信基础设施。它凭借优秀的城市感知能力、网络传输环境以及信息处理能力，提出了“一图全面感知，一体运行联动，一号走遍深圳，一屏智享生活，一键可知全局，一站创新创业”的智慧城市总体建设方案。

杭州，其智慧城市建设具有明显的政企协同特色。政府负责整体规划和顶层设计，并出台相应扶持政策，而阿里等互联网企业则提供“城市大脑”的技术解决方案。目前，其城市大脑已经接管数百个交通信号灯，使得试点区域的道路通行效率明显提升，120 救护车到达现场的时间缩短一半。

天津，其智慧城市建设遵循“智慧－生态”双轮驱动模式。以中新天津生态城为依托，市政府一方面积极推进城市管理与服务的数字化改革，打造智能、融合、惠民、安全的城市功能体系，另一方面集成各类能源监测和环境监控技术，在节能降耗的同时，提升城市的生态居住品质。

宁波，是中国智能医疗建设的先导城市。基于云计算、物联网、大数据等信息技术，该城市积极探索智能远程医疗服务模式。经过多年发展，累计为数十万人提供在线问诊、咨询和配送药服务，形成了覆盖全市的网上医联体系统，为中国智慧医疗改革提供了重要参考。

南京，充分发挥其科教、产业和人才优势，将信息资源作为重要生产要素，使智慧产业成为地方经济增长的重要引擎。网络化的工作和生活方式得到广泛普及，城市与农村协调发展。通过社会组织体系的转型升级，资源利用效率、城市管理水平和市民生活质量都得到明显提升。

雄安，作为新型智慧城市建设的典型代表，其特色主要体现在三个方面：一是，透明雄安，即以大数据为枢纽建立互联协同、智能生产、科学管理的信息化平台，实现工程项目的全过程数字化管控；二是，海绵雄安，即进行雨水的收集、调蓄，实现供热、制冷以及生活热水的一体化供应，形成一个自循环系统；三是，绿色雄安，即广泛使用绿色能源，采用高效、低成本的综合建筑节能技术，并利用物联网数据进行实时环境监测。

2.3 智慧城市建设方案

2.3.1 智慧城市的体系架构

从技术应用角度出发,智慧城市的体系架构主要包含3个层次:基础设施层、数据融合层、业务应用层。

- **基础设施层**

它是智慧城市的"筋骨血肉",包括:物联感知部分、网络通信部分、计算存储部分。物联感知部分,通过多样化的感知设备和手段,实现对城市各类信息的数据采集;网络通信部分,基于宽带互联网、移动互联网、物联网等网络设施,构建空、天、地一体化的数字网络,提升城市的网络通信能力和质量;计算存储部分,利用分布式系统和云计算平台,满足各类智慧化应用的数据存储管理和分析计算需求。

- **数据融合层**

它是智慧城市的"知识储备",包括:城市集成数据中心、数据共享交换服务、城市综合基础支撑平台。通过对数据的规范整编和融合共用,数据融合层旨在达到有效管理城市基础信息资源以及支撑城市管理与公共服务的目的。一方面,数据融合服务通过将各个部门数据整理汇总至"城市数据中心" 下的各类数据库,以解决信息孤岛问题;另一方面,城市综合支撑平台通过对各类应用的基础数据进行整合,为上层智慧应用提供基础支撑服务,是整个智慧城市的枢纽。

- **业务应用层**

它是智慧城市的"大脑"和"脸面",包括:城市运营管理中心、各类功能接口、业务系统和应用服务。在数据融合层的支撑下,业务应用层专注于各部门和各领域自身的核心业务,通过平台、应用的开发,在城市治理、经济发展、民生服务等多个领域,为社会公众、企业、城市管理者等提供智慧交通、智慧医疗、智慧教育、智慧社区、智慧政务、智慧环保等一系列具体的功能服务。

根据理论研究和应用实践需要,智慧城市的"基础设施层"有时也可进一步分为"物联感知层""网络通信层"和"存储计算层","数据融合层"又可分为"数据要素层"和"信息资源层","业务应用层"则可分为"应用平台层"和"应用服务层"。

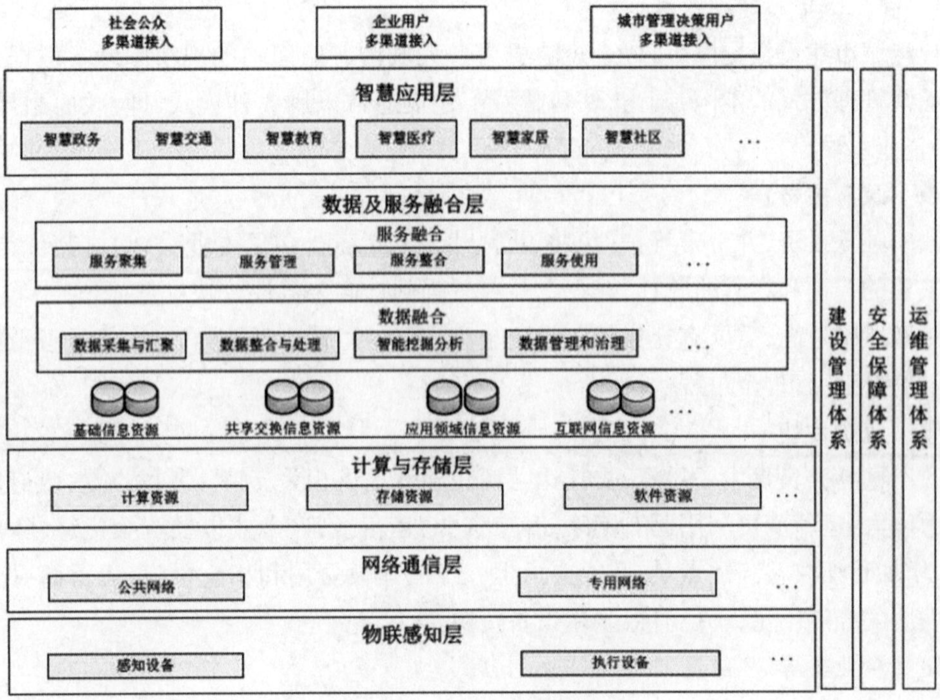

图 13-2-1　智慧城市体系架构

2.3.2　智慧城市的建设内容

智慧城市是城市信息化向更高阶段发展的表现，其功能需求主要体现在 6 个方面：

- 更全面、灵活的物与物、物与人、人与人的互联互通和相互感知能力；
- 更高效安全的信息处理和信息资源整合能力；
- 更科学的监测、预警、分析、预测和决策能力；
- 更高水平的远距离控制和智能化执行能力；
- 更协调的跨部门、多层级、异地合作能力；
- 更强的创新发展能力。

不同城市对于推进智慧城市建设的工作规划、侧重点、切入点各有不同，但一般而言，其建设工作主要涉及 7 项内容：

- 加强信息基础设施建设，扩大利用互联网，构成覆盖城市的信息共享网络体系；
- 开发和整合利用各种信息资源，建立和发展智慧城市的技术支撑体系；
- 以信息化、数字化、智能化带动工业化，推动传统产业的技术变革和经营方式创新；
- 推进“智慧政府”建设，开展多层次的电子政务服务，建立和完善信息服务网络；
- 开发建设重点领域智慧应用系统；
- 建设信息化政策法规环境，有效管理数据资源，制定投融资政策；
- 建设智慧城市人才队伍，普及智慧城市相关知识，提高全社会的信息化技术能力。

2.3.3 智慧城市的建设模式

智慧城市建设投资巨大,资金短缺成为各大城市普遍面临的现实问题。根据建设投资和运营管理方式的不同,国内、外智慧城市建设通常采用3种模式,即:政府主导、政企合作、企业主导。

- **政府主导**

政府独立投资,并负责维护(可将设计、建设和运营外包给专业公司)。其优点是:政府对工程的控制和运营监管比较深入,具有较强的社会公益性。缺点是:政府要承担的建设费用和风险过高,需要有充裕的建设资金和较强的运营管理能力,能够主导智慧城市规划、建设和运营管理全过程。

- **政企合作**

政府主导并负责主要投资,委托运营商建网并提供相关支持。其优点是:政府对系统监管力度大,运营商可利用已有网络、客户资源、运营经验、人才以及资金优势,降低商务风险,增加首期收益。缺点是:政府要承担一定的建设费用和相应风险,运营商对产品规划和发展的控制不足,不能有效利用设备资源。

- **企业主导**

完全由运营商提供资金并进行建设,政府对系统开发没有太多话语权,仅提供有限的基础设施或政策支持。其优点是:以某一个项目或某一个方面作为出发点进行智慧城市建设,投资较小,但效果显著。缺点是:政府对系统的规划和发展控制不足,缺乏顶层设计,不同项目间的协调能力有限。

3.智慧城市典型应用

智慧城市关注于城市生活的方方面面。它通过一系列智慧工程,构建和谐稳定、良性发展的社会环境,营造更加安全、环保、宜居的生活空间。在一定意义上来说,智慧城市已成为"智慧生活"的代名词。智慧交通系统使得居民出行更顺畅,城市道路资源利用更高效;智慧医疗使得居民身心健康得到及时、有效护理,破解了当前医疗资源有限、分配不平衡的难题;智慧家居能给居民营造一个安全、智能、舒心、惬意的家庭环境;智慧公安可以有效监控城市治安状况,及时有效地处理城市犯罪和突发事件,保障居民的生命和财产安全。

3.1 主要应用领域

随着管理、服务理念和技术的革新,智慧城市的建设发展水平不断提升。许多城市结合自身特点,建立了相应的基础平台、体验系统和应用示范工程。

根据应用领域的不同,其功能系统建设主要集中于5个方面,即:智慧政府、智慧治理、智慧民生、智慧产业、智慧生态。

智慧政府,包括:智慧政务、智慧法务、智慧税务、智慧党建、智慧督察等。

智慧管理,包括:智慧人社、智慧交通、智慧城管、智慧安防、智慧消防、智慧停车等。

智慧民生,包括:智慧金融、智慧社区、智慧医疗、智慧养老、智慧教育、智慧场馆等。

智慧产业,包括:智慧农业、智慧旅游、智慧制造、智慧物流、智慧商圈、智慧港口、智慧工地、智慧园区、智慧建筑等。

智慧生态,包括:智慧能源、智慧环保、智慧水利、智慧海洋、智慧园林、智慧垃圾管理等。

虽然不同类型服务系统的应用领域和场景有所差异,但其各方面应用项目并非独立存在,而是互联互通、相互协同的。从数字化到智能化,再到智慧化,智慧城市相关应用通过细分、延伸、融合,实现了一体化、全景、综合的城市管理与服务。

3.2　智慧政务

智慧政务,是依托宽带互联网、移动互联网、物联网等网络系统,通过云计算、大数据和人工智能等多种技术的综合应用,面向政府内部业务和公民、企业,提供无缝对接服务的电子政务形式。它并非是一种全新的政务模式,而是电子政务发展的高级阶段。从“三难”(互联互通难、数据资源共享难、业务协同难)到“三通”(网络通、数据通、业务通),智慧政务实现了体制机制的改革与突破。

其主要操作特点有:移动性、普及性、全时性、即时性、客户性、易用性,以及知识交互性。

其主要技术特点有:系统集成化、业务全面化、应用整合化、信息安全化、架构重构化、功能协同化等。

除了政府对公众(Government to Citizen, G2C)、政府对企业(Government to Business, G2B)、政府对雇员(Government to Employee, G2E)以及政府部门对政府部门(Government to Government, G2G)的基本应用外,智慧政务的应用还涉及更广泛的公共领域,比如,社区服务、公共安全、应急响应和社会治理等。

在不同场景下,智慧政务的典型应用包括:一体化政府、回应型政府、透明政府、移动政务、电子证照等。

一体化政府,是通过政府内部业务系统之间以及业务系统各职能部门之间的资源整合,对政府各方面的业务流程进行重构,推动跨职能部门的业务联动与系统集成,实现“并联审批”和“一网通办”,给市民及公司提供便捷、优质、低成本的一站式服务。

回应型政府,是通过社会利益关系的统筹协调和政府与社会间的合作共治,建立和完善社会治理体制，对居民诉求进行及时响应，化解社会利益矛盾、优化公共资源配置，推动公共利益最大化，实现以民为本的高效服务，提高公众满意度。

透明政府，是通过民众关切信息的高效发布、精确解读和政务数据的开放共享，充分发挥政府信息对于人民群众生产、生活和经济社会活动的服务作用，同时，利用网上的行政监察和法制监督，保障政府廉洁、高效、规范运行，提升政府公信力水平和公众参与政府决策的积极性。

移动政务，是通过移动信息技术的开发利用，对政府流程进行再造，简化业务交接手续，降低行政成本，提高事务处理效率和政务服务质量，满足高效、多样的政务信息查询需求，促进公众与政府工作人员间的良性互动与沟通，实现随时随地的公文接收和数据传递，并为民众提供方便、快捷的个性化服务。

电子证照，是通过数据编码和信息加密技术的有效应用，对批文、证明、鉴定报告等各类电子证照进行有效签署、存证收发与司法送达，实现各类电子证照的随时在线流转，随时在线验真，即时采信办事，安全合法、高效便捷，支撑数字政府运行，深化“放管服”改革。

从网络联通、数据交换、业务协同到事务办理，智慧政务的功能系统主要包括 4 部分内容，即：政务内外网、政务云平台、政务协同工作系统、网络政务服务门户。

政务内外网，作为智慧政务功能系统的基础，它在政府管理和服务的不同机构间搭建了一条信息高速公路，实现各级党政机关、企事业单位政务信息的互联互通，为政府协同办公、高清视频会议、信息资源共享交换等功能应用提供底层支撑。

政务云平台，作为智慧政务功能系统的核心，它包括整体性的云服务架构和云数据中心，通过政府信息资源的汇聚、整合与优化，彻底打破“信息孤岛”，实现不同应用模块间的信息交换、共享和协同，大大提升各级政府机关的整体工作效率。

政务协同工作系统，作为智慧政务功能系统的关键，它在整合各个部门需求和业务流程的基础上，进行政务集中化虚拟管理，实现政府部门内部协同、区域内政府部门间协同、跨区域政府部门间协同“三位一体”的政务服务体系。

网络政务服务门户，作为智慧政务功能系统的界面，它以政务网站、App、公众号、小程序和政务大厅的自助服务终端为载体，为市民提供了高效、便捷的政务事项办理和公共事项服务，打通了政务服务的最后一公里。

3.3 智慧交通

智慧交通，是在整个交通运输领域充分利用物联网、空间感知、云计算、移动互联网等新一代信息技术，综合运用交通科学、系统方法、人工智能、知识挖掘等理论与工具，以全面感知、深度融合、主动服务、科学决策为目标，通过建设实时的动态信息服务体系，深度挖掘交通运输相关数据，形成问题分析模型，提升资源优化配置能力、公共决策能力、行业管理能力和公众服务能力，推动交通运输向更安全、更高效、更便捷、更经济、更环保、更舒适的方向发展，并带动交通运输相关产业转型、升级。

越来越高的城市交通需求是传统交通运输系统所难以满足的，而智能交通系统恰恰适应了现代社会经济发展的客观要求。据预测，智能交通系统得到有效应用后，可使交通运输效益显著提高，使交通拥堵降低 20%～80%，油料消耗减少 30%，废气排放减少 26%。

具体而言，智慧交通的应用需求主要体现在以下 4 个方面：

从政府管理者角度，需要更好地利用现有的交通运输基础设施，提高安全性，改善环境；

从企业角度，需要提高产品系统的运营效率和服务质量；

从旅行者角度，需要可靠的出行信息、高质量的运输服务和便捷的支付手段；

从驾驶员角度，需要最新的交通信息、最佳的行车线路、适宜的速度限制、安全的行车环境、及时的危险警告、快速的应急反应。

在应用平台方面，智慧交通整合了公共汽车系统、出租车系统、捷运交通系统（Mass Rapid Transport，MRT）、轻轨交通系统（Light Rail Transport，LRT）、高速公路监控及信息诱导系统（Expressway Monitoring&Advisory System，EMAS）、车速信息系统（Traffic Scan）、电子收费系统（Electronic Road Pricing，ERP）、道路信息管理系统（Road Information Management System，RIMS）、优化交通信号系统（Green Link Determining System，GLIDE）、电子通信系统和车内导航系统。

在应用系统方面，智慧交通主要包括：先进的交通管理系统、先进的路人资讯系统、先进的大众运输系统、电子收付费系统。

先进的交通管理系统（Advanced Traffic Management System，ATMS），是智慧交通的核心与基础。它具有大范围的信息采集、汇总、处理能力，能够对城市交通的现实状况进行分析、判断，通过交通事件（包括：常发性交通拥挤、偶发性交通事件、交通事故、存在的交通问题等）的自动检测、监视和预警，对相关功能节点进行协调，实现交通信号的智能控制。

先进的路人资讯系统（Advanced Traveler Information System，ATIS），是智慧交通的重要组成部件。它具有多种交通信息发布能力，能够与交通管理系统配合，调节、诱导或控制相关区域内的交通流变化，实现可变信息标识（Changeable Message Sign，CMS）、最佳线路导引、公路路况广播（Highway Advisory Radio，HAR）、车辆导航等功能。

先进的大众运输系统（Advanced Public Transportation System，APTS），是智慧交通的重点发展内容。它以历史经验和实时数据为基础，通过模型计算和系统调度，提高公交系统中的人（乘客、司乘人员、管理人员）、公交设施（道路、场站等）和公交车辆等之间的有机联系，从而优化交通系统的“时间和空间”资源利用，降低运输成本，提高运输效率，实现公交实时定位、公交自动排班、公交动态调度、公交信息发布等功能。

电子收付费系统(Electronic Payment System, EPS; Electronic Toll Collection, ETC),是智慧交通的常见功能要素。它基于自动车辆辨识技术(Automatic Vehicle Identification, AVI)和影像执法系统(Video Enforcement System, VES),实现交通通行的自动化收费(包括:道路通行费、运输费、停车费)和车辆余额查询等功能。

3.4 智慧城管

智慧城管,是充分利用物联网、云计算、信息融合、网络通信、数据分析与挖掘等现代信息技术手段,实现信息获取自动化、监督管理精细化、业务职能协同化、服务手段多样化、辅助决策智能化、执法手段人性化的多位一体、全覆盖、全流程的综合性城市管理技术、方法体系。它并不是孤立的"智慧"项目,而是通过信息资源的整合,推动城市管理要素、城市管理过程、城市管理决策智慧化发展的系统工程。

智慧城管的产生,既有深厚的社会基础和充足的技术条件,也离不开政府角色转变和公民社会的推动。它是精确、高效、全时段监控和全方位覆盖的城市管理模式创新,是全社会共建、全民共管、多方面协调、可持续发展的管理理念创新,是以信息流分析、利用为基础的管理对象创新,也是系统化、一体化、智能化的管理架构创新。

作为一个开放性系统,智慧城管涵盖一系列具体的城市管理应用。根据功能领域的不同,其应用场景大体可分为5类:市民互动与和谐共治、数据共享与业务协同、实时通信与统一调度、智能物联与动态监管、数据挖掘与决策支持。

市民互动与和谐共治,是以服务为导向开展行政执法,通过沟通与引导,实现管理者与群众的和谐共治。一方面,建立城管政务平台,提高与市民的互动性,利用微博、微信等社交媒体向市民传播城市管理的实时动态信息;另一方面,搭建"创新2.0"背景下的公共服务平台,充分利用市场机制和社会力量,为市民提供人性化、便利化的服务,同时推动社区自治、自我管理、自我服务,形成"人民城市,人民管"的多方参与社会治理服务体系。

数据共享与业务协同,是面向城市管理所涉及的诸多领域,构建信息资源目录体系,建设跨部门的信息资源交换平台,实现城管执法部门与其他行政管理部门的有效连接与协同,并在此基础上,围绕信息资源共享和交换各环节制定相应技术标准,针对信息资源提供者、管理者和使用者确立相关管理制度和行为规范,实现多种形态数据资源的定位、共享以及横向部门间开放式、松耦合的业务协同。

实时通信与统一调度,是为了适应现代城市发展需求,建设由政府、企业、公众等多元主体共同参与的"大城管"系统,需要依靠数字技术平台组建联合执法中心,为城管工作人员提供了一种更个性化、更及时的通信方法,使人们无论任何时间、任何地点,都可以通过任何设备、任何网络,获得数据、图像和声音的自由通信,实现终端应用、平台应用、网络应用的统一通信,提升各种类型城市公共事务处理(如:环境卫生、园林绿化、城市规划)

的协作水平、响应速度、移动能力和安全性。

智能物联与动态监管，是面对复杂的城市环境，建立“覆盖到面、监测到线、控制到点”的物联网动态监管平台，实现日常管理和应急管理的有机结，提高城市管理队伍的快速反应和问题处置能力。一方面，采用增量数据采集技术，全面收集城市管理所需的各类数据，消除信息孤岛，实现城市状态的全方位感知；另一方面，提供丰富的监管分析工具，利用预警、分析模型和领域知识库，实现城市问题的智能研判，维护、保障城市运行秩序，促进城市经济和社会的协调及可持续发展。

数据挖掘与决策支持，是整合城市管理机构现有的数据资源，通过横向和纵向的大数据分析、挖掘，获得可供借鉴的宏观、综合、现时知识，使得城市管理平台具备“智慧”决策的功能，以支持基于人机交互的城市可视化治理、多层级互动的“城市大脑”应用、“云－端”结合的多机协同管理，从而强化城市执法管理部门的调度指挥和协同联动能力，更好地应对可能出现的各类城市违法行为和突发事件。

智慧城管建设的总体架构分为四个层次，即：城市管理信息采集网络、虚拟化软硬件设施、智慧城管数据云中心、智慧城管综合应用。

城市管理信息采集网络，它主要通过北斗/GPS、RFID 电子标签、视频监控、12345 微信、12345 热线、卫星遥感、卫星通信等对地观测手段，实现城市管理要素的位置信息、状态信息、视频信息及人力信息的采集，所采集的各类数据将汇总到智慧城管数据云中心。

虚拟化软硬件设施，它通过对现有存储、计算、安全等硬件设施进行虚拟化部署，形成可统一管理和分配的计算、存储资源池，系统用户可对虚拟资源进行灵活配置，并通过“云终端”按需动态获取相应功能服务。

智慧城管数据云中心，它将所在地区相关行业各类型数据资料接入、交汇和整合在一起，构建统一的城管专题数据库，形成完整、全面的城管业务专题数据标准，为城市管理部门信息共享和业务协同发展提供数据支撑，同时，还打通了其他政府部门、企事业单位、社会公众的数据通道，实现公共数据、地理数据、城管专题数据和业务运行数据四大数据库的融合应用，消除各行业间的信息孤岛，实现统一的数据源和数据出口。

智慧城管综合应用，它是面向城市管理部门各项基础业务和后期扩展业务需要，建设、部署包括数据分析、综合指挥、运维管理、业务管理、移动办公、考核评价、公众互动在内不同功能的实践应用平台。

3.5　智慧安防

智慧安防，是以各方面安全防护资源为载体，依托空间信息系统、业务信息平台与传感器网络设备，构建日常管理、分析预警、应急指挥三位一体的安全防护体系，从而实现安全管理智能化、报警预警自动化、反应决策敏捷化的智慧城市功能应用。它将事件的处置方式从“事后”被动接警处置转变为“事中”或“事前”及时自动报警和预警应对，大大改善了城市的安全状况。

智慧安防主要应用于银行、电力、政府、公检法、教育行业以及大中型企业等有明确安全防护需求的领域。在内容上,它涉及泛在监控、智能预警和应急救援3个层面。

智慧公安,是智慧安防的核心应用。而作为智慧公安应用的典型代表,“天网工程”通过在交通要道、治安卡口、公共聚集场所、宾馆、学校、医院以及治安复杂场所安装视频监控设备,利用视频专网、互联网、移动互联网等网络,把一定区域内所有视频监控点图像传播到监控中心(即“天网工程”管理平台),通过影像信息分类判读(刑事案件、治安案件、交通违章、城管违章等)和相关部门的协同指挥与调度,强化城市综合管理,预防打击犯罪和突发性治安灾害事故。

此外,智慧安防系统还被广泛应用于场所监控、入侵告警、出入口控制、门禁管理、在线巡防、联网告警等安防领域,以满足海关、机场、铁路等相关公共安全机构对于可疑人员身份确认、实名制认证、人脸电子围栏、重点人员布控与告警的实战功能诉求。

一般而言,智慧安防系统的功能主要包括:

- 多点、多领域、多维度的安全监控及信息共享;
- 安全隐患的实时发现、自动预警和智能预防;
- 多方资源的联网调度和安全事故的高效救援。

而为了实现上述功能,智慧安防系统通常包含4个核心要素,即:丰富的信息资源库、强大的环境监测平台、完善的信息统筹体系、高效的协同工作网络。

丰富的信息资源库,以“天网工程”为例,公安系统的8大信息资源库(全国人口基本信息资源库、全国出入境人员资源库、全国机动车/驾驶人信息资源库、全国警员基本信息资源库、全国在逃人员信息资源库、全国违法犯罪人员信息资源库、全国被盗抢汽车信息资源库、全国安全重点单位信息资源库)和所在地域的GIS数字地图为城市安防管理提供了基础支撑。

强大的环境监测平台,以安防监控为例,基于影像内容分析功能,在不同视频采集传感器中预设不同的报警规则,一旦目标在场景中出现了违反预定义规则的行为,系统就会自动报警,管理人员可以通过报警信息采取相关措施。

完善的信息统筹体系,以事故救援为例,通过物联网自动、快速获取报警、急救、求助和投诉人的位置,并显示事件地点附近的公安、交警、消防、急救部门等警力和救助资源的分布,系统会根据事件类型自动提供相应的事件背景信息和最优的解决方案。

高效的协同工作网络,以应急管理为例,指挥员可根据需要跨部门、跨警区、跨警种下达命令,进行全方位的实时远程指挥与调度,最大限度地减少突发事件或自然灾害等造成的危害和损失。

3.6　智慧医疗

智慧医疗，是指利用先进的互联网、物联网、云计算和大数据技术，通过智能化方式，将与医疗卫生相关的人员、信息、设备、资源连接起来，实现多主体、多要素的良性互动，以保证市民及时获得预防性和治疗性健康服务的现代医疗系统和医疗模式。它是生命科学和信息技术融合的产物，实现了从“临床信息化”向“区域医疗信息化”的转变，从“以疾病为中心”到“以病人为中心”的转变，从基础医疗管理到定制个性化医疗管理的转变，从“有病治病”到“未病保健”的转变。

不同于目前已有的医疗信息化系统，智慧医疗强调数据的广泛采集和深度利用，以“感、知、行”为核心，旨在建立一个智能的远程疾病预防与护理平台：

“感”，是以物联网技术为基础，利用多种传感器，实时跟踪各种生命体征数据，并通过无线网络技术将数据传送到医疗数据中心；

“知”，是利用大数据存储与处理平台，应用数据挖掘和知识发现技术，对医疗历史数据进行建模与分析，可靠、快速、高效地发现早期疾病，并对健康风险进行预测；

“行”，是将实时跟踪与历史数据的分析结果，通过云服务的方式，提供给医务人员作为诊疗参考，或为终端用户直接提供医疗护理方案，建立有效的数据模型，以实现大规模复杂健康状况的快速、准确诊断。

从不同视角出发，智慧医疗系统能够很好地满足医疗卫生领域的多方面需求。

从医疗用户角度，智慧医疗可以向市民提供更便捷、更便宜、更全面的医疗健康服务。它整合了医疗机构的号源，组成号源池，使公众能够通过网络、电话、App 等各种渠道进行预约挂号，并按照预约的时间到医院就诊，免去了在医院排队等候的时间。另外，它以市民健康卡作为医疗服务的唯一索引，实现了实名就医、自助挂号、自助缴费、自助打印检查检验结果等操作，极大地优化了就医流程；而患者的诊疗信息，也能够在各个医疗机构间共享传递，使医生可以随时获取患者的就诊资料、既往病史、各种影像检验资料，避免因信息缺失等原因导致的重复检查，降低了病人的看病成本。与此同时，居民的健康数字档案以人为核心，以生命周期为主线，涵盖了个人健康信息的全面档案记录，能让居民随时了解自己的健康状况和医疗服务情况；而通过家庭健康监测设备和可穿戴式健康监测设备，人们可以随时监测自身的生命体征和健康数据，并通过无线网络将监测到的数据传送到居民健康档案中予以存储，以便医生随时了解被监护人的身体情况，及时提供有针对性的健康指导，减少慢性疾病的患病率，有效控制现有疾病的发展、促进疾病的康复。

从医疗机构角度，智慧医疗可以实现医疗资源的高效利用，提高医疗服务效率和服务质量。一方面，它通过双向转诊、远程医疗、远程教育、手术示教等功能应用在各级医院之间以及医院与社康机构之间实现优质医疗资源的合理分配与灵活共享，医生可通过调阅患者的健康档案，及时了解患者的既往病史、既往治疗用药情况、传染病史、过敏史等情况，通过大数据分析、机器学习等技术方法，协助疾病诊断与治疗，减轻医护人员工作压力，减少医疗差错；另一方面，它可以建立药理知识库，通过合理用药监测系统，按照医学、药学的专业审查原理，在医生录入医嘱时提供相关药品资料信息，并对药物过敏、药物相互作用、药物禁忌、不良反应、给药途径、给药时间间隔、用药时间及疗程进行审查，发现问题、及时提醒和警示，预防药物不良事件的发生，促进合理用药；此外，移动式智能数据终端能够为医务人员提供随身的数据应用服务，及时掌握患者病情的变化情况，制定或调整治疗方案；而基于物联网等数字化技术，医疗机构还能实现无纸化、无胶片化、无线化服务。

从医疗监管角度，智慧医疗可以合理分配医疗资源，提高医疗系统的统筹协调能力。一方面，它通过建立智慧大数据分析系统，对海量医疗数据进行深入挖掘，为医疗资源配置、医疗保障规划、疾病发生及流行趋势预测等提供量化决策支持，提高医疗服务供给的合理性、公平性，缓解医患矛盾；另一方面，它通过建立智慧应急响应系统，与医院、疾控慢病、急救等系统实现互联互通，整合各方信息，扩大信息的容纳与集成能力，实现及时、有效的监管干预，特别是面对突发公共卫生事件，可以联合调度多方面公共资源，指挥各部门人员相互协作、共同应对，进行及时、科学处置。

总体而言，智慧医疗功能系统由三部分组成，分别为：智慧医院系统、区域卫生系统、家庭健康系统。

智慧医院系统，由“数字医院”和各方面“提升应用”两部分组成。“数字医院”，包括医院信息系统（Hospital Information System，HIS）、实验室信息管理系统（Laboratory Information Management System，LIS）、医学影像信息存储通信系统（Picture Archiving and Communication Systems，PACS）和医生工作站系统（Doctor Workstation System，DWS）四个部分，主要用于实现病人诊疗信息和行政管理信息的收集、存储、处理、提取及数据交换；“提升应用”，是远程图像传输、大数据处理等技术在数字医院建设过程中的应用，主要用于实现医疗服务水平的提升，比如，远程探视、远程会诊、自动报警、临床决策支持、智慧处方等。

区域卫生系统，由“区域卫生平台”和“公共卫生系统”两部分组成。“区域卫生平台”，是对特定区域内社区、医院、医疗科研机构、卫生监管部门记录的所有医疗卫生信息进行收集、处理、传输的信息平台，它旨在运用尖端的科学技术，帮助医疗单位及其他相关组织开展疾病风险评价，制定以个人为基础的风险因素干预计划，减少医疗费用支出，进而制定预防和控制疾病发生、发展的电子健康档案（Electronic Health Record，EHR），比如，社区医疗服务系统、医疗科研机构管理系统等；而“公共卫生系统”，则主要由卫生监督管理系统和疫情发布控制系统组成，是由政府主导并全力支持的，集疾病监测、预防、控制和治疗于一体的公共卫生工作系统。

家庭健康系统，是最贴近市民的健康保障，它以 ICT 技术为支撑，旨在实现常态化、连续的个人健康管理。其典型应用包括:针对行动不便且无法送往医院进行救治病患的视讯医疗,针对慢性病以及老幼病患的远程照护,针对智障、残疾、传染病等特殊人群的健康监测,以及自动提示用药时间、服用禁忌、剩余药量等的智能服药系统。

3.7　智慧社区

智慧社区,作为智慧城市的"细胞",是基于物联网、云计算、移动互联网等各种智能技术的集成应用,能够为社区居民提供安全、舒适、便利的生活环境。它是社区管理的一种新理念、新形态,是新形势下的社会治理模式创新。

根据住建部2014年发布的《智慧社区建设指南(试行)》,智慧社区具有丰富的内涵。一方面,在城市公共信息平台和公共基础数据库的支撑下,通过综合服务平台建设,智慧社区能够统筹管理社区相关资源,实现多层面的功能应用;另一方面,面向政府管理部门、社区居委会、小区居民、物业公司和市场服务企业等多元主体,智慧社区可采用多种不同的运营模式,实现高效的社会基层治理与服务。

智慧社区的应用场景主要涵盖五个方面:社区治理、小区管理、公共服务、便民服务、主题功能。

社区治理,主要包含:社区居民管理、政务管理和治安管理。针对相对固定的服务人群,智慧化的社区治理关键在于整合各部门垂直业务,通过PC、手机、移动终端、自助系统、居民热线等渠道实现方便的政务服务、高效的事务处理和丰富的自助应用。其中,"网格化管理"将数字技术与日常社区管理工作相结合,对传统社区治理方式进行改革创新,成为智慧社区建设的重要内容。

小区管理,主要包含:房屋管理和物业管理。相关工作既涉及供水、供电、供暖、空调、通风、通讯、燃料等基础设施的维修保养,也涵盖房屋内、外部公共空间和各类卫生、文体、宣传设施的维护与管理,以及住宅小区的交通、消防、安保、绿化工作。其目标是为居民创造安全、方便、舒适的生活环境,同时在居民与居民,居民与管理者之间搭建信息通信桥梁,规范事务办理进程、提高服务效率。

公共服务,主要包含:教育、医疗、养老、就业等内容。随着人民生活水平的提高和经济、社会结构的变化,公共服务的供需匹配问题日益凸显。基于物联网、大数据和移动通信等技术手段,智慧社区能够优化现有的公共服务体系,实现服务的精准供给和资源的高效利用。服务供给方式的革新是智慧社区公共服务功能应用的关键。

便民服务,主要包含:居民日常购物、家政、餐饮、缴费等基本生活服务。在信息技术的支撑下,智慧社区打破了物理空间原有的时空约束,将线下服务与线上信息相结合,使得与民生相关的各类商业服务资源充分整合,实现了以在线超市、网上菜市场为代表的一系列"互联网+生活"服务。面对千差万别的现实场景,便民服务应用推广的关键在于信息资源的汇聚。多元化和便利性是其核心特征。

主题功能，是指具有特定价值取向和服务功能的社区应用。从老旧社区、单位社区、保障房社区到商业社区、交通社区、旅游社区，具有不同“社会－空间”属性的社区，其居住人群往往有着不同的日常行为特征和需求。通过对相关应用进行整合，智慧社区能够向某类居住群体提供精准、有效的服务。

在技术层面，智慧社区的功能系统主要包括五部分内容，即：基础环境、基础数据库群、云交换平台、应用及其服务体系、保障体系。

基础环境，包括全部硬件环境，比如，家庭安装的感应器，老人测量身体状况的仪器，通信的网络硬件，用于视频监控的摄像头，用于空间定位的传感器等。

基础数据库群，包括业务数据库、传感器数据库、日志数据库、交换数据库等。

云交换平台，包括各种异构网络的数据交换接口及计算服务。

应用及其服务体系，包括个人信息管理系统、日志管理系统、应急呼叫系统、视频监控系统、广播系统、智能感应系统、门禁系统、远程服务系统等。

保障体系，包括安全保障体系、标准规范体系和管理保障体系三个方面，从技术安全，运行安全和管理安全角度构建安全防范体系，确保基础平台及各个应用系统的可用性、机密性、完整性、抗抵赖性、可审计性和可控性。